高等学校劳动教育课程教材

劳动通论
（第二版）

主编 刘向兵　副主编 李珂 曲霞

高等教育出版社·北京

内容简介

本书作为高校劳动教育课程教材，结合高等教育立德树人规律，借鉴国内外劳动教育相关研究成果和实践经验，围绕劳动科学的普及和加强中国特色和谐劳动关系教育，系统阐述了劳动的理论知识与实践应用，主要内容包括劳动与劳动的意义、劳动与劳动教育、劳动的科学、劳动与伦理、劳动与文化、劳动与经济、劳动与法律、劳动与社会、劳动与心理、劳动与劳动关系、劳动与管理、劳动与社会保障、劳动与安全、劳动与工会、劳动与未来等。

本书条理清晰、内容丰富、贴近现实，可供高校劳动教育课程教学使用。

图书在版编目（CIP）数据

劳动通论 / 刘向兵主编. --2版. --北京：高等教育出版社，2021.5（2022.11重印）
ISBN 978-7-04-056127-2

Ⅰ.①劳… Ⅱ.①刘… Ⅲ.①劳动教育-高等学校-教材 Ⅳ.①G40-015

中国版本图书馆CIP数据核字(2021)第081954号

劳动通论
Laodong Tonglun

策划编辑	胡蔓妮	责任编辑	胡蔓妮	书籍设计	李树龙	插图绘制	邓 超
责任校对	马鑫蕊	责任印制	田 甜				

出版发行	高等教育出版社	网　　址	http://www.hep.edu.cn
社　　址	北京市西城区德外大街4号		http://www.hep.com.cn
邮政编码	100120	网上订购	http://www.hepmall.com.cn
印　　刷	北京鑫海金澳胶印有限公司		http://www.hepmall.com
开　　本	787mm×1092mm 1/16		http://www.hepmall.cn
印　　张	22.75	版　　次	2020年5月第1版
字　　数	360千字		2021年5月第2版
购书热线	010-58581118	印　　次	2022年11月第10次印刷
咨询电话	400-810-0598	定　　价	42.90元

本书如有缺页、倒页、脱页等质量问题，请到所购图书销售部门联系调换
版权所有　侵权必究
物　料　号　56127-00

前　言

　　本书第一版由高等教育出版社于2020年5月出版。作为中国大陆地区第一本高校劳动教育教材，本书深入贯彻2018年9月10日全国教育大会精神，严格体现《中共中央　国务院关于全面加强新时代大中小学劳动教育的意见》要求，以引导新时代大学生树立马克思主义劳动观，正确认识劳动的现象和本质，正确理解劳动与社会的关系，正确认识与处理中国特色劳动关系问题，真正懂得劳动创造价值、劳动创造幸福的道理为目标，科学建构了高校劳动教育课程内容体系，全面展现了劳动本质的历史永恒性、劳动形态的时代发展性、劳动科学的系统性和劳动与大学生发展的密切相关性。

　　从2020年4月到2021年1月，第一版教材作为中国劳动关系学院2019级本科生劳动教育通识课的配套教材，试用了两个学期，收到了令人满意的效果。对1127名学习完该课程的大学生的调查显示：96.7%的同学认为该课程使自己深化了对马克思主义劳动观的认识；97.1%的同学认为该课程让自己掌握了一些与未来职业发展相关的劳动科学知识；97.5%的同学认为该课程使自己更好地了解了中国特色劳动关系协调与治理；97.3%的同学认为该课程使自己更好地了解了劳动科学的基本体系。第一版教材出版以后，多所高校将其选作开展劳动教育的教学用书或参考用书，并希望我们能够提供配套教学视频，以解决困扰各高校劳动教育课程开课难的突出问题。

　　基于高校要开齐开足劳动教育必修课的基本要求和本教材良好的使用效果，我们更加坚定地认为，劳动教育必修课是高校劳动教育的重要载体之一，其有别于中小学劳动教育的重要特点，是要通过系统的劳动科学知识，引导大学生成长为"爱劳动、懂劳动、会劳动"的时代新人。为更好地服务高校劳动教育事业，我们于2020年10月组织骨干力量，启动了教材的修订工作。此次修订的要点主要体现在以下几个方面：

一是紧扣教育部2020年7月印发的《大中小学劳动教育指导纲要（试行）》要求，在内容上进行重新调整和补充，增补"劳动与劳动的意义"和"劳动与劳动教育"两章，对马克思主义劳动观、习近平关于劳动的重要论述以及新时代劳动教育的重要意义、主要内容和途径方法等问题进行了更为集中的阐述。

二是认真落实《中华人民共和国国民经济和社会发展第十四个五年规划和二〇三五年远景目标纲要》和《高等学校课程思政建设指导纲要》要求，全面贯彻党的教育方针，落实立德树人根本任务，寓价值观引导于知识传授和能力培养之中，帮助学生塑造正确的世界观、人生观、价值观。全书围绕马克思主义劳动观和习近平关于劳动的重要论述，细化了各章的思政教学要点（见附表），建构了本书独具特色的劳动教育思政引导体系。

三是进一步强化了读者意识，提升了教材对不同类型读者的适应性和针对性。本书是普通高等学校本科生和研究生的劳动教育通识课程教学用书，也是高校教师和研究者从事劳动教育课程教学研究工作的重要参考书。在本轮修订过程中，我们按照《大中小学劳动教育指导纲要（试行）》提出的"普及与学生职业发展密切相关的通用劳动科学知识"的要求，在注重各章内容的学理性、学术性的同时，又注意把握教材的基本定位，体现教学内容的普适性。一方面，在内容上，充分吸收了学生课程学习和教材使用的反馈意见，适当降低了部分章节的难度，各章普遍采用了"理论+案例"的内容呈现模式，增加了教学的针对性和可读性。另一方面，在形式上，积极顺应数字化融合新形态教材建设的趋势，以二维码链接了相关音频、视频、拓展阅读材料和心理测评等拓展资源，配套制作了教学课件，极大方便了学生的学和教师的教，也为研究者的深入研究提供了更为丰富的资料。

本书在修订过程中得到了高等教育出版社的大力支持，在此深表谢意。诚恳盼望广大读者对本书提出宝贵的意见和建议。

刘向兵

2021年4月

于中国劳动关系学院

附表：教材课程思政教学要点

劳动教育	内容	思政教学要点	章节
马克思主义劳动观	劳动与人类	劳动创造人类	第一章 劳动与劳动的意义
	劳动与社会	劳动与社会进步	第三章 劳动的科学
		劳动供给；缩小收入分配差距；就业与失业	第六章 劳动与经济
		劳动者社会化；职业发展与职业素养	第八章 劳动与社会
	劳动与人的自由全面发展	尊重劳动、尊重劳动者；诚实劳动、创造性劳动；劳动创造幸福	第四章 劳动与伦理
		劳动增进人的身心健康	第九章 劳动与心理
		劳动的解放与人的解放	第十五章 劳动与未来
中国特色社会主义劳动观（习近平关于劳动的重要论述）	劳动发展观	中国梦的实现	第一章 劳动与劳动的意义
		中国特色社会主义和谐劳动关系构建	第四章 劳动与伦理 第十章 劳动与劳动关系
		中国法治体系的构建	第七章 劳动与法律
		以人民为中心的发展观	第十二章 劳动与社会保障
		劳动安全与职业健康	第十三章 劳动与安全
		中国工会体系及其独特性	第十四章 劳动与工会
		劳动形态的变化	第十五章 劳动与未来
	劳动价值观	弘扬劳模精神、工匠精神、劳动精神	第五章 劳动与文化
		集体主义精神；担当奉献	第十一章 劳动与管理
		树立正确的人生观、价值观、幸福观；社会主义核心价值观	第二章 劳动与劳动教育
	劳动教育观	劳动教育的体系建构与价值引领	第二章 劳动与劳动教育
		劳动文化传播与劳动精神弘扬	第五章 劳动与文化

目 录

第一章 劳动与劳动的意义 / 1
　　一、认识劳动 / 3
　　二、马克思主义劳动观 / 9
　　三、习近平关于劳动的重要论述 / 11
　　四、劳动的意义 / 15

第二章 劳动与劳动教育 / 21
　　一、劳动教育的概念 / 23
　　二、劳动教育的意义 / 29
　　三、劳动教育的内容 / 34
　　四、劳动教育的途径与方法 / 40

第三章 劳动的科学 / 45
　　一、劳动何以成为科学 / 47
　　二、劳动科学结构及其内在联系 / 55
　　三、劳动科学发展趋向 / 59

第四章 劳动与伦理 / 63
　　一、劳动的伦理本性与伦理意义 / 65
　　二、劳动伦理的基本内涵及特点 / 70
　　三、劳动伦理的当代形态 / 75

第五章 劳动与文化 / 87
　　一、关于劳动与文化的基本认识 / 90
　　二、从历史的角度考察劳动与文化的关系 / 94
　　三、以劳动为中心的文化理论 / 97
　　四、劳动教育与文化构建 / 101

第六章 劳动与经济 / 107
　　一、劳动力供给 / 109
　　二、劳动力需求 / 113
　　三、劳动与人力资本投资 / 118
　　四、工资与收入分配 / 123

第七章 劳动与法律 / 129
　　一、概述 / 131
　　二、劳动与就业促进法律制度 / 133
　　三、劳动与劳动基准法 / 137
　　四、劳动与劳动合同法 / 142
　　五、劳动与集体合同法 / 151
　　六、劳动与劳动争议处理法律制度 / 153

第八章　劳动与社会 / 161
　　一、劳动者社会化 / 164
　　二、职业与职业流动 / 167
　　三、劳动组织 / 172
　　四、劳动制度 / 174

第九章　劳动与心理 / 179
　　一、劳动的心理过程 / 181
　　二、劳动的生物节律 / 182
　　三、劳动与气质类型的匹配 / 185
　　四、劳动效率与心理效应 / 187
　　五、劳动与压力管理 / 190
　　六、劳动者的心理健康 / 195

第十章　劳动与劳动关系 / 203
　　一、劳动与劳动关系概述 / 205
　　二、国家层面的和谐劳动关系治理 / 210
　　三、企业层面的和谐劳动关系管理 / 216

第十一章　劳动与管理 / 229
　　一、劳动与管理概述 / 231
　　二、劳动与组织文化管理 / 233
　　三、劳动与工作效率管理 / 237
　　四、劳动与激励管理 / 241

第十二章　劳动与社会保障 / 247
　　一、劳动者为什么需要社会保障 / 249
　　二、"五险一金"概述 / 255
　　三、"五险一金"的具体类型 / 257

第十三章　劳动与安全 / 267
　　一、安全与危险 / 270
　　二、常用劳动安全法律 / 272
　　三、劳动安全与职业健康 / 273
　　四、安全应急逃生 / 280
　　五、劳动安全事故责任 / 283

第十四章　劳动与工会 / 289
　　一、工会的产生与发展 / 292
　　二、工会的性质与职能 / 295
　　三、工会的组织类型与理论模式 / 302
　　四、我国工会的发展历史及其独特性 / 306

第十五章　劳动与未来 / 315
　　一、全球数字时代的到来 / 317
　　二、劳动世界的新"劳动者"
　　　　——智能机器人 / 325
　　三、人类劳动在智能化时代呈现新特征 / 331
　　四、未来劳动世界的职业变动预测 / 336
　　五、未来劳动者应对未来劳动的素质要求 / 343

后记 / 351

第一章
劳动与劳动的意义

本章导读

人从哪里来的?

古代传说:女娲抟土造人。

《圣经》记载:上帝造人。

达尔文在《物种起源》中提出生物进化论学说,认为:生物是由简单到复杂,由低等到高等不断发展变化而来。

恩格斯认为:"劳动创造了人本身。"

一、认识劳动

人与动物之间的根本区别在于劳动。毛泽东在《贺新郎·读史》中写道："人猿相揖别。只几个石头磨过，小儿时节。铜铁炉中翻火焰，为问何时猜得？不过几千寒热。"[①]寥寥数语，为我们勾勒出劳动在人类进化历史中的重要意义。几千年辉煌的人类文明史本质上是人类劳动的创造史和发展史，是由低到高的不同社会形态的历史演进。人类历史的发展演变，本质上是以劳动作为推动力的人类社会生产方式的历史嬗变。

有关劳动的古代诗歌

（一）劳动的内涵

【核心概念】

> 劳动　人类区别于其他动物的本质活动。"劳动首先是人和自然之间的过程，是人以自身的活动来中介、调整和控制人和自然之间的物质变换的过程。"[②]

马克思强调，劳动是以人作为劳动主体的有目的地认识和改造自然的能动活动。当人类通过劳动作用于他身外的自然并改变自然时，也就同时改变了他自身的自然。马克思的阐释揭示了劳动是将人内在的体力、智力对象化的一个过程，劳动过程和劳动目的的实现使人认识到自己的本质力量。因此，劳动既是人生存的手段，也是目的。

---

① 中共中央文献研究室编：《毛泽东年谱（一九四九——一九七六）》第5卷，中央文献出版社2013年版，第346页。
② 《马克思恩格斯文集》第5卷，人民出版社2009年版，第207—208页。

（二）劳动的属性与价值

1. 劳动具有自然属性与社会属性

劳动具有自然属性。马克思指出，劳动"是不以一切社会形式为转移的人类生存条件，是人和自然之间的物质变换即人类生活得以实现的永恒的自然必然性"[①]。可见，劳动是使得人类从动物界逐渐脱离的过程，也是人类自然属性逐步显现的过程。人的大脑结构、肢体活动在劳动中逐步发展，大脑结构的发展为智力发展提供物质基础，而且由大脑所支配的外在的五官感觉的形成也是以往全部劳动的历史产物。人类通过劳动实践去获取基本生活资料，保证生命的延续。而随着劳动生产力的提高，人的生存需求也变得越来越高、越来越多。在这个相互作用的过程中，人与自然对象的联系日益密切，劳动对象的范围逐步扩大，劳动成果的量和质不断提高。因此，人类通过劳动在改造自然的同时也在改造人类本身。

劳动具有社会属性。人类在劳动生产中不仅同自然界发生关系，还同身边的一切事物发生千丝万缕的联系。人们的劳动不是在孤立状态下进行，而是在一定社会关系中进行的。在劳动中，人们分工合作，形成了一整套的生产、分配、交换、消费等社会关系。劳动促进人类个体不断理解社会、参与社会，个体也在社会化劳动中使自己的劳动能力不断提升，在劳动关系中不断获得有利条件。可以说，劳动关系是人类社会关系最重要的组成部分，现实中的人往往是处在具体劳动关系中的人。

2. 劳动具有生存价值、生活价值与发展价值

劳动具有生存价值。生存是人类最基本的需要，劳动创造了人类本身，促进了人类社会发展，满足人类的生存需要是劳动的最基本价值。在原始社会，人类劳动能力较为低下，劳动的形式和内容比较简单，劳动工具也很简陋，想要维持生命就需要靠自己的劳动，获得满足生存需要的基本物质。打猎、捕鱼、养殖、采集等都是人们的劳动形式，基本的劳动使人类的生命得以延续。后来社会发展

---

① 《马克思恩格斯文集》第5卷，人民出版社2009年，第58页。

经历了奴隶社会、封建社会、资本主义社会、社会主义社会，劳动由最初的简单劳动演变为复杂劳动，但劳动者依然要通过劳动来获得生存所需要的一切。

劳动具有生活价值。从古代中国的"四大发明"到今天改变世界的计算机及人工智能，都是人类劳动的结晶。今天的劳动已经远远超出了生存的目的，人们不再仅仅满足于"活着"，而是追求"有质量"的生活。随着人类社会的不断进步，更大范围、更深层次、更多领域的劳动内容正在发生改变，人类的生活也在劳动水平的提升下朝着更加丰富、多元的方向发展。

劳动具有发展价值。马克思认为，人类本质的实现是一个通过劳动而自我诞生、自我创造和自我发展的历史过程，即"劳动是人的本质"。劳动既是人本质形成的起点，也是人本质发展的基础，更是整个社会文明不断进步的推力。劳动不仅为人类的发展提供必要的物质条件和精神条件，还为人的发展搭建实践平台。在劳动的过程中，人处于一个不断发展、不断完善的过程，劳动成果中凝聚的精神会形成一种对劳动本身的肯定与回报，劳动的过程是一个逐步解放的过程。这就是劳动"创造着具有人的本质的这种全部丰富性的人，创造着具有丰富的、全面而深刻的感觉的人"[1]。人只有劳动，才能实现发展，才能实现自我的价值，进而成为全面发展的人。

（三）劳动工具及劳动形态

要全面了解劳动，就需要认识劳动工具和劳动形态的变化。每一次产业革命，都是人改造劳动工具，进而改造世界，引发生产力的变革、生产形态的变化，最终推动人类社会向前发展的过程。

1. 劳动工具的变迁

劳动工具是人们在生产过程中用来直接作用于劳动对象的物件。各地历史博物馆中展示的粗糙的石刀石斧、拙朴的耒耜杵臼、锈迹斑斑的犁铧铁镰，看起来毫不起眼，但是其作为劳动工具见证了劳动形态的变迁、人类在劳动中的成长、

---

[1]《马克思恩格斯文集》第1卷，人民出版社2009年版，第192页。

人类社会历史发展的轨迹。

劳动工具在劳动者和劳动对象之间发挥作用，是劳动资料最基本和主要的组成部分，是生产力发展水平的主要标志，也是区分经济发展阶段的主要标志。人类文明经过石器时代、青铜器时代、铁器时代、工业时代、信息时代，而引发迭代升级的最核心要素就是劳动工具的改变。劳动工具作为人类从事劳动不可或缺的基本条件，集中了人类的智慧，体现了人类独有的创造本质。回顾历史发展，人类社会的劳动工具主要经历了五次变革（见表1-1）。

表1-1　劳动工具的五次变革

人类社会发展阶段		起始时间	代表性工具
石器时代	旧石器时代	距今二三百万年前	以打制石器为主，如剥片石器、石英片、石头刀、石叉、石锥、石锯、骨器
	新石器时代	距今约1万年前	磨制石器，土器，利用草木的纤维以及绢丝、毛等制作的纺织织物
青铜器时代		约公元前3000年	用铜、青铜制造的器具
铁器时代		约公元前1400年	用铁制造的器具

续表

人类社会发展阶段		起始时间	代表性工具
工业时代	蒸汽时代	18世纪60年代	蒸汽机、纺纱机
	电气时代	19世纪60年代	发电机、电动机、内燃机
信息时代	计算机时代	20世纪四五十年代	电子计算机
	智能化时代	21世纪	人工智能、机器人等

2. 劳动形态的发展

依据人类劳动工具的演进，我们可以将人类劳动形态分为手工劳动、机器劳动、自动化劳动、智能化劳动四种。

人类最早的劳动形态为手工劳动。在原始社会，人们主要使用石制劳动工具，因而该时期也被称为石器时代。约50万年前的"北京猿人"用锤击、砸打等方法打制出来的砍砸器、刮削器、尖状器就属于早期的手工工具。西安半坡遗址中出土的石刀、石斧、石锄就是经过磨制的手工工具。进入原始社会末期，人们开始制造金属工具。到奴隶社会，金属工具的生产和使用逐渐普遍。随着冶铁技术的发展，人类迈入了铁器时代。在这个时期，劳动是一项单纯的活动，劳动力水平较低，人们大多从自然界中获取物质生产资料，劳动对象以土地、水、生物等为主。人类的劳动活动受客观环境影响比较大，自然环境很大程度上影响了人们的劳动内容和劳动方式，多数劳动仅能满足基本的生存需求。

18世纪中期到19世纪时期，人类的劳动形态以机器劳动为主，手工劳动为辅。欧美一些主要的资本主义国家先后开始了以机器大工业代替手工劳动的产业革命，农耕文明向工业文明过渡，产业结构也从以农业为主体转变为以工业为主体。机器得到了广泛的使用，人类的劳动形态发生了根本变化，不再是以往松散的个体劳动，而是变成了有组织的劳动。劳动也产生了细化分工，工厂将需要施加在一个产品上的劳动分割成若干部分，将各个部分的劳动分配给流水线上的工人。

20世纪四五十年代，电子计算机的研制成功和广泛应用使得生产过程逐步迈向自动化。机器逐渐替代了人们繁重的体力劳动，也替代了人的部分脑力劳动。自动化机器的特点，就是具备一定的运算、判断、操作甚至思维能力，能够独立完成人们设计的生产过程。自动化机器不仅把劳动者与生产工具隔离开来，还把劳动者排除在直接的生产过程之外。人类第一次有能力完全以脑力劳动取代体力劳动来获取生存资料和发展资料。与机器大工业生产链条不同，自动化机器把人排除在直接的生产过程之外，但在设计智能机器及其软件的环节增加了劳动者。

进入21世纪，智能化劳动开始普及。人类正在经历以人工智能、虚拟现实、量子信息技术、可控核聚变、清洁能源等为技术突破口的新技术革命。随着人工智能和互联网的快速发展，人类社会正在从自动化时代迈向智能化时代，人类生产、交换和消费的内容与方式发生了深刻的变革，其中一个重要而显著的劳动形态变化是机器代替人的主要体力劳动和部分脑力劳动。人工智能不仅在工作精度方面远胜于人类劳动，同时也将人从很多危险岗位上解放出来。这一时期人主要从事无形的知识、信息、数据等生产、服务和交换的劳动，这些智力密集型的工作除了需要劳动者身心健康外，还需要其拥有通过人力资本所形成的存量"智力"，劳动者体力在智能化劳动中的作用大大下降。

二、马克思主义劳动观

马克思认为,"全部人的活动迄今为止都是劳动"[①]。劳动是马克思主义思想体系中的核心概念,是马克思主义理论研究的基础。马克思把劳动比喻成整个社会围绕其旋转的太阳,劳动是人类生存的本质,人类的发展过程就是劳动的发展史。在马克思列宁主义经典著作中,关于劳动的论述很多,我们从以下几个方面来认识马克思主义劳动观。

(一)劳动与人类起源

恩格斯在《劳动在从猿到人转变过程中的作用》中深刻分析了从猿到人,转变的关键在于劳动。在他看来,直立行走是从猿转变到人的具有决定意义的一步,劳动促使猿的体质进化成为人的体质。直立行走使手与脚的分工固定化,并且在漫长的劳动过程中,不断进化的人的手终于发展成能够制造工具的手。随着手、脚、脑等各种器官的发展,语言和意识的出现,人类终于能够制造各种生产工具。因而,人逐渐脱离动物界,成为真正意义上的人。

恩格斯指出:"其实劳动和自然界在一起才是一切财富的源泉,自然界为劳动提供材料,劳动把材料变为财富。但是劳动的作用还远不止于此。劳动是整个人类生活的第一个基本条件,而且达到这样的程度,以致我们在某种意义上不得不说:劳动创造了人本身。"[②]

劳动促使人类的大脑不断进化,人类的体态特征愈来愈区别于猿而近似于现代人,人类的劳动工具日益改进和多样,人类智力得到发展,物质生活逐渐丰富起来。在从猿到人不断进化、不断开展劳动的过程中,人类还加强了群体内部成员之间的互相协作,并使成员意识到加强这种协作的好处,从而强化了这个阶段的原始组织。人类社会就在原始组织的基础上逐步演变发展。

[①]《马克思恩格斯文集》第1卷,人民出版社2009年版,第193页。
[②]《马克思恩格斯文集》第9卷,人民出版社2009年版,第550页。

（二）劳动与社会进步

在马克思看来，劳动是一切历史的基本条件，有了人类的劳动这一满足人类生存必需的前提，才有了人类历史。他充分肯定了劳动对于整个人类和人类历史的重要意义，同时进一步强调："任何一个民族，如果停止劳动，不用说一年，就是几个星期，也要灭亡，这是每个小孩子都知道的。"[①] 在人的形成与人类社会诞生和发展的过程中，劳动起着决定性作用，正是由于劳动，人类告别了刀耕火种的蒙昧时代，走向文明。

马克思在《德意志意识形态》中明确指出："我们首先应当确定一切人类生存的第一个前提，也就是一切历史的第一个前提，这个前提是：人们为了能够'创造历史'，必须能够生活。但是为了生活，首先就需要吃喝住穿以及其他一些东西。因此第一个历史活动就是生产满足这些需要的资料，即生产物质生活本身，而且这是这样的历史活动，一切历史的一种基本条件，人们单是为了能够生活就必须每日每时去完成它，现在和几千年都是这样。"[②]

人类的一切活动，包括经济活动、政治活动与文化活动，在本质上都是价值的劳动，都是各种不同形式的价值不断转化、循环、增值的过程，只有通过劳动，才能实现这种价值的循环，否则一切都只是纸上谈兵。劳动通过作用于自然物，解决了人类吃、穿、住、行的问题，推动了社会生产力的发展。只有生产力的发展，才能进一步促进物质的丰富，才能充分满足每个社会成员的需要，这样社会发展才能得以持续。

（三）劳动与人的发展

人的自由全面发展是马克思主义理论的重要组成部分，是马克思主义最高的价值追求。自由发展和全面发展是马克思关于人处于理想生存状态的两个特质的描述。自由发展指的是人根据自身的兴趣与爱好，自觉自愿、不受束缚地发展自己的体力、智力、个性、品质以及其他方面的各种能力。自由发展强调人的自主性、自

[①]《马克思恩格斯文集》第10卷，人民出版社2009年版，第289页。
[②]《马克思恩格斯选集》第1卷，人民出版社1995年版，第78—79页。

觉性和独立性。全面发展是人克服片面性，使自身的体力、智力、个性、品质以及其他方面的各种能力都获得协调均衡的发展。全面发展强调人的发展的丰富性和多维性。做到这两个方面，人才能作为一个完整的主体，真正享受劳动所带来的创造的快乐，从而实现劳动的解放。马克思指出："生产劳动同智育和体育相结合，它不仅是提高社会生产的一种方法，而且是造就全面发展的人的唯一方法。"[①]

在现实生活中，人们的吃、穿、住、行都由劳动完成，人类也经过劳动由自然人转变成社会人。劳动既是一种付出，也是一种自我价值的体现。一方面，劳动让劳动者获得生存的必需品、社会的尊重；另一方面，劳动所创造的物质财富也供养了劳动者及劳动者的家人、朋友和他人。劳动者通过劳动创新生产、改变生活、改善生态，同时也通过劳动磨炼意志、塑造性格，实现梦想。虽然劳动的过程不一定都是愉快的，但是结果却往往会让人觉得充实，因为人们在付出的同时也收获了很多，不仅包括物质上的富足，更有精神上的满足和升华。任何一名劳动者，无论从事的劳动是什么，只要勤于学习、善于实践，在工作上兢兢业业、精益求精，就一定能够造就闪光人生，实现自我价值，不断向自由全面发展迈进。

三、习近平关于劳动的重要论述

党的十八大以来，习近平先后围绕劳动、劳动者、劳模精神等内容发表重要讲话，对之进行了深刻阐述。习近平的讲话中包含了"民族复兴"的劳动发展观、"崇尚劳动"的劳动价值观、"热爱劳动"的劳动教育观等丰富内容，成为推动党和人民事业发展的思想武器和行动指南。

（一）劳动发展观

无论是自然界、人类社会还是人的思维，都在不断地运动、变化和发展。劳动是人类社会存在和发展的基础，是推动人类社会进步的根本力量。从马克思认

[①]《马克思恩格斯文集》第5卷，人民出版社2009年版，第557页。

为"劳动是任何一个民族存在和发展的基础"到习近平强调"劳动开创未来",都表明了劳动与社会发展的本质联系。

习近平指出:"中华民族是勤于劳动、善于创造的民族。正是因为劳动创造,我们拥有了历史的辉煌;也正是因为劳动创造,我们拥有了今天的成就。"[①]"实现中华民族伟大复兴的中国梦,要靠各行各业人们的辛勤劳动。"[②]这些论述揭示了劳动发展的本质,重申和强调了劳动对于发展的历史价值和重要意义。

党的十九大报告在对决胜全面建成小康社会作出全面部署的同时,明确了从2020年到21世纪中叶分两步走全面建设社会主义现代化国家的新目标。新目标的实现依赖全国各族人民的辛勤劳动,劳动是通向未来的必经之路,只有通过全国各族人民的辛勤劳动、诚实劳动、创造性劳动,才能让美好愿景变成现实,从而最终实现中华民族的伟大复兴。

(二)劳动价值观

劳动价值观是人们对劳动的根本看法和态度,它直接决定着一个人的价值判断和价值选择,是人们世界观、人生观、价值观的重要组成部分,关系到一个人的就业取向以及他走上工作岗位后的价值取向。

习近平多次强调,"劳动最光荣、劳动最崇高、劳动最伟大、劳动最美丽",这是对新时代劳动价值观的明确定位。从内在来看,劳动者通过劳动,可以因为劳动过程和结果产生积极的自我感受和心理愉悦,并且被社会所关注、接受、肯定和认同。习近平立足新时代,着眼大局,提出这一论述,既是对新时代重要价值取向之一的明确界定,也是对广大劳动者和全社会基本的价值要求。

"全社会都要贯彻尊重劳动、尊重知识、尊重人才、尊重创造的重大方针,全社会都要以辛勤劳动为荣、以好逸恶劳为耻,任何时候任何人都不能看不起普通劳动者,都不能贪图不劳而获的生活。"[③]这是推动中国特色社会主义发展的一

---

① 习近平:《在庆祝"五一"国际劳动节暨表彰全国劳动模范和先进工作者大会上的讲话》,人民出版社2015年版,第4页。
② 习近平:《在知识分子、劳动模范、青年代表座谈会上的讲话》,人民出版社2016年版,第9页。
③ 习近平:《在庆祝"五一"国际劳动节暨表彰全国劳动模范和先进工作者大会上的讲话》,人民出版社2015年版,第5页。

个重要方面,通过教育引导,让人们深刻认识新时代劳动的多样性,由衷认同"劳动没有高低贵贱之分,任何一份职业都很光荣"[①],"一切劳动,无论是体力劳动还是脑力劳动,都值得尊重和鼓励"[②]的道理,让新时代劳动价值观在人们心中扎根生长,从而形成正确的择业观、就业观和创业观,养成积极的劳动态度、良好的劳动品德。

劳动模范是践行劳动价值观的典型代表,被称为"民族的精神、人民的楷模""共和国功臣""最美的劳动者"。在2020年全国劳动模范和先进工作者表彰大会上,习近平指出,"全社会要崇尚劳动、见贤思齐","劳模精神、劳动精神、工匠精神是以爱国主义为核心的民族精神和以改革创新为核心的时代精神的生动体现,是鼓舞全党全国各族人民风雨无阻、勇敢前进的强大精神动力"[③]。这些重要论述,对全社会提出尊重劳动、崇尚劳动、热爱劳动的明确要求,要始终尊重劳动、关心劳动者,鼓励劳动者焕发劳动热情,向劳动模范看齐,弘扬劳模精神,让诚实劳动、勤勉工作形成风尚,营造良好的价值引领和社会风气,为中国经济社会发展汇聚强大正能量。

案例1-1

疫情防控,彰显劳模担当

"我要到疫情最严重的地方、组织最需要我的岗位上去。"这是中华全国铁路总工会"火车头奖章"获得者、全国劳动模范周锋在抗击疫情请战书上的一句话。作为机车乘务员队伍中的一名先进代表,他时刻想着自己的使命和担当。2020年初,疫情蔓延,形势严峻,疫情防控刻不容缓,他立即号召车队党员积极投身于武汉疫情防控工作最前沿。在他的号召下,117名党员向党支部递交了"请战书",随时听候党组织的调遣。每次完成值乘任务后,他都主动放弃回家休息,继续坚守在零口公寓,每天协助机车队对办公场所、乘务员休息室、行车备品等进行清洗消毒,发放《关于新型冠状病毒感染的肺炎防控手册》,摸排机车队62名职工密切接

---

① 习近平:《在知识分子、劳动模范、青年代表座谈会上的讲话》,人民出版社2016年版,第9页。
② 习近平:《在庆祝"五一"国际劳动节暨表彰全国劳动模范和先进工作者大会上的讲话》,人民出版社2015年版,第5页。
③ 习近平:《在全国劳动模范和先进工作者表彰大会上的讲话》,人民出版社2020年版,第5、4页。

触疫区人员的具体情况。此外，他还往返于零口和华山之间，亲自上车指导机车的防疫消毒工作，积极宣传疫情防控重点工作，协助机车队严格落实上级的防控命令。疫情防控期间，在他的带领下，机车队顺利完成了各项运输任务。

（三）劳动教育观

劳动教育是中国特色社会主义教育制度的重要内容，具有树德、增智、强体、育美的综合育人价值，直接决定社会主义建设者和接班人的劳动精神面貌、劳动价值取向和劳动技能水平。近年来，一些青少年出现了不珍惜劳动成果、不想劳动、不会劳动的现象，劳动的独特育人价值在一定程度上被忽视，劳动教育正被淡化、弱化。[①]因此，重视劳动教育是当前教育发展应有的题中之义。

习近平指出，要教育孩子们从小热爱劳动、热爱创造，通过劳动和创造播种希望、收获果实，也通过劳动和创造磨炼意志、提高自己。2018年9月10日，习近平在全国教育大会上提出，要培养德智体美劳全面发展的社会主义建设者和接班人。要在学生中弘扬劳动精神，教育引导学生崇尚劳动、尊重劳动，懂得劳动最光荣、劳动最崇高、劳动最伟大、劳动最美丽的道理，长大后能够辛勤劳动、诚实劳动、创造性劳动。

新中国成立以来，不同时期党的教育方针有不同的主题，但"劳动者""生产劳动""社会实践"这些词语一直在我国的教育方针中有所体现，我国在劳动教育方面也积累了一定的经验。新时代的劳动教育不是过去简单的"回归"，更不是回到课堂教学区学工、学农、种地的模式，而是要从学生劳动价值观、劳动态度、劳动品德、劳动习惯、劳动技能这五个方面深入开展。教育家陶行知指出："劳动教育的目的，在谋手脑相长，以增进自立之能力，获得事物之真知及了解劳动者之甘苦。"[②]要在坚持教育同生产劳动和社会实践相结合中，让学生在投身实践和亲身参与中认识国情、了解社会，在增长才干和磨炼意志中感受劳动所带来的收获和快乐，进而形成尊重劳动、热爱劳动的真挚情感。

---

① 《中共中央 国务院关于全面加强新时代大中小学劳动教育的意见》，人民出版社2020年版，第2页。
② 《陶行知全集》第2卷，四川教育出版社1991年版，第411页。

四、劳动的意义

劳动是人类的本质特征和存在方式。小到做家务，大到制造宇宙飞船，都贯穿着人类的劳动，我们穿的衣服、吃的食物、住的房子、出行使用的交通工具都是通过劳动而获得。人在这种普通而平凡、日复一日的劳动中，可以更加充实，让生命更有价值，进而让社会变得更加美好。劳动是我们人类社会发展最日常的活动，是财富和幸福的源泉，更是推动人类社会进步的根本力量。

（一）劳动创造个人幸福

幸福，是人类孜孜以求的理想生活状态。习近平多次强调，"幸福不会从天而降，梦想不会自动成真""人世间的美好梦想，只有通过诚实劳动才能实现；发展中的各种难题，只有通过诚实劳动才能破解；生命里的一切辉煌，只有通过诚实劳动才能铸就"[1]。这些论述在继承马克思主义劳动观基本立场的基础上，从人类整体、社会发展、个人追求三个层次阐述了劳动与幸福的辩证关系，是习近平新时代中国特色社会主义思想的重要内容。

幸福是每一个劳动者的基本诉求。只有通过劳动，人们才能提高生活水平和质量，才能收获幸福感。今天，人类物质生活和精神生活已经发展到一个前所未有的高度，大多数人已经拥有了幸福美满的生活，但是这并不意味着不再需要劳动了。劳动作为人的基本活动，贯穿于人生发展的始终。人生发展的每个阶段都需要通过劳动获得进步，创造幸福。

案例1-2

快递小哥创造幸福人生

1995年出生的李庆恒，在浙江杭州送了5年快递，2020年获评浙江省杭州市高层次人才。

---

[1]《习近平谈治国理政》，外文出版社2014年版，第44、46页。

2015年9月，李庆恒加入浙江申通快递，主要在客服岗位工作，处理转运中心的问题件，包括投诉件、遗失件等。进入浙江申通快递一年左右，李庆恒认识到，如果不去一线经历、学习，难以更好地服务客户。每年的"双十一""双十二"，快递从业者都恨不得有三头六臂。李庆恒主动申请前往一线操作场地支援，早上五六点到岗，晚上10点才回家休息，做最基础的卸货、分拣、扫描、装车等工作。2016年，因表现优异，李庆恒被公司评为"优秀员工"。2019年8月，李庆恒参加了浙江省第三届快递职业技能竞赛暨第二届全国邮政行业职业技能竞赛浙江省初赛，这个比赛在全国快递行业中规格高、含金量足。在比赛中，他不仅熟背全国各地邮政编码，而且在12分钟内设计19件派送路线。最终他获得了快递员项目的第一名。之后，经过多次比赛及个人工作表现，他被浙江省人力资源和社会保障厅授予"浙江省技术能手"称号，又被浙江省总工会评为"浙江金蓝领"。正是凭借以上努力，李庆恒被认定为浙江省杭州市高层次人才，认定类别为D类。李庆恒正是通过自己不懈的努力和坚持，用自己的劳动奋斗出了幸福人生，实现了自己的人生价值。

案例点评

美国职业规划大师舒伯提出了生涯发展阶段理论，他认为，生涯发展是发生于人的各个人生发展阶段的长期过程。依据他的理论，我们可以从宏观角度把一个人的人生发展阶段划分为三个大的阶段：初级阶段，是人生发展的青春阶段，是培养劳动习惯、形成劳动认识的萌芽阶段；中间阶段，是职业发展的起步阶段，是确立劳动态度、提升劳动技能的探索、发展和实践阶段；成年阶段，是职业发展的高潮和成熟阶段，是劳动和人生的稳定阶段。劳动贯穿于人生发展的每个阶段，在不同的人生阶段，劳动有着不同的目的和不同的价值，其根本是通过劳动收获幸福，实现人生价值，从而实现人自由全面的发展。

人的自由全面发展是人发展的理想境界。全球经济的飞速发展和科技的不断飞跃对人才的要求越来越高，这要求现代人既有一定专业技能和技术水平，又有较强的实践能力，既要掌握本专业领域前瞻性知识，又要具备把知识应用在实践中解决现实问题的能力。因此，只有成为德智体美劳全面发展的现代型人才，才能与时俱进，与社会的发展相匹配，进而在社会进步中实现个人价值，创造个人幸福。

（二）劳动托起中国梦

2012年11月29日，习近平参观《复兴之路》展览时第一次提出了"中国梦"，次年4月28日，他在同全国劳动模范代表座谈时说："实现我们的奋斗目标，开创我们的美好未来，必须紧紧依靠人民、始终为了人民，必须依靠辛勤劳动、诚实劳动、创造性劳动。"[1]

实现中华民族伟大复兴的中国梦，是中华民族近代以来最伟大的梦想，这个梦想凝聚了几代中国人的夙愿。现在，我们比历史上任何时期都更接近这一目标。但是要清醒认识到，在这一伟大征程中，幸福不会从天而降，梦想不会自动成真。决胜全面小康，"两个一百年"奋斗目标的实现，需要全体中华儿女众志成城、万众一心，把一切力量都凝聚起来，把一切积极因素都调动起来，以劳动托起中国梦。梦想有了，怎么实现呢？"天上不会掉馅饼"，只能靠勤奋不辍、持之以恒的劳动。建一座高楼，依靠的不是其中某一根钢筋的力量，而是靠许许多多型号不同的钢筋一起，形成高楼的骨架，再用混凝土填充，才使高楼拔地而起，巍然耸立。近代以来，正是一代又一代中国人的辛勤劳动、接续奋斗，才实现了国家站起来、富起来、强起来的根本转变。未来，也只有在劳动实践中，才能实现从"中国制造"到"中国创造"再到"中国智造"的飞跃。

中国是一个拥有14亿多人口的大国，中国梦是每个中国人的梦想，每个人的梦想都需要劳动来实现，而中国梦的实现必须紧紧依靠广大劳动人民的智慧和创造。通过强化劳动者的主人翁地位，给劳动者个人发展和价值实现创造更有利的条件，激发劳动者做新时代的奋斗者，把自己的事业做好，自觉地把人生理想、家庭幸福纳入国家富强、民族复兴的伟业之中，把个人梦与中国梦紧密联系在一起，把实现党和国家确立的发展目标变成自己的自觉行动。如果每一位劳动者都能身体力行，做劳模精神的践行者，做新时代的奋斗者，那么，中国梦必将照进现实，每一个中国人必将用奋斗赢得未来。

---

[1] 习近平：《在同全国劳动模范代表座谈时的讲话》，《人民日报》2013年4月29日。

（三）劳动是人类发展永恒的主题

劳动促进了人对自身与自然界之间关系的全面认识和把握。通过劳动，人类把自然界作为自己劳动的对象，使其成为自己的对象世界；通过劳动，人类实现了自然的人化，同时实现并证明了自身在劳动中的主体地位，彰显出作为劳动主体的智慧、意志和力量；通过劳动，人类对劳动及其各种内在关系进行深度反思，透过各种劳动现象认识了蕴含于其中的劳动的主要内涵、深刻本质和基本规律。

劳动创造了财富，也创造了人类文明，开创了人类从蒙昧时代、野蛮时代走向文明时代的道路，这是巨大的历史性进步。人的需要及对需要的满足构成了人类劳动的动机、目的和实践过程，这既是劳动全过程的内在联系，是创造财富和价值的基本途径，也是创造人类几千年灿烂文明的强大驱动力。古代中华文明以及古巴比伦、古埃及、古印度文明，无不是人类劳动创造的丰厚积淀，无不是无数劳动者劳动智慧的结晶。劳动创造文明的进程还将继续下去，这是不可改变的客观规律。

劳动推动人类社会不断向前发展。人类通过劳动促进了生产力的进步、劳动形态的变化、劳动空间的拓展和劳动门类的丰富，实现了人类社会由低级阶段向高级阶段的不断跃迁。在这个过程中，旧有的部分劳动方式逐渐消失，崭新的劳动方式不断出现，形成生生不息、充满活力、不断演进的劳动创造系统。

进入21世纪，人工智能与机器大生产进一步融合，在催生新行业新领域新岗位的同时也给劳动方式带来新的挑战，传统的简单重复型、作业强度大、安全风险高的工作将被逐渐代替，人类的生产秩序和社会分工将会产生新一轮的深刻变革。可以预见，人机协作、人机共融将会是未来最重要的劳动发展趋势。站在新的历史关口，面对劳动方式变革，响应人机共融，实现自由全面的发展将会成为我们驰而不息、为之努力的美好愿景。

【延伸思考题】

1. 对自己的劳动经历进行描述与自评,讨论通过劳动有什么感受或者收获。
2. 你如何看待体力劳动和智力劳动?这对自己未来的职业选择有什么影响?
3. 如何理解关于"劳动创造了人本身"的重要论断?

【拓展阅读】

1. 中央党校采访实录编辑室:《习近平的七年知青岁月》,中共中央党校出版社2017年版。
2. 李珂:《嬗变与审视——劳动教育的历史逻辑与现实重构》,社会科学文献出版社2019年版。
3. 郭明义、巨晓林、高凤林编著:《劳动教育箴言》,中国工人出版社2020年版。
4. [苏]苏霍姆林斯基:《怎样培养真正的人》,蔡汀译,教育科学出版社1992年版。
5. [德]恩格斯:《劳动在从猿到人的转变中的作用》,《马克思恩格斯文集》第9卷,人民出版社2009年版。

第二章
劳动与劳动教育

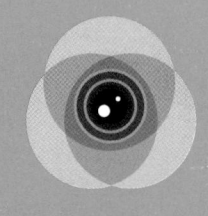

本章导读

29岁男子啃老7年被赶出家门 称父母有义务养自己

今年29岁的徐青大学毕业后一直闲在家里不工作,还将一名女网友带回家长期同居。面对父母的劝说,他称父母有义务养自己。最近,被啃老长达7年的徐先生和朱女士夫妻将儿子诉至法院,并申请强制执行赶独生子出门。

徐先生和朱女士在1980年结婚,5年后儿子徐青出生。夫妻两人对儿子百般疼爱,徐青衣来伸手、饭来张口,想要什么就给什么。徐青在小学时当过班长。听儿子说任务重,朱女士便专程到学校找班主任,要求别让儿子当班长。此后,徐青考上本市一所大学,住校不满一个月,他就提出在宿舍和同学相处不好,朱女士便让徐青回家住。大学毕业后,徐青说找工作难,徐先生便把儿子安排到同学的公司。工作了3个月,徐青说工作没意思,干脆辞职不干。尽管父亲帮忙联系过几个工作单位,但徐青总推说:"没意思,不想干。"之后便一直闲在家里睡觉、上网、要钱花。

2013年,徐青在网上认识了一名女网友,他把女网友带到家里长期同居。徐先生和朱女士从教导儿子到开始斥责,最后双方竟然升级到大打出手。徐青仍振振有词地说:"没工作也有权利恋爱……作为父母,你们有义务养我。"

无奈,徐先生和朱女士将徐青诉至法院,要求其限期搬离。法院审理后判令徐青在判决生效后60日内搬出徐先生和朱女士的房子。没想到判决生效后,徐青仍拒不履行。最近,被啃老7年的徐先生和朱女士向法院申请了强执。执行中,徐青百般阻挠,还向父母吼道:"你们就是想逼死我,我让你们断子绝孙。"

思考:徐青的案例体现了我国劳动教育哪些方面的不足?

资料来源:宣讲家网2014年8月13日。

党的十八大以来，以习近平为核心的新一届中央领导集体高度重视劳动和劳动教育。习近平多次在"五一"国际劳动节和"六一"国际儿童节的重要讲话中发出号召，要在全社会，特别是广大青少年中弘扬劳动精神、加强劳动教育。2015年7月，教育部、共青团中央、全国少工委联合发布《关于加强中小学劳动教育的意见》，旨在解决"劳动教育在学校中被弱化，在家庭中被软化，在社会中被淡化"的现象。2020年3月，中共中央、国务院印发《关于全面加强新时代大中小学劳动教育的意见》，针对"近年来一些青少年中出现了不珍惜劳动成果、不想劳动、不会劳动的现象，劳动的独特育人价值在一定程度上被忽视，劳动教育正被淡化、弱化"的现象，提出了"把劳动教育纳入人才培养全过程，贯通大中小学各学段，贯穿家庭、学校、社会各方面，与德育、智育、体育、美育相融合"的新要求。2020年7月，教育部印发《大中小学劳动教育指导纲要（试行）》，面向教育系统，重点针对劳动教育是什么、教什么、怎么教等问题，细化有关要求，加强专业指导。那么，劳动教育今天为什么会受到如此重视？它究竟是什么？教什么？怎么教？相信学完本章后，大家会对上述问题有更清晰的认识。

一、劳动教育的概念

（一）劳动教育的定义

分析以往劳动教育的有关定义可以发现，人们对劳动教育的认识大体可以分为四类。

1. 将劳动教育主要视为德育的内容

对劳动教育，《辞海》的定义是："劳动教育是德育的内容之一，对学生进行热爱劳动和劳动人民、珍惜劳动成果、树立正确的劳动观点和劳动态度、通过日常生活培养劳动习惯和技能的教育活动。"[1]《中国大百科全书》的定义为："使学

---

[1] 夏征农主编：《辞海》，上海辞书出版社1999年版，第383—384页。

生树立正确的劳动观点和劳动态度，热爱劳动和劳动人民，养成劳动习惯的教育，是德育的内容之一。"①这两个定义直接将劳动教育确定为德育的一部分，侧重热爱劳动和劳动人民的情感、正确的劳动观念和态度的培养，把劳动习惯和技能的教育看作日常生活培养的结果。

2. 将劳动教育主要视为智育的内容

《教师百科辞典》的定义是："劳动教育就是向受教育者传播现代生产的基本知识和技能，培养他们具有正确的劳动观点、劳动习惯和热爱劳动人民、劳动成果的感情。劳动教育十分重视劳动过程中的智力因素，把平凡的劳动同创造性劳动结合起来，把简单的劳动与富有知识的劳动结合起来。"②成有信在其《教育学原理》中更是直截了当地将劳动教育定义为："培养学生具有现代工农业生产的基本知识和基本技能的教育。"③这两个定义均更强调劳动教育的智育属性，将劳动教育的主要价值定位为传播现代生产基本知识和技能，提高社会劳动生产的智力水平。

3. 将劳动教育视为德育和智育的综合体

《中国百科大辞典》的定义为："劳动教育是以劳动实践为主，结合进行思想教育。技术教育是使学生掌握一定的生产知识及技术和劳动技能。其实施有利于培养学生的劳动观点，劳动技能和劳动习惯，为普通教育和职业教育打下基础。"④在这个定义中，劳动教育更偏重德育，技术教育更偏重智育，二者相结合共同培养劳动观点、劳动技能和劳动习惯。黄济认为，劳动教育是一个涉及范围很广、不甚确定的概念，"但从其基本任务而言，不外两大方面：一是劳动技能的培养，二是思想品德的教育。在学校的劳动教育中，常常是二者兼而有之"⑤。徐长发认为："劳动教育是使青少年学生获得正确劳动观念、劳动习惯、劳动情感、劳动精神，了解和懂得生产技术知识，掌握生活和劳动技能，在劳动创造中

---

① 《中国大百科全书》总编委会：《中国大百科全书·教育卷》（第二版），中国大百科全书出版社2009年版，第425页。
② 《教师百科辞典》编委会编：《教师百科辞典》，社会科学文献出版社1987年版，第317页。
③ 成有信主编：《教育学原理》，河南教育出版社1993年版，第390页。
④ 中国百科大辞典编委会编：《中国百科大辞典》，华夏出版社1990年版，第460—461页。
⑤ 黄济：《关于劳动教育的认识和建议》，《江苏教育学院学报》（社会科学版）2004年第5期。

追求幸福感的育人活动。它包括劳动思想观念的教育、劳动技术知识和劳动技能的教育。"[1]檀传宝提出，劳动教育"是以促进学生形成劳动价值观（即确立正确的劳动观点、积极的劳动态度，热爱劳动和劳动人民等）和养成良好劳动素养（形成劳动习惯、有一定劳动知识与技能、有能力开展创造性活动等）为目的的教育活动"[2]。这些定义均强调了劳动教育德育和智育兼具的双重属性。

4. 将劳动教育视为促进学生全面发展的实践教育形式

李强认为，"劳动教育的本质含义是指通过参加劳动实践活动所进行的一种有目的、有计划、有组织地培养受教育者多种素质的教育活动，是融德育、智育、体育、美育为一体的全面提高学生素质的综合性教育"[3]。苏联著名教育家苏霍姆林斯基也认为，"劳动教育是对年轻一代参加社会生产的实际训练，同时也是德育、智育和美育的重要因素"[4]。这两个定义都倾向于将劳动教育视为学生参加劳动实践活动的教育形式，并借此全面提升德智体美各方面素质。

以上定义从不同的方面揭示了劳动教育的某些不同属性，如德育属性、智育属性、实践属性等，但它们并没有揭示出劳动教育不同于德育、智育或实践活动的独特属性。此外，它们也仅仅将劳动教育理解为在学校里针对青少年学生进行的教育，这实际上是一种狭义的劳动教育。

教育学中通常从广义和狭义两个层次来定义教育。从广义上讲，凡是增进人们的知识和技能、影响人们的思想品德的活动都是教育；狭义的教育主要指学校教育，即教育者（主要指教师和学校管理者）根据一定的社会或阶级的要求，有目的、有计划、有组织地对受教育者（主要指学生）身心施加影响，把他们培养成一定社会或阶级所需要的人的活动。同样的，定义劳动教育时，也应该有广义和狭义的区别。广义的劳动教育，是指有利于增进各类人群（包括青少年学生、家长、教师和其他各类社会人员）的劳动思想观念、劳动知识技能等各方面劳动素养的一切活动的总称。就场域而言，广义的劳动教育包含了

---

[1] 徐长发：《劳动教育是人生第一教育——对习近平总书记"以劳动托起中国梦"重要思想的学习体会》，《中国农村教育》2015年第10期。
[2] 檀传宝：《劳动教育的概念理解——如何认识劳动教育概念的基本内涵与基本特征》，《中国教育学刊》2019年第2期。
[3] 李强：《浅谈素质教育中的劳动教育》，《安徽教育学院学报》2000年第5期。
[4] [苏]苏霍姆林斯基：《帕夫雷什中学》，赵玮等译，教育科学出版社2009年版，第361页。

家庭劳动教育、学校劳动教育、社会劳动教育三大类；就对象而言，广义的劳动教育既包括对青少年学生的劳动教育，也包括对各类成人的劳动教育。狭义的劳动教育，是指由学校根据国家相关政策和课程要求，有目的、有计划、有组织地对青少年学生实施的，旨在提高其劳动思想观念、劳动知识技能水平等各方面劳动素养的正式教育活动。

　　习近平一直倡导在全社会大力弘扬劳模精神、劳动精神，弘扬劳动最光荣、劳动最崇高、劳动最伟大、劳动最美丽的社会风尚，推动全社会热爱劳动、投身劳动、爱岗敬业，为改革开放和社会主义现代化建设贡献智慧和力量。中共中央、国务院《关于全面加强新时代大中小学劳动教育的意见》也要求，把劳动教育"贯穿家庭、学校、社会各方面"，"家庭要发挥在劳动教育中的基础作用"，"学校要发挥在劳动教育中的主导作用"，"社会要发挥在劳动教育中的支持作用"。这一切都说明，我们要高度重视学校劳动教育，但不能仅从狭义的角度理解劳动教育。从广义的角度看，弘扬劳动精神、推进劳动教育是每个负责任的社会公民都应承担的责任。在工作部署上，着力推进大中小学一体化、学校家庭社会教育协同化的劳动教育格局。[①]

【核心概念】

　　广义的劳动教育　指有利于增进各类人群（包括青少年学生、家长、教师和其他各类社会人员）的劳动思想观念、劳动知识技能等各方面劳动素养的一切活动的总称。

　　狭义的劳动教育　指由学校根据国家相关政策和课程要求，有目的、有计划、有组织地对青少年学生实施的，旨在提高其劳动思想观念、劳动知识技能水平等各方面劳动素养的正式教育活动。

---

① 参见刘向兵：《让劳动教育为新时代的奋斗者插上翅膀》，《中国高等教育》2018年第19期。

（二）劳动教育的内涵

任何一个概念都有内涵和外延两个方面。内涵是指概念所反映对象的本质属性，外延是指概念所反映对象的具体范围。家庭劳动教育、学校劳动教育、社会劳动教育，培养正确劳动观念、劳动习惯、劳动情感、劳动精神，掌握生产技术知识、生活和劳动技能等说法，是从范围或内容的角度对劳动教育外延的描述，而要理解劳动教育的本质，还必须全面把握劳动教育的内涵。我们认为，完整的劳动教育包含了三重内涵——通过劳动的教育、关于劳动的教育、为了劳动的教育。[1]

曲霞：《新时代劳动教育的三重内涵》

1. 通过劳动的教育，强调劳动教育是让学生参加劳动实践进行锻炼的教育

1949年以来，在"教育与生产劳动相结合"的方针下，劳动教育主要被理解为进行全面发展教育的形式或途径。《关于全面加强新时代大中小学劳动教育的意见》中也强调，劳动教育"是学生成长的必要途径，具有树德、增智、强体、育美的综合育人价值"；"实施劳动教育重点是在系统的文化知识学习之外，有目的、有计划地组织学生参加日常生活劳动、生产劳动和服务性劳动，让学生动手实践，出力流汗，接受锻炼、磨炼意志"；要"强化实践体验，让学生亲历劳动过程"。这些都表明，新时代劳动教育依然要重视"通过劳动的教育"，要强调通过劳动实践锻炼，全面提高学生综合素质。

2. 关于劳动的教育，强调劳动教育是引导学生全面、正确地认识劳动的教育

新时代劳动教育不仅仅是促进学生全面发展的途径，更是国民教育体系的重要内容。因此，劳动教育不能仅强调其综合育人价值，更要重视其独特育人价值。《关于全面加强新时代大中小学劳动教育的意见》中多次强调要培养学生正确的劳动观，使学生理解和形成马克思主义劳动观，引导学生崇尚劳动、尊重劳动，增强对劳动人民的感情，牢固树立劳动最光荣、劳动最崇高、劳动最伟大、劳动最美丽的观念。这一目标的实现，固然离不开劳动实践锻炼，但也离不开关于劳动的正确

---

[1] 参见曲霞：《新时代劳动教育的三重内涵》，《人民教育》2020年第4期。

认识。加强马克思主义劳动观和劳动科学教育，让学生全面认识劳动的本质属性、劳动的多维价值、社会主义社会的劳动价值观念、知识经济时代的劳动样态与发展趋势等，对培养学生正确的劳动观念至关重要。《大中小学劳动教育指导纲要（试行）》进一步明确：要独立开设劳动教育必修课，职业院校的劳动专题教育必修课不少于16学时，主要围绕劳动精神、劳模精神、工匠精神、劳动组织、劳动安全和劳动法规等方面设计；普通高等学校要将劳动教育纳入专业人才培养方案，明确主要依托的课程，本科阶段不少于32学时，课程内容应加强马克思主义劳动观教育，普及与学生职业发展密切相关的通用劳动科学知识。这些都说明，劳动教育不仅仅是实践锻炼、出力流汗，还要进行一定的"关于劳动的教育"，引导学生"懂劳动"，明劳动之理、知劳动之美，由衷地理解和认可劳动的重要价值。

3. 为了劳动的教育，强调劳动教育是让学生真正做好参加劳动的准备的教育

苏霍姆林斯基强调，学校教育的主要任务是让学生做好参加劳动的准备，这绝不只是一个传授知识和技能的问题，更重要的是让学生在道德上做好劳动的准备，即热爱劳动，对某种劳动形成一定的经验，能够自觉地参加劳动，并有意识地确定自己从事某种劳动的志向。当前，我国部分青少年中出现的不珍惜劳动成果、不想劳动、不会劳动的现象，正是劳动准备不足的典型表现。《关于全面加强新时代大中小学劳动教育的意见》强调，"劳动教育是中国特色社会主义教育制度的重要内容，直接决定社会主义建设者和接班人的劳动精神面貌、劳动价值取向和劳动技能水平"，既凸显了新时代劳动教育的重要意义，也从劳动精神面貌、劳动价值取向和劳动技能水平三个方面指出了让学生做好劳动准备的方向。

【核心概念】

劳动教育的三重内涵：
1. 通过劳动的教育，强调劳动教育是让学生参加劳动实践进行锻炼的教育；
2. 关于劳动的教育，强调劳动教育是引导学生全面、正确地认识劳动的教育；
3. 为了劳动的教育，强调劳动教育是让学生真正做好参加劳动的准备的教育。

通过劳动的教育、关于劳动的教育、为了劳动的教育，分别从方式、内容、目标三个层面诠释了新时代劳动教育的三重内涵。探索有中国特色的劳动教育模式，不仅要强调"通过劳动的教育"，注重劳动实践锻炼，而且要围绕"为了劳动的教育"这一根本目的，聚焦社会主义建设者和接班人所需要的劳动精神面貌、劳动价值取向和劳动技能水平等各方面劳动素养要求，系统设计劳动教育的课程内容和组织方式，形成三者互为支撑的劳动教育实施体系。

二、劳动教育的意义

《关于全面加强新时代大中小学劳动教育的意见》由中央全面深化改革委员审议通过，中共中央、国务院印发，本身就意味着新时代加强劳动教育绝不只是教育部门自身、教育系统内部的事情，而是一项涉及党和国家事业全局的重大工作，是党中央全面深化改革、实现中华民族伟大复兴战略布局之一，是一项需要在各级党委领导下，各级政府部门、各类群团组织和社会公益部门与教育部门协同一起，合力推进的事业。同时，这也意味着各级各类学校、教师不能仅仅从促进人的全面发展的角度看待新时代劳动教育的意义，而要从"教育是国之大计、党之大计"的战略高度出发，全面而深刻地认识新时代加强劳动教育的重要意义。

案例2-1

怎么看待三和大神现象？

三和大神，是指在深圳龙华区三和人才市场附近靠日结散工过活的人，在快节奏的现代生活中，三和大神们是一群脱轨的年轻人。之所以被称为大神，是因为他们信奉"做一天可以玩三天"的人生信条，洒脱随性。

三和大神依靠打短工来维持最低生活，他们没有固定的生活规律，有点钱的时候会住15元一晚的旅馆，身无分文的时候露宿街头也不介意。这些人不考虑未来，只关注当下，钱基本用来玩游戏，仅有的余钱用于买5块钱的挂面、2块钱的水，以维持基本的生存。可以说，所谓的三和大神,精神已升天、吃喝全不管、以天为盖、以地为席,今日有钱今日花,明日无钱才打工。工作上,三和大神们只做日结散工。第一要求来钱快,第二要求活轻松,第三要求工资日结。开工一天,赚百来块钱,玩三天,钱花完了再干活。"今朝有酒今朝醉",这是三和大神的生活常态,也是这群脱轨的年轻人与这个世界之间最宽阔的鸿沟。

实事求是地说,人生路漫漫,每个人都有选择自己未来道路的权利。三和大神的生活方式并不违反道德,更不触犯法律,甚至选择这样的生活方式也有他们自己的无奈。但是,如果一个国家的青年普通认可甚至选择这种"今朝有酒今朝醉,莫管明日愁与忧"的生活方式,个人的价值实现、国家的富强文明、民族的伟大复兴,都将永无可待之日。

(一)事关立德树人:新时代加强劳动教育是培养全面发展的社会主义建设者和接班人的必由之路

立德树人作为教育的根本任务,包含了以德为先,积极培育和践行社会主义核心价值观和以人为本,促进学生自由全面发展的双重使命,内含了育德与育才相统一、塑造社会品质与发展个性才干相统一的教育辩证逻辑。劳动教育作为五育中唯一直接通向生活世界、工作世界的教育,是连通学校、家庭与社会的重要桥梁,具有育德与育才、塑造社会品质与发展个性才干和谐统一的天然优势。马克思主义认为,劳动是一种彰显人之为人的本质力量的自由自觉的创造性实践,正是在手脑并用、全身心投入的劳动实践中,个体才能充分调动自己的热情、智慧和才干,全方位激发自己的潜能与创造性,不断发展自我、实现自我。而人要在劳动实践中更好地发展自我、实现自我,又必须以他人和社会拥有的共同利益为出发点,遵循周围劳动世界的共同价值观念及行为准则,从而实现个体价值与社会价值的统一。

可见,劳动教育在推进立德树人、培养全面发展的社会主义建设者和接班人的教育体系中,具有其他四育不可替代的独特价值。德育侧重于解决劳动者的世界观、人生观问题,体现"善"的要求;智育侧重开发智能,体现"真"的要求;体育促进身体发育和机能发展,体现"健"的要求;美育陶冶情操、塑造心灵,体现"美"的要求。劳动教育则侧重于劳动精神的激发、劳动观念的培养、劳动技能的提高，体现"实"的要求。"真、善、美、健"等各方面素质一定是在个体改变世界、创造世界的劳动"实"干中才能真正得以体现和落实。因此，可以说，没有劳动的教育是不完整的教育，没有劳动教育的人才培养是不健全的人才培养。

总之，新时代加强劳动教育，是党和政府站在"如何培养人""为谁培养人"和"培养什么样的人"的高度上，对社会主义教育方针、教育目标的完善和重构。加强劳动教育，就是要切实加强青少年理想信念教育、劳动精神熏陶、综合素质提高，使其崇尚劳动价值、追求劳动创造、尊重劳动主体，以辛勤劳动为荣、以好逸恶劳为耻，自觉把人生理想、家庭幸福融入国家富强、民族复兴的伟业之中，不断成长为有理想信念、有过硬本领、有责任担当的社会主义建设者和接班人。

（二）事关强国富民：新时代加强劳动教育是培育高素质劳动者大军的迫切需要

习近平深刻指出："面对日趋激烈的国际竞争，一个国家发展能否抢占先机、赢得主动，越来越取决于国民素质特别是广大劳动者素质。要实施职工素质建设工程，推动建设宏大的知识型、技术型、创新型劳动者大军。"[①]改革开放40多年来，我国经济社会发展取得了巨大成就，这种成就离不开改革红利、自然资源红利、人口红利、国际贸易投资环境红利等的综合贡献。当前，我国同时面临人口红利逐渐消失、资源和环境约束不断强化、投资出口增速放缓等发展瓶颈，转变发展方式、优化经济结构、转换增长动力、突破发展瓶颈就是经济迈入新常态的必然选择。[②]而这种系统性变化和转型，从根本上离不开一支知识型、技能型、创新型的高素质劳动者大军。

基于此，习近平多次强调：劳动者素质对一个国家、一个民族发展至关重要；在前进道路上，我们要始终弘扬劳模精神、劳动精神，为中国经济社会发展

---

① 习近平：《在庆祝"五一"国际劳动节暨表彰全国劳动模范和先进工作者大会上的讲话》，人民出版社2015年版，第9页。
② 参见刘向兵：《新时代高校劳动教育的新内涵与新要求——基于习近平关于劳动的重要论述的探析》，《中国高教研究》2018年第11期。

汇聚强大正能量；在前进道路上，我们要始终高度重视提高劳动者素质，培养宏大的高素质劳动者大军；必须牢固树立劳动最光荣、劳动最崇高、劳动最伟大、劳动最美丽的观念，让全体人民进一步焕发劳动热情、释放创造潜能，通过劳动创造更加美好的生活。因此，他提出，"要通过各种措施和方式，教育引导广大青少年牢固树立热爱劳动的思想、牢固养成热爱劳动的习惯，为祖国发展培养一代又一代勤于劳动、善于劳动的高素质劳动者"[①]，"要在学生中弘扬劳动精神，教育引导学生崇尚劳动、尊重劳动，懂得劳动最光荣、劳动最崇高、劳动最伟大、劳动最美丽的道理，长大后能够辛勤劳动、诚实劳动、创造性劳动"[②]，"要开展以劳动创造幸福为主题的宣传教育，把劳动教育纳入人才培养全过程，贯通大中小学各学段和家庭、学校、社会各方面，教育引导青少年树立以辛勤劳动为荣、以好逸恶劳为耻的劳动观，培养一代又一代热爱劳动、勤于劳动、善于劳动的高素质劳动者"[③]。

"青年兴则国家兴，青年强则国家强"。推进新时代劳动教育，事关强国富民，民族复兴。对培育国家建设所需要的高素质劳动者大军，对主动适应科技发展和产业变革新趋势，切实提高学生的劳动能力特别是创造性劳动能力，为"中国速度"向"中国质量"转变、"制造大国"向"制造强国"转变、人口大国向人力资源强国转变提供人力支撑、智力支撑和创新支撑，对以"更为艰巨、更为艰苦的努力"应对"百年未有之大变局"和复兴路上可能遇到的各种挑战，都具有重大的现实意义和长远的战略意义。

（三）事关治国理政：新时代加强劳动教育是坚持和发展中国特色社会主义的应有之义

崇尚劳动、造福劳动者是马克思主义一以贯之的基本观点，是中国特色社会主义的精神底色。马克思主义劳动观反复强调，劳动创造世界、劳动创造历史、劳动

---

① 谢环驰：《习近平在乌鲁木齐接见劳动模范和先进工作者、先进人物代表　向全国广大劳动者致以"五一"节问候》，《人民日报》2014年5月1日。
② 张烁、王晔：《习近平在全国教育大会上强调坚持中国特色社会主义教育发展道路　培养德智体美劳全面发展的社会主义建设者和接班人》，《人民日报》2018年9月11日。
③ 习近平：《在全国劳动模范和先进工作者表彰大会上的讲话》，人民出版社2020年版，第5—6页。

创造人本身，劳动是人类的本质特征和存在方式，教育与生产劳动相结合，不仅是提高社会生产的一种方法，而且是造就全面发展的人的唯一方法。这些论述从社会主义社会本质属性的高度，坚持劳动神圣、倡导劳动正义，致力于尊重劳动者、造福劳动者，努力建构一个劳动者人人有尊严，公平、正义、和谐的新社会。

党的十八大以来，习近平在多次重要讲话中明确表达了崇尚劳动、造福劳动者的治国理念。他指出"劳动是财富的源泉，也是幸福的源泉。人世间的美好梦想，只有通过诚实劳动才能实现；发展中的各种难题，只有通过诚实劳动才能破解；生命里的一切辉煌，只有通过诚实劳动才能铸就"[1]。他强调"实现我们的奋斗目标，开创我们的美好未来，必须紧紧依靠人民、始终为了人民，必须依靠辛勤劳动、诚实劳动、创造性劳动"[2]。"我们的根扎在劳动人民之中。在我们社会主义国家，一切劳动，无论是体力劳动还是脑力劳动，都值得尊重和鼓励；一切创造，无论是个人创造还是集体创造，也都值得尊重和鼓励。"[3]"全社会都要以辛勤劳动为荣、以好逸恶劳为耻，任何时候任何人都不能看不起普通劳动者，都不能贪图不劳而获的生活。"[4]"要坚持社会公平正义，排除阻碍劳动者参与发展、分享发展成果的障碍，努力让劳动者实现体面劳动、全面发展。"[5]这些论述继承并发展了马克思主义崇尚劳动、造福劳动者的精神内核，彰显了以人民为中心的根本立场，发出了用奋斗点燃新时代、以劳动托起"中国梦"的时代强音，构成了习近平新时代中国特色社会主义思想体系的重要组成部分。

总之，在建设中国特色社会主义的新时代，我们党把劳动教育提高到教育方针的层面，这既是马克思主义劳动观的根本要求，体现了劳动创造世界、劳动创造历史、劳动创造人本身等唯物辩证法的基本原理，体现了按劳分配是实现社会正义的重要原则、劳动者是劳动主体、劳动创造价值等政治经济学的基本原理，体现了社会主义社会的本质属性，又是习近平继承和发展马克思主义劳动观，强调"劳动最光荣、劳动最崇高、劳动最伟大、劳动最美丽"的劳动价值观，"空

---

[1] 习近平：《在同全国劳动模范代表座谈时的讲话》，《人民日报》2013年4月29日。
[2] 习近平：《在同全国劳动模范代表座谈时的讲话》，《人民日报》2013年4月29日。
[3] 习近平：《在庆祝"五一"国际劳动节暨表彰全国劳动模范和先进工作者大会上的讲话》，人民出版社2015年版，第5页。
[4] 习近平：《在庆祝"五一"国际劳动节暨表彰全国劳动模范和先进工作者大会上的讲话》，人民出版社2015年版，第5页。
[5] 习近平：《在同全国劳动模范代表座谈时的讲话》，《人民日报》2013年4月29日。

谈误国，实干兴邦"的劳动发展观，"尊重劳动""造福劳动者"的劳动伦理观和"热爱劳动""热爱创造"的劳动教育观的根本要求。[①]

三、劳动教育的内容

案例2-2

各国劳动教育的目标与内容

美国的劳动教育目标与内容主要包括三个方面：（1）基于使学生成为有效的家庭成员的劳动教育。美国综合中学普遍设有一些劳动教育类的课程供学生选修，常见的有家政课、手工课、烹饪课、木工课、园艺课等。（2）基于就业准备的劳动教育。美国学校一般会设专职人员对学生进行职业生涯教育，要求或鼓励每位学生必修或选修一门职业入门课程，确保学生均具有进入劳动世界所需要的基本素养。（3）基于公民培养的劳动教育。主要是通过让学生参加志愿服务和服务学习活动，培养学生的公民情感，增强其作为公民的社会责任感和公民行动力。

俄罗斯的劳动教育目标与内容主要包括以下几个方面：（1）培养学生的自我服务能力，如保持个人卫生和工作环境整洁等。（2）开展技术培训，使学生能够掌握一些技术和实施活动的方法等。（3）培养学生的家务能力，比如帮助家长扫地、洗衣、做饭等。（4）培养学生的专业技能，如烘焙、缝纫、木工等方面的技能。（5）引导学生通过劳动回馈社会，如清扫学校垃圾等。

德国的劳动教育目标与内容在各州的表述有所不同，但总体来说可归纳为两个主要方面：（1）进行劳动、经济与技术方面的教育，帮助小学高年级学生和中学生适应未来生活，引导他们认识世界。（2）培养学生在职业、家庭、经济和环境保护等领域的基本能力，使之能够正确选择适合自己的职业，具有生活责任感，具备处理私人生活、未来职业生涯和公共生活等领域的具体问题的能力。

资料来源：曾天山、顾建军主编：《劳动教育论》，教育科学出版社2020年版，第414—415页。

[①] 刘向兵：《深入贯彻党的十九届五中全会精神 全面推进高校劳动教育》，《中国高等教育》2020年第24期。

从以上三国的劳动教育介绍中可以看出，培养孩子基本的自我服务能力、家务劳动能力、职业规划意识、基本劳动技能、公民意识和社会责任感是各国劳动教育的共同内容。

我国劳动教育的根本目标是聚焦社会主义建设者和接班人所需要的劳动精神面貌、劳动价值取向、劳动技能水平，全面提升学生各方面的劳动素养。一般认为，素养是个体在长期教育和环境影响下形成的某一方面的稳定修养，包含了知识、能力、态度、价值观等内容。根据《关于全面加强新时代大中小学劳动教育的意见》和《大中小学劳动教育指导纲要（试行）》对劳动教育的目标和内容要求，结合新时代劳动对劳动者在思想、心理、伦理、行为、知识与技能等五个方面提出的新要求，我们系统设计了由劳动价值观、劳动情感态度、劳动品德、劳动习惯、劳动知识与技能有机组成的劳动教育内容体系，以全面提升青少年劳动素养。

（一）在劳动价值观方面，要让"劳动最光荣、劳动最崇高、劳动最伟大、劳动最美丽"的观念内化于心、外化于行

劳动价值观是劳动者对劳动的思想认识、根本看法，它直接决定着劳动者的价值判断、情感取向与行为选择，是劳动素养最深层、最核心的要素。习近平多次强调，"劳动最光荣、劳动最崇高、劳动最伟大、劳动最美丽"。这是对新时代劳动价值观的明确定位。落实这一定位，需结合唯物史观，教育引导大学生充分认识"人民创造历史，劳动开创未来。劳动是推动人类社会进步的根本力量"[1]的真理性意义；真正明白"劳动是财富的源泉，也是幸福的源泉"的道理，真切体验在劳动创造中"把自己的理想同祖国的前途、把自己的人生同民族的命运紧密联系在一起，扎根人民，奉献国家"[2]的幸福感；深刻理解按劳分配是实现社会正义的基本原则，真正树立"以辛勤劳动为荣、以好逸恶劳为耻"的价值观，鄙视"不劳而获""少劳多获"的投机思想；正确认识新时代劳动的复杂性与多样

---

[1] 习近平：《在同全国劳动模范代表座谈时的讲话》，《人民日报》2013年4月29日。
[2] 习近平：《在北京大学师生座谈会上的讲话》，人民出版社2018年版，第12页。

性，由衷认同"劳动没有高低贵贱之分，任何一份职业都很光荣"[①]"一切劳动，无论是体力劳动还是脑力劳动，都值得尊重和鼓励"[②]的道理，切实改变轻视体力劳动和体力劳动者的错误心态；深入理解为什么"尊重劳动"为"四个尊重"之首，不能离开"尊重劳动"去谈时代精神。

（二）在劳动情感态度方面，要大力培植"热爱劳动""热爱创造"的真挚情感和积极的劳动精神

劳动情感态度是劳动者的个性心理特征的反应，是个体在一定劳动价值观支配下、在长期劳动情感体验基础上形成的一种相对稳定的对待劳动的心理倾向。"爱劳动"一直是我国劳动教育特别重视培养的基本劳动情感态度。新时代劳动情感态度教育既要强调热爱劳动、勤于劳动，又要强调热爱创造、善于劳动。因为热爱劳动、热爱创造是立业为人的根本，是实干兴邦的基石，更是富民强国的动力。加强劳动教育，就是要通过劳动榜样人物事迹宣传、劳动创造幸福主题教育、劳动创造美好生活体验等多样形式，真切体验"中国人民具有的伟大创造精神、伟大奋斗精神、伟大团结精神、伟大梦想精神"[③]，领会"幸福是奋斗出来的"的内涵与意义，继承中华民族勤俭节约、敬业奉献的优良传统，切实养成热爱劳动、热爱创造的真挚情感和"勤俭、奋斗、创新、奉献"的劳动精神。

具体来说，小学低年级，要让学生在料理好个人生活起居的过程中，懂得人人都要劳动的道理，感知劳动乐趣，爱惜劳动成果；中高年级，要让学生在积极参加校园劳动和家务劳动的过程中，体会劳动光荣的情感，尊重普通劳动者，初步养成热爱劳动、热爱生活的态度。初中阶段，要兼顾家政学习、校内外生产劳动和服务性劳动，在开展职业启蒙教育的过程中，引导学生由衷认同劳动创造美好生活的道理，养成认真负责、吃苦耐劳的劳动品质，增强公共服务意识和担当精神。高中阶段，则要注重围绕丰富职业体验，开展服务性劳动和生产劳动，使学生理解劳动创造价值，接受锻炼、磨炼意志，培养劳动自立意识和主动服务他

---

① 习近平：《在知识分子、劳动模范、青年代表座谈会上的讲话》，人民出版社2016年版，第9页。
② 习近平：《在庆祝"五一"国际劳动节暨表彰全国劳动模范和先进工作者大会上的讲话》，人民出版社2015年版，第5页。
③ 习近平：《在全国劳动模范和先进工作者表彰大会上的讲话》，人民出版社2020年版，第4—5页。

人、服务社会的情怀。职业院校劳动情感态度培育的重点是结合专业特点，增强职业荣誉感和责任感，培育积极向上的劳动精神和认真负责的劳动态度。普通高等学校的重点是围绕创新创业，结合学科专业开展生产劳动和服务性劳动，积累职业经验，培育诚实守信合法劳动的意识，培养到艰苦地区和行业工作的奋斗精神，强化公共服务意识和面对重大疫情、灾害等危机主动作为的奉献精神。

（三）在劳动品德方面，要在辛勤劳动、诚实劳动的基础上，强调创造性劳动、体面劳动

劳动品德体现了劳动的伦理要求，是指人们在劳动过程中所表现出来的对他人和社会的稳定的心理特征或倾向。辛勤劳动、诚实劳动、创造性劳动，是习近平对新时代劳动的基本要求。辛勤劳动、诚实劳动和创造性劳动是统一的。辛勤劳动是诚实劳动、创造性劳动的前提和基础。"一勤天下无难事"，"民生在勤，勤则不匮"，这些中国人自古秉承的劳动信念在新时代依然熠熠生辉。"坚持艰苦奋斗，不贪图安逸，不惧怕困难，不怨天尤人，依靠勤劳和汗水开辟人生和事业前程"[①]依然是新时代需要发扬的劳动美德。诚实劳动是辛勤劳动的表现，也是创造性劳动的前提。习近平高度讴歌了诚实劳动的价值，强调"人世间的美好梦想，只有通过诚实劳动才能实现；发展中的各种难题，只有通过诚实劳动才能破解；生命里的一切辉煌，只有通过诚实劳动才能铸就"[②]。创造性劳动是辛勤劳动、诚实劳动的发展，也是自由自觉的人类劳动的本质要求。它不仅是劳动者知识和技能水平的体现，更是劳动者争创一流、勇于创新、精益求精、追求卓越的劳动品德的体现。

新时代是创新发展的时代。加强新时代劳动教育，要引导青少年适应新一轮科技革命和产业变革的需要，密切关注行业、产业前沿知识和技术进展，勤学苦练、深入钻研。要完善现代职业教育制度，创新各层次各类型职业教育模式，为劳动者成长创造良好条件。要完善和落实技术工人培养、使用、评价、考核机制，提高技能人才待遇水平，畅通技能人才职业发展通道，完善技能人才激励政

---

① 习近平：《在知识分子、劳动模范、青年代表座谈会上的讲话》，人民出版社2016年版，第11页。
② 习近平：《在同全国劳动模范代表座谈时的讲话》，《人民日报》2013年4月29日。

策,激励更多劳动者特别是青年人走技能成才、技能报国之路,培养更多高技能人才和大国工匠。要增强创新意识、培养创新思维,展示锐意创新的勇气、敢为人先的锐气、蓬勃向上的朝气。要推进产业工人队伍建设改革,落实产业工人思想引领、建功立业、素质提升、地位提高、队伍壮大等改革措施,造就一支有理想守信念、懂技术会创新、敢担当讲奉献的宏大产业工人队伍。[①]

体面劳动彰显了新时代劳动发展的人本趋向,也是社会主义社会劳动和劳动教育的本质追求。习近平庄严承诺:"让人民群众过上更加幸福的好日子是我们党始终不渝的奋斗目标,实现共同富裕是中国共产党领导和我国社会主义制度的本质要求。要坚持以人民为中心的发展思想,维护好工人阶级和广大劳动群众合法权益,解决好就业、教育、社保、医疗、住房、养老、食品安全、生产安全、生态环境、社会治安等问题,不断提升工人阶级和广大劳动群众的获得感、幸福感、安全感。"[②]因此,加强劳动教育,要整个社会努力建构起"切实实现好、维护好、发展好劳动者合法权益"的制度体系;要在学校教育中加强职业生涯规划教育,引导学生充分考虑自己的个性、能力、禀赋和爱好择业就业;要加强劳动法与社会保障法教育,帮助学生树立合法维权的意识;要强化劳动教育的人本理念,让学生学会分工合作,体会社会主义社会平等、和谐的新型劳动关系,引导学生为建立一个"排除阻碍劳动者参与发展、分享发展成果的障碍,努力让劳动者实现体面劳动、全面发展"[③]的公平正义的社会而奋斗。

(四)在劳动习惯方面,要着力引导青少年养成良好的生产和生活劳动习惯、公益服务习惯和勤俭节约的消费习惯

劳动习惯是个体在长期劳动实践训练中形成的稳定的行为模式。新时代互联网技术的飞速发展、数字经济的到来、人工智能的崛起,在带给人类生活极大便利的同时,也在无形中滋长了一些年轻人企图不劳而获、渴望一夜暴富、追求一夜成名的不良心理,出现了不珍惜劳动成果、不想劳动、不会劳动的现象。为

[①] 参见习近平:《在全国劳动模范和先进工作者表彰大会上的讲话》,人民出版社2020年版,第8页。
[②] 习近平:《在全国劳动模范和先进工作者表彰大会上的讲话》,人民出版社2020年版,第8—9页。
[③] 习近平:《在庆祝"五一"国际劳动节暨表彰全国劳动模范和先进工作者大会上的讲话》,人民出版社2015年版,第8页。

此，《大中小学劳动教育指导纲要（试行）》中，特别确立了"养成良好的劳动习惯和品质"的目标，要求学生能够自觉自愿、认真负责、安全规范、坚持不懈地参与劳动，形成诚实守信、吃苦耐劳的品质，珍惜劳动成果，养成良好的消费习惯，杜绝浪费。

具体来说，小学阶段要格外注重生活能力和良好卫生习惯的培养，养成自己的事情自己做的意识和习惯；初中阶段应在此基础上进一步强化安全劳动、规范劳动的意识和习惯，增强生活自理能力和勤俭节约意识，养成集体劳动习惯；高中阶段则要进一步加强公共服务和公益劳动意识和习惯的培养；职业院校则要在专业劳动中进一步强化产品质量意识，养成认真负责、吃苦耐劳、严谨细致、精益求精的工作习惯；普通高等学校则要巩固良好的日常生活劳动习惯和消费习惯，养成良好的公益劳动习惯和在生产实践中创造性解决问题的意识与习惯。

（五）在劳动知识与技能方面，要用系统的科学知识与技能的教育教学，为劳动素养的提升奠定坚实基础

劳动知识与技能是个体从事一定劳动所必须具备的知识、技术、技巧及综合运用这些知识、技术、技巧的能力，是个体劳动素养全面提升的必备基础。正如习近平所强调的那样，"素质是立身之基，技能是立业之本。广大劳动群众要勤于学习，学文化、学科学、学技能、学各方面知识，不断提高综合素质，练就过硬本领"[1]。《大中小学劳动教育指导纲要（试行）》也强调要通过劳动教育，让学生"掌握基本的劳动知识和技能，正确使用常见劳动工具，增强体力、智力和创造力，具备完成一定劳动任务所需要的设计、操作能力及团队合作能力"。具体来说，小学低年级阶段，要学会简单的手工制作，照顾身边的动植物；中高年级阶段，要初步体验种植、养殖等简单的生产劳动，初步学会与他人合作劳动。初中阶段要适当体验包括金工、木工、电工、陶艺、布艺等项目在内的劳动及传统工艺制作过程，尝试家用器具、家具、电器的简单修理，参与种植、养殖等生产活动，学习相关技术。高中阶段要统筹劳动教育与通用技术课程相关内容，从工

---

[1] 习近平：《在知识分子、劳动模范、青年代表座谈会上的讲话》，人民出版社2016年版，第8页。

业、农业、现代服务业以及中华优秀传统文化特色项目中，让学生自主选择1—2项生产劳动，经历完整的实践过程。职业院校要重点结合专业特点，依托实习实训，提高职业劳动技能水平，提升创意物化能力。普通高等学校要注重引导学生积极参加实习实训、专业服务和创新创业活动，重视新知识、新技术、新工艺、新方法的运用，提高在生产实践中发现问题和创造性解决问题的能力。

除结合学科专业开展劳动知识技能教育外，高校劳动教育还应加强劳动科学的教学，引导学生掌握通用劳动科学知识。人类在总结规律、创新知识的过程中形成了劳动哲学、劳动伦理学、劳动文化学、劳动社会学、劳动教育学等一系列"劳动+"学科。这些学科深化了人们对劳动问题的研究，提升了高等教育水平和劳动人才培养质量，同时，也提高了学生对劳动多学科多维度的认识，使学生获得分析解决劳动问题的本领，增强劳动观念、提升劳动技能。可结合大学生未来的劳动、工作、职业发展需要，通过开设专门的劳动教育课程、完善大学生职业生涯规划和就业指导教育，加强劳动人权、劳动伦理、劳动关系、劳动条件、社会保障、职工福利、职业安全与卫生、劳动法与社会保障法等相关知识与技能的学习。

四、劳动教育的途径与方法

（一）劳动教育的途径

《关于全面加强新时代大中小学劳动教育的意见》要求"加强政府统筹，拓宽劳动教育途径，整合家庭、学校、社会各方面力量。家庭劳动教育要日常化，学校劳动教育要规范化，社会劳动教育要多样化，形成协同育人格局"。就规范化的学校劳动教育而言，实施的主要途径包括：

1. 独立开设劳动教育必修课

中小学劳动教育课平均每周不少于1课时，用于活动策划、技能指导、练习实践、总结交流等，可与通用技术和地方课程、校本课程等有关内容进行必要统筹。职业院校开设劳动专题教育必修课，不少于16学时，主要围绕劳动精神、劳模精神、工匠精神、劳动组织、劳动安全和劳动法规等方面设计。普通高等学校要将劳动教育纳入专业人才培养方案，明确主要依托的课程，可在已有课程中专设劳动教育模块，也可专门开设劳动专题教育必修课，本科阶段不少于32学时；课程内容应加强马克思主义劳动观教育，普及与学生职业发展密切相关的通用劳动科学知识，并设计必要的实践环节。

2. 在学科专业中有机渗透劳动教育

中小学道德与法治（思想政治）、语文、历史、艺术等学科要有重点地纳入劳动创造人本身、劳动创造历史、劳动创造世界、劳动不分贵贱等马克思主义劳动观，纳入歌颂劳模、歌颂普通劳动者的选文选材，纳入阐释勤劳、节俭、艰苦奋斗等中华民族优良传统的内容，加强对学生辛勤劳动、诚实劳动、合法劳动等方面的教育。数学、科学、地理、技术、体育与健康等学科要注重培养学生劳动的科学态度、规范意识、效率观念和创新精神。职业院校要将劳动教育全面融入公共基础课，要强化马克思主义劳动观、劳动安全、劳动法规教育。专业课在进行职业劳动知识技能教学的同时，注重培养"干一行爱一行"的敬业精神，吃苦耐劳、团结合作、严谨细致的工作态度。普通高等学校要将劳动教育有机纳入专业教育、创新创业教育，不断深化产教融合，强化劳动锻炼要求，加强高等学校与行业骨干企业、高新企业、中小微企业紧密协同，推动人才培养模式改革。专业类课程主要与服务学习、实习实训、科学实验、社会实践、毕业设计等相结合开展各类劳动实践，注重分析相关劳动形态发展趋势，强化劳动品质培养。公共必修课程要进一步强化马克思主义劳动观教育、劳动相关法律法规与政策教育。

3. 在课外校外活动中安排劳动实践

将劳动教育与学生的个人生活、校园生活和社会生活有机结合起来，丰富劳动体验，提高劳动能力，深化对劳动价值的理解。中小学每周课外活动和家庭生活中劳动时间，小学1至2年级不少于2小时，其他年级不少于3小时；职业院校和普通高等学校要明确生活中的劳动事项和时间，纳入学生日常管理工作。

大中小学每学年设立劳动周，采用专题讲座、主题演讲、劳动技能竞赛、劳动成果展示、劳动项目实践等形式进行。小学以校内为主，小学高年级可适当安排部分校外劳动；普通中学、职业院校和普通高等学校兼顾校内外，可在学年内或寒暑假安排，以集体劳动为主，由学校组织实施；高等学校也可安排劳动月，集中落实各学年劳动周要求。

4. 在校园文化建设中强化劳动文化

要将劳动习惯、劳动品质的养成教育融入校园文化建设之中。要通过制定劳动公约、每日劳动常规、学期劳动任务单，采取与劳动教育有关的兴趣小组、社团等组织形式，结合植树节、学雷锋纪念日、"五一"国际劳动节、农民丰收节、志愿者日等，开展丰富的劳动主题教育活动，营造劳动光荣、创造伟大的校园文化。

要举办"劳模大讲堂"、"大国工匠进校园"、优秀毕业生报告会等劳动榜样人物进校园活动，组织劳动技能和劳动成果展示，综合运用讲座、宣传栏、新媒体等，广泛宣传劳动榜样人物事迹，特别是身边的普通劳动者事迹，让师生在校园里近距离接触劳动模范，聆听劳模故事，观摩精湛技艺，感受并领悟勤勉敬业的劳动精神，争做新时代的奋斗者。

（二）劳动教育方法

教育方法是为实现教育目的和任务，师生在教育活动中所采取的行为方式的总称。劳动教育的常用方法主要有五大类，教育者应注意根据劳动教育任务的不同特点，选择适宜的教育方法。

1. 讲解说明法

这是一种适合劳动知识技能教学的方法。运用该方法时，教师要有重点地进行讲解，让学生懂得劳动的意义和价值。加强劳动观念、劳动纪律、劳动相关法律法规的正面引导，指明轻视劳动特别是轻视普通劳动的危害，让学生明辨是非。加强劳动知识技能的讲解，让学生认清事理，掌握实践操作的基本原理、程序、规则，以及正确使用工具的方法和技术。讲解要与启发思考、示范、练习等结合起来。

2. 淬炼操作法

这是适合劳动技能技巧训练的教学方法。运用该方法时，要注重教师示范与学生练习相结合，要强化规范意识，注重从最基本的程序学起，严守规则，避免主观随意；要强化质量意识，注重引导学生关注细节，每个步骤、环节都要精准到位；要强化专注品质，注重引导学生对操作行为的评估与监控，做到眼到手到心到，有始有终。

3. 项目实践法

这是一种让学生完成真实、综合任务，经历完整劳动过程，培养劳动能力的方法。运用该方法时，教师要注重引导学生从现实生活中发现需求，选择和确定劳动项目。强化规划设计意识，充分发挥学生的主动性、积极性、创造性，引导学生对项目实践进行整体构思，综合运用所学知识、技术，不断优化行动方案。强化身体力行，锤炼意志品质，敢于在困难与挑战中完成行动任务。

4. 反思交流法

这是一种强化劳动价值意义体认和建构的方法。在运用讲解说明法、淬炼操作法、项目实践法等教学方法的过程中，教师要注意组织学生交流分享劳动的体验和收获，指导学生思考劳动过程和结果与社会进步、个体成长的关联，避免停留在简单的苦乐体验上，肯定具有积极意义的认识，纠正观念上的偏差，将反思交流与改进结合起来，使学生在劳动中获得成长。

5. 榜样激励法

这是一种通过典型示范强化劳动精神培养的教育方法。运用该方法时，要注意遴选、树立多类型榜样，不仅要有大国工匠、劳动模范，还要有身边劳动表现优异的普通劳动者和同学。指导学生从榜样的具体事迹中领悟他们的高尚精神和优良品质，明确要求学生在日常劳动实践中努力向榜样看齐。

【延伸思考题】

1. 请联系实际谈谈新时代加强劳动教育的必要性。

2. 请联系实际谈谈大学生在劳动意识与能力方面存在的主要不足，并据此提出普通高校加强劳动教育的具体建议。

3. 请联系实际谈谈父母应如何在家庭教育中加强劳动教育。

【拓展阅读】

1.《中共中央 国务院关于全面加强新时代大中小学劳动教育的意见》（2020年3月20日），中国政府网2020年3月26日。

2.《教育部关于印发〈大中小学劳动教育指导纲要（试行）〉的通知》（教材〔2020〕4号），中华人民共和国教育部门户网站2020年7月7日。

3. 李珂：《嬗变与审视：劳动教育的历史逻辑与现实重构》，社会科学文献出版社2019年版。

4. 刘向兵编著：《新时代高校劳动教育论纲》，社会科学文献出版社2019年版。

5. 田丰、林凯玄：《岂不怀归：三和青年调查》，海豚出版社2020年版。

6.［苏］苏霍姆林斯基：《苏霍姆林斯基论劳动教育》，萧勇、杜殿坤译，教育科学出版社2019年版。

第三章

劳动的科学

本章导读

　　小吴同学今年22岁了，是某名牌大学的大四学生。她性格内向，不善沟通和交流。自从上了大四以后，原本话语不多的她，更加少言寡语了。周围的同学还发现小吴身上发生了很多变化，最明显的是满脸的焦虑和忧愁。小吴到底怎么了？

　　辅导员发现小吴情绪低落，于是主动找她谈心。起初，心事重重的小吴并没有向辅导员敞开心扉，而是遮遮掩掩、欲言又止。后来，经过多次交谈，小吴终于把自己心里一直纠结的问题向辅导员和盘托出。本来，四年大学生活应该是十分充实、愉快的，但是随着毕业日期日益临近，即将迈出校门，走向社会，小吴愈发不安起来。她暗想，原本距离就业还那么遥远，没想到这么快就到了。虽说四年大学生活，学到了很多知识，但是对于社会却知之甚少，加之通过各种传媒途径，了解了劳动领域的某些负面信息，加重了心理负担。小吴曾经向几十家单位递交过求职书，为了求职成功，她甚至降低自己的薪酬标准，但是这些求职书一经投出便如"泥牛入海"，杳无音信。小吴的担心主要集中在：将来在竞争激烈的就业领域如何找到工作？在节奏紧张的职场上如何做好工作？如何处理与领导或同事之间复杂的关系？等等，这些问题都成为小吴心中挥之不去的烦恼。类似于小吴的内心焦虑，在一些同学身上都有过不同程度的体现。其实，这些烦恼、焦虑的背后是对毕业后能否顺利融入劳动和胜任工作岗位的担心。就业对于刚刚走出大学校门的大学生而言，毕竟是一个陌生的领域，其不自信的心态都同工作和劳动的很多问题密切相关，诸如劳动报酬、社会保障、劳动保险、劳动安全、职业培训等，这些问题实质上是劳动者应享有的合法权益，也是大学生克服心理障碍、走向工作岗位应该要掌握的劳动科学知识。

　　除此以外，劳动者进入劳动领域，还应以劳动法律、劳动伦理以及劳动管理等规则规范自己的劳动行为；通过劳动或职业教育，提高自己的劳动素质和职业技能；通过学习，掌握相关的劳动心理、生理和卫生知识，保证一个健康的自我等。以上各种劳动方面的知识都属于劳动科学范畴，一名新时代的奋斗者必须要掌握劳动科学。这是在新时代成为全面发展的劳动者的必要条件之一。

劳动是人类特有的、能动的实践活动。人类社会发展的历史，实际上是一部以人类劳动实践为基础的变迁史。在绵延几千年的历史舞台上，无论上演着怎样有声有色、跌宕起伏的历史话剧，剧目终有曲终人散之时，然而只要有人类存在，人的劳动永远不会划上休止符。

人作为万物之灵，其特质之一就是具有能动性，其能动性不仅体现在自我意识的形成以及人类对自身的反思，而且还体现在对对象世界的能动改造上。由此决定了人类劳动永远不会以一种劳动形式持续地自我重复，而是在劳动中不断实现自我超越。这种自我超越是以人的不断增长的内在需求为推动力，通过不断优化的劳动过程实现的，所彰显的是人作为劳动主体所表现的创造性。

人类劳动的创造性推动了劳动的进步和生产力的发展，同时也丰富了劳动的形式和内容。生产力作为社会发展的根本动力，其动力机制主要表现为劳动主体与生产工具之间的矛盾运动。人类进行物质资料生产实践，其目的之一就是要满足人类社会的需求。当人类社会产生新的需要，客观上要求劳动主体必须改进原有的生产工具，提高劳动主体的生产技能。于是，在长期的人类创造性的劳动实践中，在人类劳动从简单劳动到复杂劳动的全面提升中，科学技术逐渐发展，并被赋予"第一生产力"的深刻意涵。就这个意义而言，正是人类劳动创造了科学，而科学又推动人类劳动实践大步前进。

一、劳动何以成为科学

推动劳动成为科学的最直接动力来自人类的需要。人是具有理性精神的。在长期劳动实践中，在创造物质生活资料的生产过程中，人们试图从生动、直观和感性的劳动活动中发现贯穿劳动过程始终的自然规律，并通过对无数劳动经验和现象的概括总结，使之上升为对劳动的真理性认识和规律性把握，并以劳动作为联系纽带，实现对人与自然的关系、人与社会的关系以及人与人之间关系的全面认识。劳动成为科学，是人类在认识和改造自然的过程中，通过观察、思考、抽象和概括探寻劳动的本质问题以及人的劳动实践与周围事物和现象之间的关系而逐渐形成和不断完善的。劳动成为科学，以揭示劳动相关问题为目的，实则是对人的本质的深刻探索，因为劳动是人的劳动，人的本质在劳动中得到证明。因此，人作为劳动实践主体，如何在劳动中确证自我；人通过劳动，如何在改变对象世界的实践中，确立自身地位、实现自身价值；人在劳动过程中，如何处理各种关系，保证人的劳动目的的实现，上述这些问题就构成了劳动科学探索的意义。劳动成为科学，在保证其客观性的同时，还需要树立普遍联系和不断完善、发展的辩证意识；在论证其意义的同时，还需要按照科学建构原则，积极进行理论体系建构，使之具备科学属性。

（一）什么是劳动科学

劳动科学作为一个科学系统，是以人类劳动作为研究对象，从不同学科角度对劳动问题及其发展规律，以及与劳动问题密切相关的社会关系进行分门别类的研究，从而形成一个系列的、各具专业特色的学科群。而每一具体学科在确定研究对象的同时，也对学科本身的基本内涵、外延以及具有学科特色的研究方法进行了规定，使各门学科具有相对独立性。劳动科学是一个关系系统。在系统中，现实中的一些专业学科同劳动问题的有机结合，便构成了一个新的交叉学科，具有内在的规定性和层次结构等特点。

【核心概念】

劳动科学 以人类劳动作为总的研究对象，以劳动者在劳动过程中产生的劳动问题以及与劳动问题相关的一切自然、社会关系、心理及其调整问题作为研究内容，而形成的具有内在联系和分布规律的学科群。所谓劳动科学是不同的具体劳动学科通过内在逻辑联系形成的科学系统的统称，其中每一具体劳动学科都是构筑劳动科学系统的基本要素，而劳动科学作为具体劳动学科形态的统一体，具有劳动学科的"类"的基本特征。

（二）关于劳动科学研究对象的不同观点

劳动科学研究的对象或研究的焦点主要是围绕人类劳动活动及其过程产生的劳动问题，以及由劳动问题所衍生出来的其他问题。目前关于劳动科学的研究对象有诸多界定，主要有如下几种观点：一是劳动科学研究对象是以劳动为核心形成的社会关系；二是劳动科学研究对象是劳动过程与劳动者、生产要素以及社会其他构成部分之间的关系；三是劳动科学研究对象是劳动者与其组织之间的相互关系；四是劳动科学研究对象是人类劳动行为以及与此相关的一切行为、心理、状态、成因等。以上观点均有合理之处，但是从劳动科学的外延看，人类的劳动实践活动是一个十分复杂的过程，处于联系密切的关系网络之中，其中不仅包括劳动者与劳动社会的联系，同时也包括劳动者与自然界的关系，还包括劳动主体自身的心理问题，等等。因此，劳动科学的研究对象，应当从劳动者及其劳动实践活动的自然属性、社会属性等多重角度综合确定，这样才是全面的。还有一种观点认为，劳动科学应侧重劳动过程中人文方面的研究，从而区别于其他自然科学学科。实际上，这种观点只看到劳动的社会属性，没有看到作为劳动主体的劳动者的自然属性和劳动过程中的生理需求与心理变化对于劳动者的影响，故有失偏颇。人的社会属性是构成人的本质内容的主要方面，但是在劳动过程中，人的自然属性也不能忽略。与此相应，人的劳动实践与人的生理问题、安全卫生问题交叉形成的劳动生理学、劳动卫生学等学科，就带有自然科学属性，在劳动科学系统中，同样不可替代。因此，从系统研究劳动科学的角度，不可厚此薄彼，更不能取而代之。

可以将劳动科学的研究对象确立为劳动者、劳动实践活动及其关系问题，其中最为核心的问题就是劳动关系中的劳动者自身存在和发展的意义、对劳动者的本质规定、劳动者自身权益及其保障，以及由劳动者权益保障所衍生出来的经济问题、法律问题、伦理问题、社会问题、生理问题、心理问题、卫生问题等。这些问题是相关学科与劳动问题的交叉和有机融合，所形成的一系列具体的劳动学科，成为劳动科学系统的重要组成部分。

（三）劳动成为科学的历史必然性、客观基础、建构特征及意义

劳动成为科学，是一个自然历史过程，是由事实经验上升为理性认识的提升过程，同时也经历了一个科学认识、科学概括和科学整合的复杂过程。

人类经历了漫长的蒙昧时代，原始人的劳动就是为了满足最基本的生存需要。在长期劳动实践中，生产工具的创造，提高了劳动生产力，文字的发明开启了文明时代的历史帷幕，文明的曙光照亮人类社会，也为人类深化对劳动的认识提供了必要条件。

1. 劳动成为科学的历史必然性

劳动实践是一切知识的源泉，也是劳动科学从劳动经验层面上升为理性认识的基本来源。

劳动成为科学，最根本的原因在于生产力不断进步的推动作用，在于因应生产力的进步而引发的劳动的社会分工。

【核心概念】

社会分工　指在一定社会历史条件下，将人们的劳动实践和社会经济活动划分为相互独立的部门或行业，以满足人们的不同需要。

恩格斯在《家庭、私有制和国家的起源》一书中指出，人类社会曾经发生过三次社会分工，这三次社会分工对人类劳动和社会发展具有重大意义。社会分工的结果是人类劳动形式更加多样化，劳动内容更加丰富，劳动部门或行业更加专

门化。第一次社会大分工主要发生在原始社会后期，由于生产力得到一定程度的发展，原始人类征服自然的能力有了一定程度的提高，从而引发了畜牧业同农业的分离。第二次社会大分工发生于原始社会末期，由于社会生产力的进一步发展，促进了手工业和农业的分工。这次社会大分工推动了劳动生产率的进一步提高，出现了剩余劳动产品，私有制形成，为阶级社会的形成奠定了经济基础。第三次社会大分工发生在原始社会瓦解和奴隶社会形成初期。随着社会经济发展，专门经营商品买卖的商人出现了。商人的出现促进了奴隶制的巩固和发展，同时脑力劳动从体力劳动中分离出来。恩格斯特别强调第三次社会分工的意义，指出："在此以前，阶级的形成的一切萌芽，还都只是与生产相联系的；它们把从事生产的人分成了领导者和执行者，或者分成了规模较大和较小的生产者。这里首次出现一个阶级，它根本不参与生产，但完全夺取了生产的领导权，并在经济上使生产者服从自己；它成了每两个生产者之间的不可缺少的中间人，并对他们双方都进行剥削。在可以使生产者免除交换的辛劳和风险，可以使他们的产品的销路扩展到遥远的市场，而自己因此就成为居民当中最有用的阶级的借口下，一个寄生阶级，真正的社会寄生虫阶级形成了，它从国内和国外的生产上榨取油水，作为对自己的非常有限的实际贡献的报酬，它很快就获得了大量的财富和相应的社会影响；正因为如此，它在文明时期便取得了越来越荣誉的地位和对生产的越来越大的统治权，直到最后它自己也生产出自己的产品——周期性的商业危机为止。"[1]

图3-1 恩格斯

历史上发生的三次社会分工，是劳动生产率提高的结果，导致单纯的劳动形式发生分化，出现了相互独立的不同生产部门，出现了体力劳动和脑力劳动的分离。脑力劳动者的出现，为人类社会精神产品的生产提供了重要条件。

随着社会生产力的发展，生产工具的进步，劳动实践形式也从低级向高级不断跃迁。尤其是工业革命推动的科学技术的发展，不仅极大提高了生产力发展水平，也使得相关劳动行业和部门分化更加细密，劳动不再是单一的人与自然的关系，也不再是一个简单化劳作的活动中。行业分工和部门分工与协作，社会化大

---

[1]《马克思恩格斯选集》第4卷，人民出版社2012年版，第182页。

生产确立的管理规则和劳动的规范化，都成为劳动活动中不可或缺的重要组成部分，也构成劳动问题研究的不同角度。劳动与政治、经济、社会、文化、教育、管理等的关系及其影响，成为劳动问题研究的多重视角。推动社会生产力发展，必须从科学角度出发，全面总结和系统探讨上述劳动问题及其规律性。劳动经济学、劳动社会学、劳动保险学等学科的出现，就是有力佐证。

2. 劳动成为科学的客观基础

劳动作为人的基本活动，是人类社会赖以产生、存在和发展的基础。正是劳动，才创造了人本身，也创造了整个人类社会。迄今为止，人类社会的物质文明和精神文明的一切成果都是通过人类劳动创造的。所以，没有劳动，也就不会产生人类。劳动是人类特有的存在方式，动物不会有意识地进行劳动，它的某些类似于劳动的行为，不过是动物被动地适应自然界的本能而已。人类则是有意识、有目的地进行改造客观世界的劳动活动。劳动不仅创造人本身，不仅生产物质生产资料和生活资料，同时也在生产人类的一切社会关系，劳动是人类社会存在的基础。人作为自然界的产物，具有自然属性，同时人不仅是单纯的自然存在物，也是社会存在物。自从出现社会分工以来，以与劳动相关的社会分工与协作、劳动组织与管理等部门也相继出现，劳动不再是单纯的人的体力或脑力的支出，而是有组织、有分工、有协作并具有复杂关系和形态、内部构造细密的人类社会生产系统。由劳动的社会性特质，形成了以劳动问题为核心的劳动的社会关系系统，衍生出与现有的哲学、自然科学、人文社会科学等具体学科交叉的、各具特色的劳动学科。这些学科都是建立在以劳动实践为核心的客观基础之上的。

3. 劳动成为科学的建构特征及意义

劳动科学的形成不是一蹴而就的，除了劳动实践提供的客观基础以及劳动科学形成的历史必然性，劳动科学的建构还具有两大特征。

（1）劳动科学的建构是一个不断丰富和完善的过程。随着劳动实践的深入发展，人们对劳动对象及其变化的认识和对劳动内涵的认识越来越深刻，人类劳动的触角不仅深入自然界，同时也深入人类社会的不同领域及各个不同领域的内在联系之中。

人类社会正在经历第四次工业革命的洗礼，正在享受信息技术革命带给我们的各种成果和便利。四次工业革命极大地推动了人类社会经济、政治、文化、生态领域的变革，而且对人类生产方式、生活方式、思维方式乃至行为方式产生重大影响。在社会生产力发展水平低下的历史时期，提高劳动生产率主要依靠提高劳动强度或延长劳动时间，这种劳动方式严重损害了劳动者的身心健康。新技术革命使劳动方式发生根本性改变，极大地解放和发展了生产力，传统劳动方式正在向人性化、智能化方向转变。这一切变化，都是同人类劳动实践及其创造不可分割的。可以说，社会物质文明的发展，完全可以归结为人类劳动实践的发展；社会科学技术的进步，最根本的是劳动实践的进步与推动；人类社会前进的动力，都可以在劳动发展史中找到理解全部社会史的钥匙。正如习近平指出的那样："劳动是人类的本质活动，劳动光荣、创造伟大是对人类文明进步规律的重要诠释。……正是因为劳动创造，我们拥有了历史的辉煌；也正是因为劳动创造，我们拥有了今天的成就。"[1] 劳动是推动人类社会进步的根本力量，而作为推动力量的劳动实践本身，在这一过程中，必须通过自觉的理论建构使劳动成为科学。

（2）劳动科学的形成是一个自觉的、积极的理论建构过程。劳动科学的形成不是自然而然、一蹴而就的过程，而是一个自觉的、积极的理论建构过程，一个逐步深入的理论探索和创新过程，一个持久的不断完善的发展过程。恩格斯曾经高度评价理论思维的重要意义："一个民族要想站在科学的最高峰，就一刻也不能没有理论思维。"[2] 同样，劳动科学的理论建构也需要理论思维，并在强大的理论建构逻辑指导下对全部劳动问题及其理论成果进行宏观的把握和规律性的求索。

以往曾经出现的对劳动过程的单纯的经验描述，因不具备普遍性，只能被排斥在理论之外；对某一劳动现象进行粗浅的理论概括，也因无法触及深层本质，而不具有规律性特质。建构劳动科学理论体系，需要科学的理论思维、严谨的逻辑思维和勇于创新的思维。

自觉坚持以科学的理论思维进行探索。要求在建构劳动科学过程中，从宏观

---

[1] 习近平：《在庆祝"五一"国际劳动节暨表彰全国劳动模范和先进工作者大会上的讲话》，人民出版社2015年版，第3—4页。
[2] 《马克思恩格斯选集》第3卷，人民出版社2012年版，第875页。

的角度，把握劳动科学内在的规定性，揭示贯穿劳动科学的基本线索、主要内涵、重要范畴及其内在联系，正确运用研究方法。

自觉坚持以严谨的逻辑思维进行理论建构。要求在建构劳动科学过程中，按照劳动科学固有的逻辑进行建构，深刻揭示其中的本质规律，而不是将不同劳动学科内容杂乱无章地堆砌和简单罗列。严谨的逻辑思维是赋予劳动科学以科学性与合理性的重要保证。

自觉坚持勇于创新的思维。尽管人类劳动实践已经具有非常久远的历史，但是建构劳动科学体系却是一个崭新的理论命题。因此，建构理论的过程，就是一个不断深入的理论探索的过程，更是一个理论创新的过程。要围绕"劳动"这一核心范畴，以劳动作为逻辑出发点，通过劳动的发展及其对人的创造的意义、对改造自然界的意义以及对推动人类社会发展的重大意义，从本体论视角回答劳动的本质问题；通过劳动同周围社会各领域的相互关系，及其所形成的劳动的学科门类，从系统的角度构建劳动科学，使其更加深刻。要达此目的，需要从创新的角度，进行努力探索。

（3）建构劳动科学体系具有重要意义。建构劳动科学体系适应了正在深度分化与高度综合的劳动科学发展的客观趋向，其深刻意义在于：一是将劳动科学系统作为宏大的叙事背景，研究劳动领域各门学科之间的有机联系；二是在劳动科学体系的语境下，应用分析的方法，分门别类地探求各门学科所固有的学科特点、范畴、基本规律，有利于学科建设和专业发展；三是可以站在与一切劳动问题相关的学科之上，高屋建瓴地研究探索各门学科及其有机联系，这对于促进学科之间的密切关系与发展具有推动意义；四是有利于创造各门学科独立发展的良好氛围，也有利于学科之间的学术交流，共同分享研究成果，共同促进专业发展；五是有助于从各门具体学科和专业角度对各自不同的研究对象进行深度分析与思考，促进学科和专业的建设与发展，也有助于从系统的角度对劳动科学具体学科之间的联系进行综合研究，这也符合科学发展的一般规律；六是通过对各门具体学科的深入研究，以及从整体上对劳动科学的把握，可以为劳动政策的制定提供更为深刻的、符合实际的理论支撑，有利于维护劳动者的合法劳动权益，有利于实现劳动的进步；七是可以关注与劳动问题密切相关的社会生活的各个领域，有助于人们提高对劳动科学与社会生活密切关系的认识；八是形成完整的学科体系，有利于推动各门具体劳动学科的教学和科研工作；九是为在学校开展劳动教育提供理论基础，使学生们通过劳动科学的学习，真正懂得劳动的道理，掌握劳动科学相关知识，培养热爱劳动的高尚情怀，真正成为中国特色社会主义事业的合格建设者和可靠接班人。

二、劳动科学结构及其内在联系

人类劳动实践的历史十分悠久，多姿多彩。但是对劳动科学的认识，还处于不断深化和探索之中。下面，就让我们沿着人类劳动实践发展的历史轨迹，从系统的角度对劳动科学的结构及其内在联系进行一番初步的探索，在劳动科学的神圣殿堂作一次巡礼。

（一）劳动科学系统中的学科分布态势与规律

在劳动科学的视野下，每一门具体的劳动学科都有自己的内在规定，但是，不同学科之间存在的研究内容及对象的差异，使劳动科学存在明显的结构性特点。按照不同学科的分布态势及其规律，可以对劳动科学内部的各门具体劳动学科作如下划分（见图3-2）。我们可以将劳动科学划分为两个子系统，即带有自然科学属性的劳动学科系统和带有人文社会科学属性的劳动学科系统。具体而

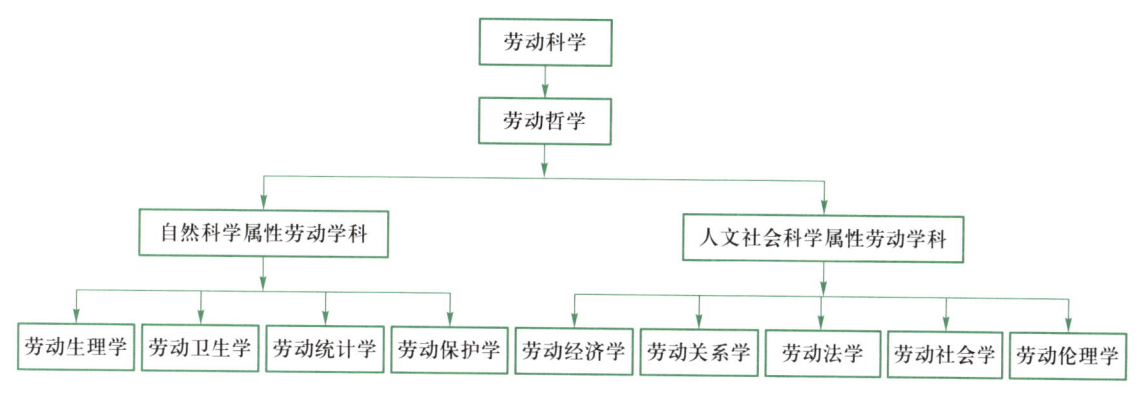

图3-2 劳动科学的学科分布

言，由于劳动科学系统中的各门学科既有同自然科学联系紧密的学科，也有同人文社会科学联系紧密的学科，可以相应地划分为两个劳动科学的亚学科群。如劳动生理学、劳动卫生学、劳动统计学和劳动保护学等学科，可以归结为具有自然科学性质的劳动科学；劳动经济学、劳动关系学、劳动法学、劳动社会学、劳动伦理学等可以划归为具有人文社会科学性质的劳动科学。劳动哲学则是建立在所有劳动科学具体学科基础之上的一般劳动理论。

如果根据各门学科的基本属性进行划分，可以将劳动科学视域下的各门具体的劳动学科按其同上层建筑、意识形态与经济基础的关系，相应地划分为三类：一类为劳动理论学科，如劳动哲学、劳动伦理学、劳动美学、劳动文化学、劳动未来学等。一类为具有工具意义的可操作性的劳动学科，如劳动法学、劳动保险学、劳动统计学、劳动心理学、劳动生理学、劳动卫生学、劳动保护学、劳动定额学等。还有一类是介于两者之间的劳动学科，这些学科的共同特点是既有理论色彩，也有可操作性，如劳动经济学、劳动社会学、劳动管理学、社会保障学等。需要提及的一点是：这种划分还可以继续进行下去。比如，劳动经济学和劳动法学作为劳动科学领域的具体学科，其外延广泛。劳动经济学是一门与劳动者经济利益密切相关的学科，它覆盖了一切同劳动问题密切相关的经济现象，因此，劳动经济学还可以继续划分为劳动就业学、劳动报酬学等更加具体的、专业性更强的学科。劳动法学作为研究劳动法律、法规、规章及其发展规律的科学，其基本任务是深入研究中国特色的调整劳动关系的劳动法律制度，探索新形势下构建和谐劳动关系的最佳法律形式，切实维护劳动者合法权益，为加强和完善社会主义劳动法制建设提供理论依据。劳动法学所涵盖的领域非常广泛。凡是同劳动有关的法律法规问题都属于劳动法学范畴。同劳动相关的法律法规包括劳动合同法、集体合同法、就业促进法、劳动保险法、劳动保护法等。

关于劳动科学的学科归属，有学者认为劳动科学是一门综合性较强的学科。其实，劳动科学不是一门具体学科，而是与劳动问题相关的一个学科群，如果将劳动科学作为一门具体学科看待，那么这门学科的外延太大，无法从学科内涵进行科学规定。若一定要概括，那么其内涵只能是高度抽象的理论原则。

（二）劳动科学是一个科学系统

科学研究视域下的劳动，或对人类劳动问题的科学考察，是从科学研究角度对人类劳动实践及其内在本质和活动规律进行客观揭示和深度反思，它关注的不仅是劳动的现实问题和具体问题，同时也关注人类劳动所关涉的一系列深刻理论问题。如果只是对当下出现的各种劳动现实问题进行描述，那么这种研究必然演变为一种就事论事式的议论，这不仅违背了对劳动科学进行系统建构的初衷，也是对劳动科学研究的严重扭曲，其结果，有可能将劳动理论研究同劳动政策研究混为一谈。当然，重视理论研究，并非忽视对现实劳动问题的关注，理论研究恰恰要从实际问题出发，发现并揭示劳动过程及与劳动相关的矛盾，问题在于理论与实践如何结合。另外，基于人类劳动内涵及形态的多重规定，研究劳动及与劳动相关的问题，不能单向度地就劳动论劳动，而应从多维角度对劳动问题进行系统探究；不能仅浮于具体劳动现象之上，对其进行表面化的解读，而应深入现象的背后，对其内在本质进行理论反思；不能对某一具体劳动学科进行孤立和片面化认识，而应当同其他劳动学科联系起来进行分析，这有助于对劳动问题进行全面和深入的了解。劳动问题本身就不是孤立的，同其他问题存在着千丝万缕的联系，所以，从学科之间的联系上研究劳动问题，更能够深入揭示问题的本质。总之，劳动及其相关关系本身就具有多重规定性，忽视这一点，也就忽视了劳动科学的客观性及其建构的科学意义。

随着人类社会的发展，劳动的分工更加精细化，劳动部门以及劳动形态也趋向多样化和复杂化。这种客观状况反映在人们的头脑中，就形成了对于劳动及劳动关系问题的不同认识，也形成了不同的认识视角，这就为不同的劳动学科的出现奠定了坚实的实践基础。同时，劳动问题不断向社会诸多领域的辐射、渗透和影响，不仅成为关系人们的社会生活的重大问题，也成为诸多学科和专业关注的焦点。劳动问题同各门学科相互交融、相互渗透、相互影响的状况，使劳动问题进一步分化，形成与各门学科结合的交叉学科，并且获得相对独立的学科规定。比如，劳动问题与伦理问题的交叉，就形成了劳动伦理学；生理学与劳动问题的直接结合，就形成了以劳动为特色的劳动生理学；等等。这些具有交叉性质的劳动学科，依据一定的联系，就构成一个具有劳动共性特征的科学理论系统。

劳动科学作为科学系统，具有如下特点：第一，劳动科学系统的形成，是建立在人们的现实劳动实践基础上的，其劳动实践形式在同自然与社会的交互作用中获得内在的规定，具有不依人的意志为转移的客观性；第二，劳动科学系统的形成，是以劳动为对象的学科在深度分化的同时，各门具体劳动学科高度综合的必然结果，学科之间存在的有机联系成为劳动科学系统的有力支撑，并为劳动科学的建构提供了科学依据；第三，劳动科学系统是一个开放系统，其开放性是由日益发展的社会化生产和科学技术的进步决定的。尤其在经济全球化的时代背景下，包括信息技术在内的新技术推动了社会生产力的迅猛发展。与此相应，作为生产力的主体，人们在劳动过程中出现的新矛盾、新问题、新挑战及相应的理论研究成果，一方面是对原有学科理论的丰富和推动，另一方面，根据劳动实践活动的需要，创建新的劳动学科；第四，劳动科学是一个发展的系统，学科发展以客观实践的发展变化为前提，通过对实践问题的认识和解决，推动理论的进步。劳动问题及其解决方式不是一成不变的，新问题的出现不仅要求在实践上予以解决，同时要求在理论上进行必要的概括和抽象，劳动科学视域下的各门劳动学科的发展，共同推动了整个系统的进步。

（三）劳动科学是一个关系系统

劳动问题与各门学科的交叉现象说明了劳动存在于一切社会关系领域，这种交叉还说明，具体劳动学科不是两门完整学科之间的交叉，而是劳动的现实问题同各门理论学科的交融，或者说是从各门理论学科的角度研究人类劳动的现实问题，从而形成的相关交叉学科。这种学科产生的方式，更加说明了人类劳动所具有的基础作用，它是人类社会生存与发展的基石，它同人们的全部社会生活是息息相关、紧密相连的。2009年11月5日，劳动科学一级学科专家认证会在中国人民大学劳动人事学院召开，会上，有专家认为："所有的劳动问题都是与'劳动'这个生产要素的复杂性与独特性相关的。劳动者的劳动既是生产要素，又与生产要素的所有者不能分离；劳动者的劳动既是社会生产的投入，同时劳动者又是社会生产所要服务的对象。劳动问题所包含的社会属性的多维性要求进行多角度的分析。"①

劳动科学系统内部各门学科之间的联系，确立了各自在劳动科学中的地位。比如，劳动哲学作为一般的劳动理论，是劳动科学所涵盖的所有学科理论的系统化总结，劳动哲学的任务是探讨劳动的一般规律，为其他具体劳动学科研究提供一般方法论原则。劳动经济学及其涵盖的其他具体学科，是劳动科学的基础，也是劳动科学的主要构成部分。劳动经济学的研究对象主要是劳动关系，尤其是劳动者的权益保障，因此，这门学科在劳动科学系统中最具现实性，是制定劳动政策、判断劳动形势以及维护劳动者权益的主要理论依据。劳动法学、劳动伦理学都具有调整劳动关系、处理劳动问题的功能，但是两者解决问题的方式和手段不同，劳动法学及其涵盖的具体劳动法律学科是依据相关法律规定调整劳动过程中出现的矛盾，是维护劳动者权益的主要武器；劳动伦理学对劳动关系矛盾的调整，主要是依据劳动关系双方所共同遵守的道德原则及相关规范。

三、劳动科学发展趋向

首先，劳动作为人的本质力量的体现，是人存在、发展的基本前提和基础。一部人类文明史，就是一部人类劳动创造和发展的历史，这一历史还将被作为劳动主体——从事物质和精神生产的人类继续书写。只要人类社会存在，其劳动实践活动就永远不会停止。作为人类劳动及其相关现实关系的理论反映，劳动科学同样不会止步，而会随着劳动实践的发展，内容不断被丰富、更新。

其次，劳动科学作为正在发展和完善的科学，随着自然科学的发展和社会科学的进步，其领域正在不断拓展，其内涵正在不断丰富。为了适应这种发展趋向，也为了满足人们对劳动科学的系统化认识，劳动科学系统中原有的一些学科正在通过汲取新的知识成分得到完善和发展，同时也催生了一批新学科的问世，如劳动教育学、劳动模范学等；一些与劳动相关的边缘学科正待建构，并且已经获得学科确立的合理性，以及来自研究者的高度关注，如劳动文化学、劳动未来

---

① 《专家：我国高校设立劳动科学一级学科势在必行》，《光明日报》2009年11月12日。

学等。① 无论是劳动科学系统内原有的劳动学科,还是新兴学科,都需要以理论创新的精神进行建构与完善。一些新兴的劳动学科一经问世,便在相关领域显现出强大的理论和实践意义。劳动教育学作为一门新的劳动学科,适应了新时代培养德智体美劳全面发展的社会主义建设者和接班人的战略需要。实践证明,做好劳动教育,是实现人的全面发展不可或缺的重要环节,功在当代,利在千秋。习近平在全国教育大会发指出,培养什么人,是教育的首要问题。我国是中国共产党领导的社会主义国家,这就决定了我们的教育必须把培养社会主义建设者和接班人作为根本任务,努力培养一代又一代拥护中国共产党领导和社会主义制度、立志为中国特色社会主义奋斗终身的有用人才。

案例3-1

小李是一名大三学生,他学习刻苦,成绩优异,是不折不扣的"学霸",每次考试都力拔头筹,无人能与其争锋。为了让他专心学习,他的父母从不让他做家务活,以免分心。久而久之,小李同学也就理所当然地过上了"衣来伸手,饭来张口"的惬意生活。这一年,马上就到端午节了,家里开始准备过节的东西。不巧,小李爸爸临时出差了。小李妈妈下班后到超市买了粽叶、蔬菜和酒肉,到家后发现忘记买包粽子的江米了。她忙于做饭,就叫小李同学去超市买江米。过了好一会儿,小李同学竟空手而归,一进门就抱怨:"妈妈,我几乎找遍超市的犄角旮旯,也没找到姜米。""不会呀!超市明明有江米,很多人都在买。"小李妈妈很疑惑。忽然,妈妈问小李:"你找的是江米吗?"小李同学答道:"是姜米呀!生姜的姜,姜米呀!"妈妈闻听,哑然失笑:"傻孩子,不是生姜的姜,哪有姜米,是江水的江!看起来,除了学习,你还需要在家务劳动方面补课呀!"

这是一个真实的案例,我们不禁要为小李同学对普通生活常识和劳动知识的匮乏感到惊讶,同时也倍感在学生中加强劳动教育的必要性和重要性。

习近平强调:"要在学生中弘扬劳动精神,教育引导学生崇尚劳动、尊重劳

---

① 参见赵健杰、彭恒军主编:《劳动科学辞典》,企业管理出版社1992年版,第2页。

动，懂得劳动最光荣、劳动最崇高、劳动最伟大、劳动最美丽的道理，长大后能够辛勤劳动、诚实劳动、创造性劳动。"[1] 劳动教育学最重要的学科功能就在于使学生通过系统的劳动教育，能够真正明确劳动的意义，懂得劳动的道理，掌握劳动科学知识，增进对劳动的认识，从而在思想上形成热爱劳动的意识、崇尚劳动的情怀，为树立正确的世界观、人生观和价值观打下牢固的基础，成为优秀的劳动者，为实现"两个一百年"奋斗目标和中华民族伟大复兴的中国梦而努力。劳动教育学最重要的社会功能，还在于对社会上存在的不尊重劳动成果、不爱劳动和不会劳动等不良现象进行有力矫治，有助于在全社会营造"劳动最光荣、劳动最崇高、劳动最伟大、劳动最美丽"的良好氛围。

从劳动科学本身所具有的教育属性而言，我们不难发现，劳动科学总体上的教育属性在其各个具体劳动学科中都有更加深刻的体现，其目标指向是正在接受教育的准劳动者和已经处于劳动实践中的广大劳动者，其目的在于使他们成为懂劳动之道、明劳动之理、树劳动之志、扬劳动之威的新时代劳动者。

最后，在各门具体的劳动学科取得丰硕研究成果的基础上，应当努力构建劳动科学体系。一是从系统的角度看，如果条件许可，首先应当建构劳动科学学，以此作为劳动科学系统的总论，主要阐释劳动科学的学科属性、研究方法、研究范畴、基本架构、内在关系、逻辑联系等一般性理论。二是要密切关注与劳动问题交叉的其他学科的发展，寻求交叉的契合点，在此基础上形成新的劳动学科，不断丰富和完善劳动科学体系和内容。

劳动科学作为劳动的科学，是劳动实践问题在理论上的集中体现，是推动劳动的科学走向系统化的科学表达。劳动科学所涵盖学科谱系中的各门具体学科，虽然各具功能，但是一旦纳入劳动教育体系，其功能将聚焦于如何通过劳动教育环节，使广大受教育者从中真正了解劳动本质、劳动意义，真正认识劳动科学所涵盖的丰富内容，真正确立起正确的劳动人生观、劳动价值观和劳动幸福观，真正把自己的前途命运和个人梦想，通过辛勤劳动、诚实劳动和创造性劳动，有机地融入实现中华民族伟大复兴的中国梦之中，把自己真正锻炼成为社会主义建设者与接班人。

---

[1] 张烁、毛晔：《习近平在全国教育大会上强调坚持中国特色社会主义教育发展道路 培养德智体美劳全面发展的社会主义建设者和接班人》，《人民日报》2018年9月11日。

【延伸思考题】

1. 结合本章内容，谈谈你对劳动科学的理解。
2. 结合实际，谈谈劳动科学同劳动教育之间的关系。

【拓展阅读】

1. 赵健杰、彭恒军主编：《劳动科学辞典》，企业管理出版社1992年版。
2. 周波：《劳动论》，企业管理出版社2011年版。
3. ［德］恩格斯：《劳动在从猿到人的转变中的作用》，《马克思恩格斯选集》第3卷，人民出版社2012年版。
4. ［英］伯纳德·伍德：《人类进化简史》，冯兴无、高星译，外语教学与研究出版社2015年版。

第四章

劳动与伦理

本章导读

劳动是人满足自身需要的社会实践，是人自由创造的价值显现，也是人类的本质特征。正是在劳动创造过程中，人类创造了自身并创造了与人类相关的一切物质财富和精神文化。无论从劳动过程还是从劳动结果来看，劳动本身就显现出无上荣光的价值，劳动者在劳动过程中也显现出重要的地位，这是劳动价值观产生的本源，也是劳动价值观的本质内容。

劳动在创造人的同时，也创造了人这个道德主体，以及由此而展开的各种伦理关系。就此而论，劳动是思考伦理道德问题的基点，劳动伦理应该是伦理学研究的"元问题"。劳动伦理是人们在劳动过程中形成的处理人与人、人与社会、人与自然等关系的道德准则，其基本内涵主要包括尊严的劳动、公平的劳动、自由的劳动和幸福的劳动等方面。可见产生于人类创造活动过程中的劳动伦理本身就包含并体现着劳动价值观的核心内容。在现实生活中，劳动伦理建设必须以劳动价值观为引领，在体面劳动建设、和谐劳动关系建设等方面着力。劳动关系作为人与人之间的一种最基本的社会关系，不仅是一种经济关系、法律关系，同时也是一种伦理关系。在市场经济条件下，作为一种调节手段，道德不失为一种行之有效的保障和促进因素。在社会主义市场经济条件下，一种合理劳动关系的形成，也需要有道德理性的主动介入和引领。劳动关系伦理就是在劳动关系中体现的伦理道德，它是在劳动关系领域，主要以劳动关系双方内心信念为基础，调整劳动关系双方相互关系的行为准则和规范。和谐劳动关系的构建需要法律制度的保障，更需要劳动关系双方的"道德共识"，牢固树立"劳动最光荣、劳动最崇高、劳动最伟大、劳动最美丽"的观念，使"热爱劳动""勤劳奋斗"在整个社会蔚然成风。

一、劳动的伦理本性与伦理意义

劳动是人类社会存在和发展的基础,是人类最重要的社会实践活动,其本身就深含伦理本性。劳动实践活动涉及多方因素,如劳动工具、劳动对象、劳动者、社会环境等,其中最重要的是劳动主体——人。正是作为劳动实践主体的人及其人性,使得劳动的伦理本性得以成立和凸显。劳动是一种生产实践活动,更是一种道德活动,深含伦理意义。

(一)劳动的伦理本性

在中国,"伦理"一词最早见于《礼记·乐记》,"凡音者,生于人心者也;乐者,通伦理者也",此处从声音和音乐引入礼乐,最后引申到礼仪及民众教化。《说文解字》的解释是:"伦,从人,辈也,明道也;理,从玉,治玉也。"意即人伦关系及道理。故"伦"即人伦,指人与人之间的关系;"理"即道理、规则。类而推之,"伦理"就是人们在社会生活中处理相互关系所应遵循的基本规则和道理。由于人类活动的广泛性以及自然对人类生活的重要意义,有学者把人与自然关系的处理也纳入伦理范围之内,如此,伦理不仅包含人与人、人与社会关系处理的基本准则,也包含人与自然之间关系处理的基本准则。美国《韦氏大辞典》对于"伦理"的定义是:一门探讨什么是好什么是坏,以及讨论道德责任与义务的学科。劳动的伦理本性主要表现在以下三个方面:

首先,从劳动的主体来看,每一个劳动主体都是有价值和有情感的,其劳动行为饱含自己的人性假设和价值判断。"伦理学是离不开人性问题的,人性理论是伦理学的前提和基础。从根本意义上讲,人性理论预制伦理学的理论建构。"[①]从这个意义上讲,劳动伦理不会产生于任何非"人"的劳动,劳动者的伦理道德因素显现在劳动过程和劳动成果之中。比如对于什么是劳动的定义就能体现出这一点。在《现代汉语词典》中,"劳动"一词包括三重含义,第一,它被解释为人类创造物质或精神财富的活动,包括体力劳动和脑力劳动;第二,它特指人类

---

① 龚天平:《伦理学的人性基础》,《光明日报》2004年3月30日。

的体力劳动;第三,它被解释为正在进行的体力劳动,也就是劳动过程中的劳动。在《牛津高阶英汉双解词典》中,labor源自拉丁语,在拉丁语里是"艰难"的意思,在古英语里有"痛苦"的意思。现代英语labor一词有"劳动、劳工、任务、工作、吃力、重复、苦恼"等意思。因此,从总体上看,英语"labor"与汉语"劳动"的意思大致相同。无论把"劳动"定义为"活动",还是定义为"艰难"或者"痛苦"等,都包含着基于人性上的价值判断。北宋诗人张俞曾经作过一首诗《蚕妇》:"昨日入城市,归来泪满巾。遍身罗绮者,不是养蚕人。"阅读这首诗,一位辛苦劳动的乡下贫穷养蚕妇女的形象呼之欲出,充分表达了作者对穷苦劳动人民的悲惨生活状况的同情和悲叹,其情其仁跃然纸上。

其次,从劳动过程来看,劳动作为人类利用工具改造劳动对象从而创造价值的活动,其过程便体现着它的伦理性。法国哲学家爱尔维修说过,劳动是一面镜子,能映照出人的高尚与卑微。热爱劳动者高尚,轻视劳动者卑微。作为劳动个体来说,任何劳动活动,即使是纯粹的经济行为,劳动主体的伦理管理和价值判断都深度参与其中,并给劳动活动的结果带来深刻影响,也可以说,劳动结果是劳动主体价值判断和道德选择的结果,是劳动活动和伦理道德结合的结果。集体劳动也同样如此。

最后,从劳动的结果来看,人类通过自己的劳动创造劳动产品,创造财富,产品既包括物质产品也包括精神产品,或者说物质财富和精神财富,其中精神财富就包括伦理道德,并经过时间的冲刷而逐步累积成为文化传统传递下去,成为一个族群继续创造物质财富和精神财富的奠基石。

(二)劳动的伦理意义

劳动是人类社会存在与发展的基础,人类的历史演变离不开劳动。"整个所谓世界历史不外是人通过人的劳动而诞生的过程,是自然界对人来说的生成过程。"[1]被誉为"工人阶级圣经"的《资本论》是马克思耗费20年时间写就的巨著,内容涉及经济、政治、哲学等多个领域,其中最重要的观点之一就是劳动价

---

[1]《马克思恩格斯文集》第1卷,人民出版社2009年版,第196页。

值论，它是《资本论》的理论基础和出发点。在马克思那里，劳动与其说是一个经济学概念，不如说是一个哲学概念。劳动不仅具有经济价值，而且具有深刻的伦理意义。

1. 劳动创造了道德主体

人是自然进化的产物，更是劳动创造的结果。恩格斯在《劳动在从猿到人的转变中的作用》中提出了"劳动创造了人本身"的伟大理论。"劳动是整个人类生活的第一个基本条件，而且达到这样的程度，以致我们在某种意义上不得不说：劳动创造了人本身。"[①] 换言之，若没有劳动的作用，单靠生物的自然进化，人类是不可能实现和完成由猿到人的转变的。在自然进化的过程中，人类学会了使用工具，作用于对象世界的广度和深度不断拓展，而劳动使得人类对对象世界的图像越来越清晰，使用工具和改造工具的能力越来越高，脑量增大，人的自主意识不断丰富和发展。劳动也逐渐成为人更加自觉自主的活动，人也逐渐成为完整的人，其中包括人的道德水平的提升。正如苏联著名教育家凯洛夫所言："劳动使一个人的道德变得高尚，使他习惯于小心地对待劳动的工具、器械和产品，重视书籍及其他精神文化和物质文化的物品，尊重任何一种职业的劳动者，仇视那些寄生虫和剥削者、二流子、怯懦者和懒汉。"[②]

2. 劳动创造了伦理道德

"劳动首先是人和自然之间的过程，是人以自身的活动来中介、调整和控制人和自然之间的物质变换的过程。……当他通过这种运动作用于他身外的自然并改变自然时，也就同时改变他自身的自然。……他不仅使自然物发生形式变化，同时他还在自然物中实现自己的目的，这个目的是他所知道的，是作为规律决定着他的活动的方式和方法的，他必须使他的意志服从这个目的。但是这种服从不是孤立的行为。除了从事劳动的那些器官紧张之外，在整个劳动时间内还需要有作为注意力表现出来的有目的的意志，而且，劳动的内容及其方式和方法越是不能吸引劳动者，劳动者越是不能把劳动当作他自己体力和智力的活动来享受，就

---

① 《马克思恩格斯选集》第3卷，人民出版社2012年版，第988页。
② 转引自房慧、张翠仙主编：《职业道德》，中国海洋大学出版社2012年版，第47页。

越需要这种意志。"① 劳动在创造人的过程中也创造了道德。人类的所有劳动都是在一定的社会关系、社会结构中进行，在此过程中，是劳动把社会结构中的个人相互联系起来，并形成丰富的社会关系，也可以说，劳动是人与人、人与社会之间相互作用的基础和纽带。为了劳动目标的实现，人们需要更加努力更加团结并相互协作；对劳动成果的分配可能产生冲突和矛盾，但是为了共同的利益和目标，分配的规则逐步确立，规范和处理人们之间利益关系的准则——劳动道德也应运而生了。正是在劳动中，人类才形成了道德评价的善恶观念以及一整套的价值意义，并与其他形式的社会意识相互影响，使道德在社会生活中具有相对独立的特殊地位。比如今天广为流行的诚实守信，就是人类在劳动过程中逐步确立的道德准则并广为信奉和传承的结果。

3. 劳动促进了人的全面发展

劳动作为自然过程和社会过程的统一，对人来说表现为自我创造活动。劳动不仅锻炼了人的肢体，促进了语言的形成和猿脑向人脑的转化，而且形成了人的社会性，造就了社会化的人。劳动促进了人的发展，也促进了社会的发展，具有崭新的社会意义和崇高的社会地位。随着生产力的发展、社会制度的完善，劳动将逐渐成为人类生活的第一需要，是劳动者实现自身价值和社会价值的根本方式。劳动使人的社会本质力量得到实现和张扬，促进了人的全面发展。

【核心概念】

伦理　指在处理人与人、人与社会、人与自然相互关系时应遵循的道理和准则。伦理学是关于道德的科学，又称道德学、道德哲学。

---

① 《马克思恩格斯选集》第2卷，人民出版社2012年版，第169—170页。

案例 4-1

说走就走，甚至直接失联。你身边有这样的"闪辞族"吗?

不提前打招呼，也没办好工作交接，直接说走就走，打得企业措手不及。

有的刚参加完培训，上岗不到一周就要走。还有的一上午没见人影，你主动打电话找他，他才告诉你已经决定不干了。

"没时间谈恋爱""办公室没空调""WiFi速度太慢"，这些都可能成为说走就走的理由。

频繁跳槽，甚至未过试用期或刚转正便辞职，这类"闪辞族"让很多企业的人力资源管理人员叫苦不迭。

"我们公司一线岗位上的一些年轻新职工'闪辞'很普遍，经常弄得我们措手不及。"长春某制造公司的人力资源部门经理李晓欢说，过于任性自我的"闪辞族"，给企业管理带来很多困扰，无形之中也增加了很多用人成本。

李晓欢告诉《工人日报》记者，有的"闪辞族"直接失联，解除劳动合同手续也不办，导致公司无法办理五险一金减员手续，需要通过公示或登报来予以处理。

同时，新人招聘成本也很高。"从筛选、面试、培训到试用，每个环节都需要耗费成本，即使能顺利招聘到工作经验丰富的人，在岗位上也要有至少两三个月的适应期。林林总总算下来，新招一个人的成本至少是正常使用老员工的2至3倍。"李晓欢说。

"万一'闪辞'的人恰好正在参与重要项目就麻烦了，尚未交接就走的更是'要命'。"长春某科技公司的人事行政总监王琪琪说，这种情况会影响整个项目的正常进度，给企业造成重大损失，人力资源部门的同事也根本没有足够的招聘反应时间。

"我们公司就有一个业务员，对多名客户随意承诺产品不可能达到的效果，拿到销售提成后，直接'闪辞'并失联。"长春某网络公司的人力资源专员王欣告诉记者，"等到客户们到企业投诉、要求退款后，我们才知道相关情况，公司只能承担损失"。

除了普通"闪辞"者，值得警惕的是，现在不乏通过恶意频繁跳槽方式进行职业碰瓷者。本报曾报道，福建的聂某换了11家公司，申请仲裁11次，提起诉讼8次，索要加班工资；江苏的窦某两年换了近20份工作，先后起诉15个"东家"违反劳动法用工规定，被称为"碰瓷式职业维权人"。中小企业是劳动纠纷的频发地，也成为"职场碰瓷"最大的受害群体。（文中采访对象皆为化名）

资料来源：《员工玩闪辞　企业"很受伤"》，《工人日报》2019年6月29日。

二、劳动伦理的基本内涵及特点

劳动伦理是人们在劳动过程中形成的处理人与人、人与社会、人与自然等关系的道德准则,其基本内涵主要包括尊严的劳动、公平的劳动、自由的劳动和幸福的劳动。

(一)劳动伦理的基本内涵

中国传统文化中虽然伦理道德资源丰富,但是对劳动伦理概念进行明确定义的著作并不多,即使是国内最权威的《伦理学大词典》也没有给劳动伦理下个明确的定义。国内较早对劳动伦理问题进行研究的著作是1934年陈振鹭先生的《劳动问题大纲》,该书明确阐述了研究劳动问题的道德缘由,认为劳动伦理学是以伦理学理论为基础,研究人们在劳动过程中所涉及的道德问题的学科。作者分析了劳动与伦理的关系,认为道德的评价标准因时代而不同,论述了劳动行为对社会的道德责任,劳动者在劳动活动中的行为规范和劳动的社会道义等重要理论范畴。有研究者指出,劳动伦理研究,有助于促进劳动者的精神面貌的改善和道德心理的健康和谐发展,从而直接影响社会生产力的提高和社会经济发展的进程。[1]

1989年由王昕杰、乔法容所著的《劳动伦理学》,是我国改革开放以来第一本劳动伦理学著作,作者认为"劳动伦理学是以人们劳动活动、劳动过程中的道德问题为其研究对象的一门新的学科"[2]。1994年由刘进才所著的《劳动伦理学》提出,劳动伦理产生于人类的劳动关系,自从有了社会劳动,就产生了劳动关系,也就有了规范和调节这种劳动关系的道德原则,"劳动伦理是对劳动中道德现象的概括,主要是指在劳动中人与其他诸要素之间应当遵守的道德准则"[3]。即主张劳动伦理是劳动中诸关系的协调原则。他从劳动者伦理、劳动管理者伦理、劳动产品道德控制等方面对劳动伦理展开研究。

---

[1] 参见夏明月:《当代中国劳动伦理研究述评》,《河南社会科学》2010年第3期。
[2] 王昕杰、乔法容:《劳动伦理学》,河南大学出版社1989年版,第2页。
[3] 刘进才:《劳动伦理学》,华东理工大学出版社1994年版,第9页。

进入21世纪以来，由于改革开放的深入和市场经济的发展，有关劳动伦理的研究越来越多。2008年李建华的《走向经济伦理》，归纳总结了经济伦理学中的几个重点应用伦理，把劳动伦理作为一门应用伦理加以论证和阐述，从劳动的角度认定道德，把劳动伦理作为一种权利与义务的社会伦理学进行分析，以劳动关系的变化注释道德的发展轨迹，提出了劳动的最终目的是道德和谐的理论。由于中国马克思主义的语境以及劳动价值论在马克思主义中的地位，对劳动伦理的探讨大多是遵循马克思主义的视角，或者说是马克思的劳动伦理思想研究。[1]

2017年马唯杰在《劳动伦理研究》中认为，"劳动伦理是以人性需要为价值导向，规范、协调和发展'劳动者——生产要素'关系的一系列价值观念和道德准则，反映的是一种基于劳动基础上人与人的间性道德，体现在劳动过程各环节"[2]。作者从劳动要素伦理、劳动过程伦理和劳动价值伦理展开论述，最后基于共享发展理念提出了走向共享发展的体面劳动的呼吁。

综上所述，劳动伦理是一般伦理规则深入劳动领域的应用和阐发，对劳动伦理问题的研究，表面看是对劳动领域道德问题的研究，实际上更多的是对劳动过程中与人相关的道德问题的关注和研究。据此，劳动伦理可以定义为：劳动伦理是人们在劳动过程中形成的处理人与人、人与社会、人与自然等关系的道德准则。按照人性论在伦理学中的基础作用以及马克思主义把劳动看作人的目的性意义，可以把劳动伦理的基本内涵定义为以下四个方面：

1. 尊严的劳动

人的社会存在总是劳动的存在，劳动与尊严是劳动者人格审美价值生成的基础。"对于一个健全的社会劳动者而言，劳动不仅依然是人社会化存在的必然手段，而且更是劳动者社会存在的一种光荣与自觉；劳动不仅是劳动对象的生产加工手段，而且还是一种自在的精神追求与自我价值的实现。"[3]因此劳动本身就是有尊严的，从事劳动的劳动者的尊严也天然生成，不论劳动者的身份和地位如

---

[1] 相关著作主要有：《马克思劳动伦理思想是社会主义中国和谐劳动关系建设的重要指导》（贺汉魂，2017）；《马克思体面劳动观的伦理阐析》（贺汉魂，2012）；《劳动关系伦理的提出及其价值旨归》（夏明月，2012）；《马克思劳动内在结构理论的伦理分析》（黄云明，2020），等等。
[2] 马唯杰：《劳动伦理研究》，苏州大学出版社2017年版，第44页。
[3] 魏长徵：《"劳动之尊"四维解说：尊重、尊严、神圣与尊贵——基于劳动之人格、权利、使命与成就四个价值维度》，《甘肃理论学刊》2015年第2期。

何,不论劳动者所从事的行业和工种如何,劳动者的尊严必须得到维护和保证。这就要求劳动和劳动者必须被尊重。在此状态下,劳动者的自由意志和价值创造才能充分发挥,劳动者在自己价值创造的完成以及给他人带来服务使之体验到劳动的美好中,其劳动的尊严得到确保和弘扬。正如马克思所说:"如果我们的生活条件容许我们选择任何一种职业,那么我们就可以选择一种使我们获得最高尊严的职业,一种建立在我们深信其正确的思想上的职业,一种能给我们提供最广阔的场所来为人类工作,并使我们自己不断接近共同目标即臻于完美境界的职业……在从事这种职业时我们不是作为奴隶般的工具,而是在自己的领域内独立地进行创造。"[1]

2. 公平的劳动

公平的劳动是人类劳动自由与劳动真理的永恒追求,是劳动伦理的核心内容,也是劳动伦理的本质要求。公平劳动首先表现为劳动力市场上的就业机会均等,劳动者不因性别、民族、年龄不同而被歧视;其次要求劳动者获得与之劳动付出相对等的劳动报酬,并且保证所有劳动者同工同酬;最后是所有劳动者都得到有效而一致的劳动保护。

3. 自由的劳动

所谓自由的劳动,指劳动不仅仅是手段,而更应该作为目的。这是人类自主性程度更高的劳动。劳动是人的本质,是一种自由自觉的活动。在自由劳动阶段,劳动不是外在的,而是人的本质之必然要求。自由劳动最大限度地实现人的自由,是真正的自由和"实在的自由"。正如马克思说的那样:"外在目的失掉了单纯外在自然必然性的外观,被看作个人自己提出的目的,因而被看作自我实现,主体的物化,也就是实在的自由,——而这种自由见之于活动恰恰就是劳动。"[2] 在此状态下,劳动成为人生目的,真正成为人的本质需要,是自由的、自主的、自觉的、自愿的,是劳动者的自我实现、自我创造、自我升华。

---

[1]《马克思恩格斯全集》第1卷,人民出版社1995年版,第458页。
[2]《马克思恩格斯文集》第8卷,人民出版社2009年版,第174页。

4. 幸福的劳动

历史告诉我们，劳动和幸福并不是必然的矛盾对立，而是内在的必然统一。概言之，劳动是幸福的基础，是幸福的源泉，而幸福是劳动的果实，是对劳动的奖赏。所谓幸福的劳动，指劳动者在劳动中实现了自己内在的自由意志和目的，展现了自己生命的美好向度，获得了一种全新的生命体验。或者说，在劳动过程中，劳动者不仅享受劳动成果，更享受劳动过程，体验着生命的意义，实现了人自身的目的，反映出人性的光辉。正如马克思所说："我的劳动是自由的生命表现，因此是生活的乐趣。"[①]此时，人在劳动过程中实现了人与自己本质之间、人与人之间、人与社会之间以及人与自然之间的充分和谐。

（二）劳动伦理的特点

劳动伦理研究的核心就是运用伦理学的基本观点和方法，分析各种劳动现象和劳动过程中显现出的道德问题，是伦理学基本理论在劳动领域中的具体实施和实际应用。因此，劳动伦理具有应用伦理学的特点，既具有丰富的理论意义，同时也具有深刻的实践指导价值。[②]其主要特征有：

1. 阶级性

劳动作为一种道德活动方式，深刻地反映了由生产决定的社会道德关系体系的性质，不同的阶级社会有着不同的劳动伦理，都带有那个社会的统治阶级的鲜明烙印。因为劳动不是孤立的个人行为，而是按照一定的社会形式组织起来的社会集团或群体的行为，这些集团或群体的劳动的性质和道德意义如何，是由这个社会的劳动生产方式所决定的。因此，"在不同的社会占统治地位的生产资料所有制形式和分配关系的条件下，人与劳动的关系不同，劳动的道德意义、劳动者价值的实现也存在着极大的差异"[③]。

---

① 《马克思恩格斯全集》第42卷，人民出版社1979年版，第38页。
② 参见陈宇：《劳动科学体系通论》，中国劳动出版社1993年版，第88页。
③ 王昕杰、乔法容：《劳动伦理学》，河南大学出版社1989年版，第18页。

2. 历史性

劳动伦理的历史性表现为劳动伦理形态随着生产力的发展而发展，随时代不同而不同，不同历史阶段的劳动伦理有着不同的内容和要求。劳动伦理的发展，表现出一种前后相继的连续性，新的劳动伦理在对旧的劳动伦理进行扬弃、改造和创新的基础上获得自己存在和发展的理由。原始社会的劳动伦理、封建社会的劳动伦理、资本主义社会的劳动伦理以及社会主义社会的劳动伦理，历史上每一种类型的劳动伦理，之所以能代替它以前的旧的劳动伦理，首先是因为这种劳动伦理具有某些方面的进步性，一旦其进步性失去，它又将被新的、更进步的劳动伦理所取代，从而推动人类劳动伦理的继承、革新、发展和进步。

3. 实践性

劳动伦理是与劳动实践密切相关的知识，其理论主要来源于劳动实践，是对劳动实践过程中的道德关系、道德意识、道德行为和道德情感等内容进行的概括和说明，是在长期的社会劳动实践中形成的道德原则和道德规范，对劳动实践有重大指导作用。

4. 民族性

任何一个民族文化最本质的特征，都深深地溶化在一个民族的血液里，落实在民族的无意识行为上。基于民族地域和民族心理所形成的伦理道德深刻影响劳动者及管理者的价值判断和道德选择。

5. 普适性

劳动伦理的普适性表现为人类劳动对伦理道德的要求具有客观性和规律性。马克思曾在《资本论》第一版序言中有一段著名论述："我不曾用玫瑰色描绘资本家和地主。不过这里涉及的人，只是经济范畴的人格化，是一定的阶级关系和利益的承担者。我的观点是：社会经济形态的发展同自然的进程和自然的历史是相似的。不管个人怎样超脱各种关系，他在社会意义上总是这些关系的产物。同其他任何观点比起来,我的观点是更不能要个人对这些关系负责的。"[1]马克思在这里指出了资本主义生产方式的必然性,符合历史规律,劳动伦理亦然。

> 【核心概念】
>
> 劳动伦理　人们在劳动过程中形成的处理人与人、人与社会、人与自然等关系的道德准则,其基本内涵主要包括尊严的劳动、公平的劳动、自由的劳动和幸福的劳动。

三、劳动伦理的当代形态

结合劳动伦理在当代的发展以及劳动过程中所涉及的关键要素,可以从政府、企业及劳动者追求的伦理道德、劳动者个体的伦理道德、劳动关系伦理三个方面展开分析。

(一)体面劳动

"体面劳动(Decent Work)"由国际劳动组织国际劳工局局长索马维亚在1999年6月举办的第87届国际劳工大会上首次提出,是国际劳工组织应对经济全球化背景下国际劳工问题的战略选择。"体面劳动"一经提出立即得到国际劳工组织的认可,不仅围绕它制定和实施了《体面劳动议程》,而且在2005年联合国大会上,还正式把"体面劳动"列为联合国系统推动实现的千年发展目标之一。在2008年的国际劳工大会上又通过了《国际劳工组织关于促进社会正义、实现公平全球化宣言》,把体面劳动从理论倡议上升为所有成员方都必须努力达成的目标。

---

[1]《马克思恩格斯全集》第43卷,人民出版社2016年版,第19页。

第四章　劳动与伦理　75

1. 体面劳动的伦理意蕴

体面劳动,意味着生产性的劳动,包括劳动者的权利得到保护、有足够的收入、充分的社会保护和足够的工作岗位。国际劳工组织当今的首要目标是促进人们在自由、公正、安全和具有人格尊严的条件下获得体面的、生产性的工作机会。这是索马维亚在向国际劳工大会提交的报告《体面的劳动》中对"体面劳动"所下的定义,他还进一步把实现体面劳动的议程归纳为四个方面,即保证工作中的基本原则与权利、创造充分的生产性的工作岗位、加强社会保护以及促进社会对话。综合来看,体面劳动主要包括以下几个方面的内容:

(1)就业方面:有公平的就业机会、畅通的就业渠道、良好的就业培训和晋升机会以及公平的就业报酬。每个劳动者所做的事情必须是规矩的、合法的,不违反社会法制,不违背伦理道德。

(2)社会保障方面:应具有充分的社会保护和社会保障,建立养老、失业、医疗、工伤等方面的保障及救助体系。

(3)基本权利保障:劳动者在劳动时其人格是受到尊重的;反对强迫劳动与雇用童工、反对工作歧视、有联合的自由等。

(4)工作环境:工作环境应避免极端恶劣的条件(高温、粉尘、噪音和工作超负荷),保证安全的工作条件,防止工伤事故、伤害和职业病。要使劳动者身体健康、安全,有一个安心的、愉快的劳动状态,从身心两个方面加以保护。

(5)社会对话:包括集体谈判、经济民主、有机会参与国家层面和企业层面的那些直接对工人产生影响的决策等。[①]

体面劳动要求通过促进就业、加强社会保障、维护劳动者基本权益,以及开展政府、企事业单位和工会三方的协商对话,保证广大劳动者在自由、公正、安全和有尊严的条件下工作;它旨在促进男女在自由、公平、安全和具备人格尊严的条件下,获得体面的、生产性的可持续的工作机会;它的核心在于使劳动者的劳动权利得到保护,有与其劳动相当的劳动收入、充分的社会保障和足够的工作

[①] 1998年国际劳工大会通过的《关于工作中基本原则和权利宣言》进一步明确规定,在经济全球化的背景下,要保障劳动者四个方面的权利,即结社自由并有效承认集体谈判权利,消除一切形式的强迫劳动,有效废除童工,消除就业歧视。这是核心劳工标准的内容,实际上这也是体面劳动的主要内容。

岗位。① 可见体面劳动蕴含着丰富的伦理精神，它不仅保障劳动者的基本人权，改善劳动者的劳动条件、劳动收入、劳动保障、生活质量，而且竭力提升劳动这一人的本质活动的体面境界，不仅竭力保证劳动者劳动的尊严和公平，而且竭力促进劳动者实现劳动的自由和幸福，使劳动不仅成为一种谋生手段，更成为一种幸福享受，促进人自我价值和自由劳动的实现，感受生命的价值和意义。

2. 体面劳动的实现途径

习近平明确指出："全社会都要贯彻尊重劳动、尊重知识、尊重人才、尊重创造的重大方针，维护和发展劳动者的利益，保障劳动者的权利。要坚持社会公平正义，排除阻碍劳动者参与发展、分享发展成果的障碍，努力让劳动者实现体面劳动、全面发展。"②

（1）从个人层面来看，劳动者必须增强体面劳动的意识，要劳有所长，有实现体面劳动的理念和能力。首先，劳动者要主动转变观念，主动求变求新，努力适应社会发展变化及新技术革命对职业技能发展带来的挑战，努力提升自己的素质和技能，发扬和光大劳模精神，增强自己的职场竞争力。

其次，作为体面劳动的主体，劳动者要有清醒的权利意识，要清晰了解自身所享有的合法权益，学会依法保护自己的各项合法权益，在劳动合同签订过程中要注意合同条款，努力改善自己在劳动就业、劳动保护、劳动报酬和社会保障等方面的条件，为体面劳动创造条件。

（2）从组织层面来看，企业作为劳动者的组织和管理单位，是帮助实现体面劳动的重要基层单位。作为市场中的经营实体，企业除了承担创造经济效益的经济责任、满足股东经济利益追求外，企业还承担着社会责任。因此，企业必须真正做到以人为本，尊重人，发展人，积极开展企业文化建设，切实保障职工的合法权益，构建和谐劳动关系。企业要积极贯彻执行国家的各项方针政策，落实各项劳动法律法规，严格执行劳工标准，帮助员工实现体面劳动。案例中的"闪辞族"如果是企业不遵守相关法律法规造成的话，那么企业不仅违反了法律，也违背了公平劳动的基本伦理精神。企业不仅要充分解决就业、

---

① 参见徐强：《体面劳动：从理念到践行》，《光明日报》2015年3月24日。
② 《习近平谈治国理政》，外文出版社2014年版，第46页。

缴纳税款、改善工作环境、加强安全生产，还要关注环境保护、维护市场秩序、扶助社会弱势群体、保障员工权益、发挥参与社区发展和推动社会进步的作用。[①]

作为职工利益的代表者和维护者，工会要以创新的思维方式和创新的工作方式在实现体面劳动中积极发挥自身作用。工会要真正承担维护职工合法权益的重任，竭诚服务职工群众，要在职工工资收入、劳动环境、职业培训和发展、职工民主管理、和谐劳动关系建设以及职工文化建设等方面积极发挥作用，为实现体面劳动创造条件。工会要积极参与政策讨论，通过人大、政协中的工会委员和三方协调机制等渠道，积极推动和参与制定及完善有关法规政策，从源头上维护职工权益，促进体面劳动的实现。

（3）从国家层面来看，必须充分发挥政府在促进体面劳动实现中的保障职责。第一，完善政策体系，强化政策引导。要积极完善就业政策，优化产业结构，不断提高就业质量，对特殊困难群体要给予针对性的政策。要大力推动创业促进就业工作，进一步落实创业税收优惠政策。要大力扶持就业需求量大的中小企业发展，尽快建立统一规范的人力资源市场，改革户籍制度，打破各类劳动者的身份界限，彻底消除人力资源流动的障碍。要改革分配制度，要在初次分配中不断提高劳动者的报酬比例，坚决控制垄断行业工资收入过快增长趋势，进一步落实最低工资制度。

长期以来，我国劳动者收入偏低且增长缓慢。我国居民劳动报酬占国内生产总值（GDP）的比重，在1983年达到56.5%的峰值后，就持续下降，2005年已经下降到36.7%，22年间下降了近20个百分点。全国总工会2010年一项调查显示，23.4%的职工5年未增加工资。2011年3月24日的《人民日报》也指出，近几年劳动报酬占国内生产总值（GDP）比重连年下滑。我国初次分配中行业收入差距过大。人力资源和社会保障部工资研究所发布的数据显示，我国收入最高和最低行业的差距达15倍，跃居世界首位。[②] 经验分析表明，处于工业化进程中的中国的劳动报酬占比主要受资本积累规模、经济生产效率、农业经济地位以及区域工资历史水平等因素的影响；其中人均资本存量和第一产业增加值占国内生

---

① 参见陈静嫒：《我国体面劳动的现状及完善措施》，《青海社会科学》2010年第5期。
② 参见喻包庆：《体面劳动及其实现路径》，《江汉论坛》2012年第2期。

产总值（GDP）比重的变化幅度在2008—2010年左右发生较大转折，促使中国劳动报酬占比在2011年左右开始从下降趋势转变为上升趋势。2018年我国居民收入占国内生产总值（GDP）比重达到42.7%。[①]

第二，完善劳动法律体系。对于涉及劳动者切身利益的相关法律进行审视、修改和完善，使劳动者的权益保护有法可依，包括《劳动合同法》《就业促进法》《劳动争议调解仲裁法》《社会保险法》《社会保障法》等。在社会保障的覆盖面上要进一步扩大，竭力把非正规就业的劳动者纳入社会保障范围之内，在保障的标准上要适当提高，对特殊困难人群要给予适度的救济和补偿。要根据形势发展需要及技术发展的可能，加强社会保险管理机构建设，推进社会保障管理和服务的社会化、信息化。

第三，加大法律法规的监察执法力度。对与劳动者切身利益相关的法律法规的执行加强监督和监管，尤其要对劳动者权益保障加强监督，对非法用工、劳动环境不达标、恶意欠薪等违法行为依法给予严厉打击，竭力杜绝各种侵害劳动者权益行为的发生，切实保障劳动者的合法权益。要积极回应劳动者的诉求，通过一系列有效的政策和措施，保障劳动者分享经济发展的成果。

（4）从社会层面来看，提倡敬重劳动、敬重劳动者的价值理念，在全社会进一步形成爱岗敬业、淡泊名利、甘于奉献的劳模精神；树立用诚实劳动创造美好生活的风气，为实现国家富强和中华民族伟大复兴踏实工作，建功立业。让每一个劳动者都能自觉地凸显出热爱劳动、劳动光荣、劳动伟大、劳动崇高的公民意识，创造出一种积极向上的劳动文化。

中国体面劳动国别计划（2016—2020）（节选）

（二）诚实劳动

习近平在同全国劳模代表座谈时指出："劳动是财富的源泉，也是幸福的源泉。人世间的美好梦想，只有通过诚实劳动才能实现；发展中的各种难题，只有

[①] 张筱璐：《资本积累、工业化与劳动报酬占比演变——政治经济学分析和中国经验考察》，《西部论坛》2019年第6期。

通过诚实劳动才能破解；生命里的一切辉煌，只有通过诚实劳动才能铸就。"[①] "实现我们的奋斗目标，开创我们的美好未来，必须紧紧依靠人民、始终为了人民，必须依靠辛勤劳动、诚实劳动、创造性劳动。"[②] 习近平的讲话深刻诠释了诚实劳动的意义和作用。

诚实劳动首先要有勤勤恳恳、认真负责的工作态度。古人云："功崇惟志，业广惟勤"，意思是要取得伟大的成就就必须有伟大的志向，要实现伟大的成就就必须努力地辛勤工作。诚实劳动要求人们在法律法规和国家政策允许的范围内从事各种有益于社会发展的体力和脑力劳动，要实事求是地认识和对待自己的劳动过程和劳动成果，要勤勤恳恳、认真负责地对待工作，要热爱劳动，不怕苦、不怕累，不懈怠，不放过一丝疏漏，不能敷衍了事，更不能投机取巧或有欺骗行为。

其次，诚实劳动不仅要求勤勤恳恳、认真负责的工作态度、忠于职守的劳动品格，还包括不断创新的劳动精神。诚实劳动不仅要求做好本职工作，而且要在不断观察形势变化、不断分析新的理念对劳动结果发生影响的可能性的基础上，吸收有利于自身发展的东西，不断改善自己的思维方式，不仅实现自我进步和发展，还为国家和社会作出更大贡献。青年大学生要努力学习知识，掌握更多技能，为将来进入社会劳动储备更多知识和技能，提高劳动的效率和质量，赋予诚实劳动时代意义，这也是幸福劳动的重要内容。

（三）劳动关系和谐

劳动关系，一般指雇员（我国《劳动法》统称为"劳动者"）与劳动力的使用者或雇主（我国《劳动法》统称为"用人单位"）在实现劳动过程中所结成的一种社会经济利益关系。相近的名称还有劳资关系、劳使关系、劳工关系、产业关系等。恩格斯指出："资本和劳动的关系，是我们全部现代社会体系所围绕旋转的轴心。"[③] 可见劳动在现代社会中的意义和价值，也凸显了劳动关系和谐在现

---

① 《习近平谈治国理政》，外文出版社2014年版，第46页。
② 《习近平谈治国理政》，外文出版社2014年版，第44页。
③ 《马克思恩格斯选集》第2卷，人民出版社2012年版，第70页。

代社会中的重大意义。

1. **劳动关系和谐的基本内涵**

对于劳动关系和谐的基本内涵，目前主要有广义和狭义两种理解。广义理解的劳动关系和谐主要包括以下四个方面：① 劳动者与自己的劳动产品和谐。这就是说，劳动者创造出来的产品不能成为异己的存在物统治劳动者；劳动者创造出来的劳动产品应该成为劳动者生存、享受和发展的物质基础和生活资料；劳动者创造的劳动产品越多，他获得的财富和收入就应该越多，他的生存、享受和发展就越有可靠的财富基础。② 劳动者的劳动活动与人的自由存在本质和谐。劳动者在劳动的过程中表现出较大的劳动自觉性、积极性和创造性，劳动成为一种生命的自觉存在方式，而不是一种没有乐趣的、不愉快的、令人厌恶的、被强迫的甚至是一种要命的活动。③ 人与人之间的劳动关系和谐。首先表现在劳动过程中劳动主体的尊严和人格平等，无论是雇主还是职员，也无论是政府、企业还是职工，它们都具有平等的劳动主体地位，任何劳动主体都不能凭借权力或资源伤害劳动者的尊严和人格。同时，和谐劳动关系还表现在劳动主体之间的利益分配和谐，任何劳动者主体不能任意侵犯和剥夺他人的利益，为此需要公平合理的利益分配制度。④ 人与自然之间的生态和谐。劳动内含的"人和自然之间的物质变换"的性质，规定了和谐的人与自然关系是和谐劳动关系的基本内容。[1] 狭义的对劳动关系和谐的理解就是劳动者和用人单位的协调一致和互利共赢。从伦理角度来看，劳动关系伦理化也是促进劳动关系和谐的重要途径。

2. **促进劳动关系和谐的三方伦理视角**

从企业的角度来看，要努力实现分配的公平公正，促进劳动关系和谐。从实践中来看，当前大部分劳动关系的不和谐主要表现为分配不公平，主要是由于劳动者经济报酬及相关权利受到侵害。有的用人单位甚至无故拖薪或恶意欠薪，这不仅是法律不允许的，也是道德不允许的，此时就需要政府从法律上进行规制，从道德上进行引领。

---

[1] 参见毛勒堂：《劳动正义：发展和谐劳动关系的伦理诉求》，《毛泽东邓小平理论研究》2007年第5期。

从政府的角度来看，在劳动法律和劳动政策制定过程中要始终贯彻以人为本，体现出对劳动者的人文关怀，促进劳动关系和谐。任何法律和政策的制定都暗含价值判断和道德引领，此价值判断和道德引领就是以人为本，这是现代法治国家发展的根本指针和目标，体现在法律制定过程中就是"道德立法"[①]，立法的伦理精神得以贯彻和落实，并在法律法规的执行中得到体现和执行。就其现实性而言，就是以劳动关系实际状况为出发点，从关心和同情弱势群体的伦理角度，制定出符合实际要求的法律法规，使作为弱势一方的劳动者群体在利益受损的情况下，法律能够有效地保障其利益的实现。

从工会的角度来看，就是工会在运用法律武器维护广大职工的合法权益的同时，也注重维权过程中对职工群众的道德关怀。如果说，法律是工会维权的重要武器，道德关怀则是工会维权的精神支柱。工会依法维权，总是伴随着对维权对象的道德关怀和对侵害职工权益者的道德谴责。工会维权作为一个过程，从起点就充满了呼唤公平正义的强烈伦理精神。因此，工会的社会形象和实质角色应当是维护职工权益、保持社会稳定。

【核心概念】

体面劳动　意味着生产性的劳动，包括劳动者的权利得到保护、有足够的收入、充分的社会保护和足够的工作岗位。国际劳工组织当今的首要目标是促进人们在自由、公正、安全和具有人格尊严的条件下获得体面的、生产性的工作机会。

[①] 所谓道德立法，就是将相关的社会道德基本原则和伦理精神上升为法律的过程，并在立法中体现出对劳动关系弱势一方应有的道德关怀。参见赵健杰：《劳动关系协调中的伦理关照》，《工会信息》2014年第15期。

案例4-2

构建和谐劳动关系的"盐田样本"

盐田区位于深圳东部，紧邻香港，以港口物流、黄金珠宝、滨海旅游、生物科技为支柱产业，拥有全国第一家保税区，是改革开放的最前沿。区内90%以上为中小微企业，用工管理普遍比较粗放，民主管理制度不健全，与职工日益增强的法律意识和维权意识产生冲突，由此带来的纠纷隐患日益增多。职工80%以上是外来务工人员，以"80后""90后"为主力军。2015年，盐田区以开展构建和谐劳动关系综合试验区建设为契机，确立了"党委领导、政府负责、企业主体、多方共建、文化引领、机制保障、整体提升、和谐共赢"的建设主线，锐意改革，勇于创新，努力探索新时代构建和谐劳动关系新路径，形成了构建和谐劳动关系的"盐田样本"。

一、创新党委和政府领导协调机制，构建新时代"1+1+4"劳动关系现代化治理新格局

盐田区委区政府连续五年将综合试验工作纳入重点改革项目，成为破解难题的突破口（"1"），以推进党组织标准化建设为着力点，发挥党建引领优势（"+1"），开创了四级联创共建新局面（"+4"）。区委每月定期召开重点改革项目工作例会，主要领导多次专题调研，重点解决了专项经费不足等问题，累计投入1 500多万元。区政府主要领导担任综合试验领导小组组长，分管区领导全程参与工作计划的制订和推动。区委改革办、督查室列入专项督查，每季度定期督查。全区495个党支部发挥战斗堡垒作用，积极参与到试验区建设中，迅速构建起"城区+街道+社区+企业"的四级联创共建格局。

二、创新社会协同治理机制，建立"1+3+N"有序参与新模式

2015年4月30日，盐田试验区推动43家各行业龙头企业发起成立了全国第一家和谐劳动关系促进协会，依托促进协会，探索构建了"1+3+N"有序参与模式：建立联席会议制度（"1"），培育三大社会组织品牌（"+3"），引领带动更多社会力量有序参与（"+N"）。

三、创新劳动关系协调机制，形成与产业发展互促共进新优势

把劳动关系难点作为党建工作的突破点，走出一条党建促和谐，和谐促发展的新路。党委牢牢把握对工会的领导权，协商议题由职工代表大会不记名投票产生，并参照运营方盐田国际集体协商达成的工资调整方案，确定承包商员工工资调整方案，通过适度提高承包费予以保障，形成了独具特色的港区工资正常增长机制。同时，在党建工作的引领下，健全完善了产业协调劳动关系三方机制，推动盐田国际加强了对承包商的服务监管，指导港区依法统一规范实施综合计算工时工作制，在解决闸口女职工上夜班困难等问题上取得了新进展。

四、创新劳动关系管理机制，打造"五个一"劳动关系公共服务新品牌

提出"劳动关系公共服务"新概念，以促进劳动关系和谐为目的，从"大劳动关系"的层面，整合资源，提供"大公共服务"，精准对接企业和职工需求，从源头上促进"大和谐"。成立全国首家劳动关系公共服务中心。推出"劳动争议委托调解""劳动关系风险诊断""一案一课一建议""移动仲裁庭"等多个拳头产品，初步形成了分层分类的"产品超市"。建设一栋劳动关系公共服务七层大楼，规划为服务展馆、洽谈大厅、孵化空间、道德讲堂、实践基地、科研中心六大功能区域。2019年，为进一步将服务向产业延伸，依托社区（园区）党群服务中心，推动设立社会化供给平台，并从"人力资源管理全过程、职业发展全过程和劳动关系协调全过程"三个层面开展全链条服务试点，努力做到企业和职工在哪里，服务就在哪里，产业发展的方向在哪里，服务的重点就在哪里。

五、创新中华优秀传统文化融入机制，营造合作共赢和谐发展新氛围

以诚信伦理理念作支撑，打造诚信法治同心圆。编印和谐劳动关系建设读本，开展普法大讲堂，建立"黑名单制度"和重大违法行为社会公示制度，引导企业和职工诚信守法；开设"移动仲裁庭"，将仲裁现场搬到企业、园区，邀请同行业企业参加以案说法，达到审理一家企业警示一个行业的效果；坚持运用法治思维和法治方式协调劳动关系，严格依法行政，严守法律底线，严厉打击恶意欠薪等严重违法行为。以敬业乐业为主题，打造爱岗敬业同心圆。开展劳务工大课堂、司机大讲堂等活动310余场次，持续提升职工综合素质，引导职工追求高尚的职业理想，培养良好的职业道德，增强对企业的责任感、认同感和归属感。以和合文化为导向，打造和谐共赢同心圆。开设和谐劳动关系道德大讲堂，倡导"企业爱员工，员工爱企业，企业为员工创造良好的发展环境，员工为企业创造良好的工作业绩"。

六、创新理论实践融合发展机制，探索新时代劳动关系治理能力提升新方向

以在全国率先制定和运用和谐劳动关系评价指标体系为例，2015年启动城区指标体系研究制定工作，2016年委托专业机构进行试评估，2017年完成修订并在全国构建和谐劳动关系综合试验区经验交流会上发布。指标体系分劳动关系环境、劳动关系状态、管理服务效能和满意度调查4个维度，涉及31个核心要素，评估劳动关系与政治、社会、经济、文化等环境之间的关系，评估劳动关系的实然状态，评估政府行政管理效能和企业职工综合满意度。

资料来源：《构建和谐劳动关系的"盐田样本"》，《中国改革报》2017年11月22日。

【延伸思考题】

1. 联系实际谈谈劳动的伦理意义及其基本内涵。
2. 联系实际谈谈体面劳动在中国的实践。
3. 智能机器人可否成为劳动伦理的主体？其发展会给人类社会带来哪些伦理风险？

【拓展阅读】

1. 刘进才：《劳动伦理学》，华东理工大学出版社1994年版。
2. 夏明月：《劳动伦理研究：和谐劳动关系与和谐社会构建》，人民出版社2012年版。
3. 何怀宏：《良心论：传统良知的社会转化》，北京大学出版社2017年版。
4. ［英］亚当·斯密：《道德情操论》，蒋自强、钦北愚、朱钟棣、沈凯璋译，商务印书馆2015年版。
5. ［德］泡尔生：《伦理学原理》，蔡元培译，天津人民出版社2017年版。

第五章
劳动与文化

本章导读

匠心守护光明

2011年10月17日,中央电视台现场直播了世界首条±660千伏输电线路工程"银东线"带电作业的全过程。带电作业,就是在不停电的情况下检修高压输电线,这是一份连保险公司都会拒保的"在刀尖上跳舞"的高风险工作。承担这项工作的是山东电力检修公司带电作业班的副班长王进。在亿万观众的眼前,王进用了不到1个小时就成功完成了这次带电作业,为社会节省电量1 000万千瓦时,避免经济损失500余万元。

1998年刚从临沂技校毕业时,王进还是一个对带电作业充满了恐惧的"菜鸟",一登高塔就腿软,听到放电的声音就发抖。后来,为了征服高压电这只凶悍的"老虎",王进一头扎进各种输电线路的参考书和塔用金具的图纸中。从"单回线路"到"同塔双回",从"门形塔"到"酒杯塔",哪种线路应该如何修理,哪种塔形应该怎样攀爬,王进全都学懂吃透。由于超高压带电作业具有塔高、线粗、装具重的特点,对体力要求很高,为了能胜任这项工作,王进常年坚持体能训练,让身体时刻保持最佳状态。王进扎根一线二十载,先后参与完成超、特高压带电作业300余次,累计减少停电时间700多个小时;并主持开展了"架空地线防震锤测量杆""地线折叠式飞车"等多个职工创新活动。

为了带动身边更多的人掌握技能、争做先进,王进先后与8名职工签订了师带徒协议。2012年7月,"王进劳模创新工作室"成立。他用自己的行为激发了广大职工干事创业、争当电网工匠的积极性和主动性,带出了一大批劳动模范和技术能手。

2015年1月9日,王进和他的团队凭借"±660千伏直流架空输电线路带电作业技术和工器具创新及应用"获国家科技进步奖二等奖。此外,王进还获得过很多荣誉,全国劳动模范称号、五四青年奖章、全国五一劳动奖章、中国能源化学地质工会兼职副主席、第十二届全国青联常委、党的十九大代表，入选中宣部、全国总工会发布的"最美职工"，以及中国电力楷模……2019年3月1日，在"大国工匠年度人物颁奖典礼"上，他再次登上舞台领取荣誉。王进认为，"荣誉再多，我还是我，一个普普通通的线路工人，安全完成每一次带电作业是我永远的目标。成功源于坚持，只要坚持住，人人都能成为劳模"。

劳动是人类最基本的社会实践活动，同时也是人类文化的源泉与动力；文化是社会实践活动的产物，同时也是人类社会的灵魂和血脉。广大普通劳动者是社会劳动的主体，他们在社会劳动实践中所形成的文化构成了劳动文化的主流。以王进等为代表的劳动模范和大国工匠是普通劳动者中的佼佼者，他们用忘我的拼搏精神、精益求精的钻研精神、不断超越的创新精神，创造物质财富的同时也创造出巨大的精神财富，成为劳动文化的代言人。他们用自己的行为带动了广大职工干事创业、争当先进的积极性和主动性；他们用自己的精神激发了全社会尊重劳动、热爱劳动、崇尚劳动的风尚。

习近平在十九大报告中强调要"弘扬劳模精神和工匠精神，营造劳动光荣的社会风尚和精益求精的敬业风气"[①]。随着中国特色社会主义进入新时代，中国经济也进入了由中国制造向中国创造、中国速度向中国质量转型的新时代，必然对劳动者在知识、技能、追求等方面有更高的要求。这就需要我们进一步弘扬劳动文化，传承和创新劳模精神、劳动精神、工匠精神，使之植根于每一个劳动者的内心深处，让劳动者以更加笃定执着的态度、更加勤勉敬业的精神、更加专注求新的状态投入现代化建设中。

新时代的中国大学生不仅要了解不同历史时代劳动与文化的相互关系，更要深刻理解劳动文化的内涵，树立劳动最光荣、劳动最崇高、劳动最伟大、劳动最美丽的理念，在劳模精神、劳动精神、工匠精神的感召下，争做新时代的奋斗者。

[①] 习近平：《决胜全面建成小康社会　夺取新时代中国特色社会主义伟大胜利——在中国共产党第十九次全国代表大会上的讲话》，人民出版社2017年版，第31页。

一、关于劳动与文化的基本认识

（一）文化的概念

文化是一个非常广泛和极具人文意味的概念，给文化下一个准确或精确的定义，是一件非常困难的事情。在《辞海》中，对文化的定义有广义和狭义之分，广义是指人类在社会实践过程中所获得的物质、精神财富的总和；狭义指精神生产能力和精神产品，包括一切社会意识形式：自然科学、技术科学、社会意识形态。梁漱溟认为："文化，就是吾人生活所依靠之一切。如吾人生活，必依靠于农工生产。农工如何生产，凡其所有器具技术及其相关之社会制度等等，便都是文化之一大重要部分。又如吾人生活，必依靠于社会之治安，必依靠于社会之有条理有秩序而后可。那么，所有产生此治安此条理秩序，且维持它的，如国家政治，法律制度，宗教信仰，道德习惯，法庭警察军队等，亦莫不为文化重要部分。又如吾人生来一无所能，一切都靠后天学习而后能之。于是一切教育设施，遂不可少；而文化之传播与不断进步，亦即在此。"[1]

文化，拉丁文为"cultura"，从词源上讲，它指的是在土地上耕作。农作物生长在田地里与野生状态是不同的。人类在长期的发展过程中发现，将有些对人类有用的作物种在田地里，比在野生状态下有更好的收成。将词意进一步延伸到人类的社会生活，文化指的就不是某种出于自然的东西，而是在人的意志和理性的作用下，外加给自然的某种结果。比如说，人在自然状态下其活动量是有限的，但是出于对健康的考虑，很多人开始有意增加各种形式的活动量，达到强身健体的作用，于是逐渐形成了一种健身的风尚或者文化。

从历史的角度来看，文化具有继承性；在阶级社会，文化具有阶级性，同时也具有民族性和地域性；不同民族、不同地域的文化又形成了人类文化的多样性。作为社会意识形态的文化，是一定社会的政治和经济的反映，同时又对一定

---

[1] 梁漱溟：《中国文化要义》，上海人民出版社2011年版，第7页。

社会的政治和经济产生巨大的影响。

（二）文化的内核

文化的内涵如此丰富，以至于我们会困惑，到底应该如何理解文化呢？文化的内核主要强调构成文化的基本要素或者基本结构是什么，这些基本要素或者基本结构决定了文化的特点。

为了更好地理解文化的内核，我们借鉴亚里士多德对理性的分析。按照他在《伦理学》中的观点，理性（intellectual virtues[①]）包括知性、科学、智慧、技艺与审慎。知性，是指精确认识直接命题的能力，先于智力训练而存在，也就是说，没有接受过智力训练的人也可能具有知性，甚至可能是很强的知性。科学，是指一种智性素养，依靠它可以轻松得出一些可论证的结论。智慧，是科学的一种特殊情况，其功能之一就是使知识世界井然有序；有智慧的人不一定是有很多知识的人，但应该是一个办事妥帖的人，换句话说，使一个人能够办事妥帖的科学称为智慧。技艺[②]，是一种与制作相关的动手能力，其中包含着推理过程，这意味着不仅是依靠经验和身体技巧来完成，还用技术知识来指导劳动。审慎，是指能使人自由自在地采取行动的能力，也被人称为实践智慧。以上五种因素有共同点，即"有一种本质上与客观必然性有关的稳定的品质，可以被认为是文化的结构性组成部分"[③]。当然，结构并不能代表整体，这五种因素也不能代表文化。就好像一间房屋如果被简略到只剩下房梁结构，生活会有很多不便，也就不能称之为房屋了。

为了更好地理解以上观点，我们可以举个例子。按照亚里士多德的定义，技艺是运用正确的推理过程来决定要制造的东西。人们为了其使用功能而制作的东西，和人们为了艺术欣赏而制作美的东西，是不一样的。前者是"对现实的

[①] 也有学者将其翻译为"智性之德"，比如周国文在《劳动、社会与文化》中的翻译。本书选择"理性"这个译法。
[②] 亚里士多德在《形而上学》第一卷第一章中讲过一个例子，解释了经验与技艺的区别。当某人患某种病时，这个东西对他有益，并且在许多其他个体患此病时也是如此，这是经验；但是，断定对于某种类型的所有人，当他们患此病时这个东西对他们都有益处，这就是技艺了。也就是说，当由经验获得的许多概念得出一个关于一类对象的一般判断时，技艺就出现了。
[③] [美]伊夫·R.西蒙著，瓦肯·魁克编辑：《劳动、社会与文化》，周国文译，中国经济出版社2009年版，第115页。

表达",即是建立在客观规律或者必然性基础之上的,就如同劳动一样,属于人类生活中的严肃内容,是文化的内核;后者是"自由发展",是非必需的、主观的、自由的方面,它们意味着人性的丰富性。比如在人类社会发展的早期,人们为了吃饭等活动而制作出木碗、石碗等器皿,而到了后期,人们不仅制造具有使用价值的器皿,而且制作外观精美、工艺复杂的器皿,满足对美和艺术的追求。

文化中"自由发展"的部分是如此绚烂,导致我们往往忽略了建立在客观规律或者必然性基础上的对现实的表达。文化的基本结构或者文化的内核具有确定性和稳定性,是建立在客观规律或必然性基础之上的,没有想象、没有装饰、没有玩笑,是对人类生活现实的表达。

(三)劳动与文化的相互作用

劳动是人类社会最首要和最基本的社会实践活动,离开了劳动,人类社会将无以为继。文化被看作人类在社会实践活动中附加在物质载体上的精神体系,是对社会实践活动的价值表达。在人类社会发展的过程中,劳动和文化均不可或缺,相互依赖、相互作用、共同发展。

1. 劳动创造文化

恩格斯认为,人类社会区别于猿群的特征是劳动。恩格斯明确指出,"劳动是从制造工具开始的"[1]。可见,工具是劳动的基本要素,是真正人类劳动的标志,也是文化的表现和标志。并且"劳动本身经过一代又一代变得更加不同、更加完善和更加多方面了。除打猎和畜牧外,又有了农业,农业之后又有了纺纱、织布、冶金、制陶和航海。伴随着商业和手工业,最后出现了艺术和科学"[2]。可见,劳动既是一个从动物本能活动到人类活动的转化过程,又是一个本身不断完善的发展过程。可以说,劳动创造了文化,文化在劳动中产生,在劳动中形成。

农民在长期的农业生产过程中逐渐形成农耕文化,聚族而居、精耕细作的农耕生活孕育了内敛式自给自足的生活方式、文化传统、农政思想、乡村管理制

---

[1]《马克思恩格斯选集》第3卷,人民出版社2012年版,第994页。
[2]《马克思恩格斯选集》第3卷,人民出版社2012年版,第995页。

度等。牧民在长期的放牧生活生产中逐渐形成游牧文化，恶劣的自然条件培养了他们极强的与自然搏斗的能力，过着一种粗犷而富于冒险的生活，形成了自身的独特文化。到了工业时代，机械化生产占主导地位，城市化、法制化、民主化、教育普及、信息流动加速、经济持续增长，逐渐形成区别于以往的工业文化。

一段时间以来，由于部分学校劳动教育的弱化，有些学生从事劳动实践的机会减少，重脑力轻体力、重理论轻实践的倾向明显。比如，在面临就业选择时，一些大学生宁可少拿钱也要选择做办公室的白领工作。对体力劳动的轻视也导致社会上产生了一些不劳而获和投机倾向。

2. 文化推动劳动发展

"劳动的完善程度是与文化在其中的渗透成正比的。"[1]劳动工具、语言、饮食、服饰、礼仪、宗教、社会关系等人类文化，是在劳动发展过程中逐渐形成的，同时又对劳动产生了新的推动力，使得人类劳动越来越远离动物的本能活动。以劳动工具为例，人类在劳动的过程中产生对工具的需要，从而发明出新的工具；新工具的诞生会推动生产效率、生产过程甚至是社会制度等方面的变化；而社会制度等文化方面的变化又会反过来推动劳动的发展。在19世纪初，为了提高农业生产效率，收割机被发明出来。但由于当时美国农民并没有什么购买能力，收割机一度无人问津。于是有人发明了分期付款制度，使得农民有可能以未来的收入购买收割机，从而提高了收割机的销售量，大大提升了美国农业生产的效率。

在现代化的劳动过程中，以科技为主体的文化因素对劳动的发展所起到的作用更是巨大。可以这样说，劳动愈是发展，便愈能显示出文化因素的巨大作用；劳动的进步便愈依赖于文化的进步。

进入新时代，我们在全社会倡导尊敬劳动模范、弘扬劳模精神，让诚实劳动、勤勉工作蔚然成风，这种文化也深深地影响着当代大学生的行为和选择。

---

[1] 苗相甫：《劳动·文化·人——关于"劳动创造人"的思索》，《殷都学刊》1991年第4期。

案例 5-1

"李子柒们"的劳动之美

李子柒是一位"网红",却不仅仅是一位网红。她是一位短视频制作者,作品题材来源于中国传统生活方式,以美食文化为主线,围绕衣食住行四个方面展开。其作品展示了一些我们日常生活物品的传统手工制作方式,真实、古朴又富有美感,在观众中产生了强烈的视觉冲击和文化共振,在网络上收获一众粉丝,作品更传播到海外市场。李子柒不仅成为极具商业价值的红人,也成为劳动文化的代言人。2020年5月,李子柒受聘担任首批中国农民丰收节推广大使;8月当选第十三届全国青联委员。

李子柒的走红引发了很多讨论。有人热捧,也有人质疑,如作品的真实性、团队运作、商业化营销等。但无论如何,人们还是从她的作品中感受到热爱生活、热爱自然、自立自强的力量,为当下匆忙、急躁的生活带来一股能抚慰心灵的清流。结合文化内核的观点来看,"李子柒们"在劳作中追求美和艺术,展现了劳动之用、劳动之美,揭示了劳动本义,对传播劳动文化起到了积极的推动作用。

二、从历史的角度考察劳动与文化的关系

(一)西方古典社会[①]中劳动与文化的对立

生活在古希腊时代的人们被明确分为两个阶级,为谋生而劳动的阶级和可以免于劳动的阶级,前者处于被奴役地位,而后者则是自由的。为谋生而劳动的阶级不仅要为了维持自己的生计而劳动,而且要为享受自由的阶级提供生活资料。这导致他们把所有的时间都花在劳动上。而享受自由的阶级在有足够的生活资料

---

① 古典社会是一个含糊不清的术语。在希腊历史上,多指公元前5世纪以及柏拉图与亚里士多德的时代;在罗马历史上,一般特指奥古斯都时期,直到公元1世纪;在欧洲近代史中,多指17世纪。此处古典社会取第一种含义。

保障的情况下，不需要自己劳动，有足够的时间从事精神文化活动。为谋生而劳动的阶级追求的是物质资料，被认为是低贱阶级，享受自由的阶级追求的是精神理想，被认为是高贵阶级。这也就导致了劳动教育受到轻视，而文化教育在本质上高于劳动教育的不当认知。

在西方古典社会中，劳动与文化显著对立。亚里士多德曾经在《形而上学》中提到，数学是由埃及的有闲阶层发明的。"因为有大量的休闲时间，埃及的牧师们成功地将最早的理论科学——地理学——发展到了令人惊讶的完善程度。"[1] 在亚里士多德生活的年代，大多数劳动由奴隶来完成，于是他更有理由将劳动与文化对立起来。亚里士多德认为，"工匠像某种无生命的东西，的确，他们在活动，但是他们活动而不知他们在做什么，正如火在燃烧，——但是，无生命的东西以一种自然趋势演示它们的每一种功能，而工匠是依据习惯来活动的"[2]。柏拉图在《理想国》中曾谈道，无论什么事物都有三种技术：使用者的技术、制造者的技术和模仿者的技术，任何事物的使用者都是对它最有经验的，使用者把使用中看到的该事物的性能好坏通报给制造者，制造者则按照吩咐去制造。显然，亚里士多德和柏拉图都将劳动与文化割裂，低估了劳动、劳动者以及劳动者阶层的理性因素。

总之，从历史的角度来看，社会曾低估了劳动、劳动者、劳动者阶层的理性因素，劳动与文化曾经处于对立的关系。

（二）西方资本主义时代下劳动与文化的背离

亚当·斯密在1776年出版的《国富论》中描述了一个工作场景，谈到大头针的制作分成17道工序，每道工序都由不同的工人来完成。这种分工大大提高了生产的效率，但是工人们也面临一种困境，一天到晚都在干着重复的工作，枯燥乏味。除了管理者，没有人知道完整的生产过程，工人感受不到自己劳动的价值，无法产生成就感。在电影《摩登时代》中也曾经展示出这样的场景，工人在

---

[1] [美]伊夫·R.西蒙著，瓦肯·魁克编辑：《劳动、社会与文化》，周国文译，中国经济出版社2009年版，第102页。
[2] [古希腊]亚里士多德：《形而上学》，李真译，上海人民出版社2005年版，第16页。

日夜不停的流水线上不断重复着简单枯燥的工作，受到工厂管理者严格的监控，几乎没有休息时间。在这样的背景下，一些学者认为劳动的极端分工扭曲了人格，这使得劳动与文化的距离比以往任何时候都更远。

18世纪的西方浪漫主义运动的特征之一是对工业化的恐惧和憎恶，对虚构的中世纪的颂扬。[1]因此它的追随者经常说，中世纪的手艺人的确是劳动者，但他同时也是艺术家。如果他是一个制鞋匠，他不会只做这只鞋的十五分之一，而是做出一整只鞋；如果他是一个制针匠，他不会只做整个工序的十七分之一，而是制出一整根针。他不仅知道每一个工序步骤，而且能完成所有的步骤；他不仅有完整的想法，而且还知道如何将整个想法变成现实。他不仅是一个劳作者，而且是一个创造者，也许这就是为什么在古老匠人的作品中常常会感受到美的原因。而且，据说这些匠人非常尽责、乐于奉献，这使得他们的人格有一种卓越的完整性。当然，也有学者认为，这些观点被浪漫主义运动的追随者们夸大了。在很多劳动中，即便有手艺人完成了非常杰出的、精雕细琢的活儿，但是这种劳动在整个社会劳动中的比例并未被提及。可以想象，还有大量劳动者从事着伐木、下料这样的粗活儿，以便于师傅们能够制作精美的家具等物品。可以说，大部分中世纪的劳动者所从事的是非常单调、非常繁重的劳动，用这样的方式来完成现代的复杂生产劳动是很难想象的。浪漫主义者们的观点值得商榷。

除了以上观点，还有一点值得注意，那就是福特的管理思想对文化产生的影响。正如前面《摩登时代》里所描绘的场景一样，在19世纪末20世纪初，企业和工人的关系就像是拉锯战，一方面企业极尽所能压榨自己的工人，工人工资低、工时长、工作累，另一方面工人也没有积极性，为生存而劳作，没有个人的自由时间。福特改变了这一切，他给出了一天五美元的工资，并承诺每天只工作八小时，一周五天。这在当时普遍日薪只有两美元多，休假极为有限的美国汽车工业界简直就是一声惊雷。从社会的角度来看，这是非常有意义的。因为他让没有什么特殊技能的普通人也能挣到不错的工资，有时间享受更多的闲暇，有更多机会学习，有可能距离文化更近一点儿。

---

[1] 参见［美］伊夫·R.西蒙著，瓦肯·魁克编辑：《劳动、社会与文化》，周国文译，中国经济出版社2009年版，第106页。

三、以劳动为中心的文化理论

（一）劳动文化的内涵

我们所要提倡的"以劳动为中心"的文化理论，其核心是对历史上出现过的劳动与文化的对抗性冲突的抛弃，让文化回归劳动本质。我们认为，劳动文化（labor culture）是一种强调劳动的价值和地位、劳动者的尊严和权利的文化，劳动文化反对劳动与文化相对抗相背离，主张劳动与文化相融共生。

事实上，我们可以发现，曾被认为是"低贱的劳动"对于促进文化和完善理性是有积极意义的。比如，技术性的劳动，尤其是制作方面的，能唤起人们心里那种诚实的感觉与追求完美的兴趣。劳动中的技术部分往往是不容许骗人的活动，比如一把钥匙是否制作精准是显而易见的，哪怕是制作上的一点点瑕疵都可能打不开锁。因此可以说，曾经被认为是"不使用智力也不创造智力"的劳动同样包含智力因素，对文化创造和发展起到了重要作用。我们不能仅仅重视文化的"自由发展"部分，更要重视建立在客观规律或者必然性基础之上的文化内核。

我们认为，以劳动为中心的文化，就是要回归对客观规律或者必然性的重视、回归劳动，只有当文化产生的基础是客观的、确定的，且自身是坚实的，那么一切才会秩序井然。如果我们只关注那些具有观赏性的文化成分，而忽视其产生的基础，把文化与滋养人类灵魂的劳动活动相割裂，那么看上去繁盛的文化可能就只是一个空壳，并有可能滋生出有害的东西。

今天人们已经普遍认识到，一个劳动者，其掌握的技术越强，那么他在工作中进行创造性活动的可能性就越大。我们有理由相信，人们一旦完全认识到在劳动中进行创造的可能性，那么曾经被认为与文化对立的劳动，就能对文化的创造和发展产生更重要的作用。

（二）崇尚劳动是社会主义核心价值观的基石

波澜壮阔的中华民族发展史是中国人民自强不息的奋斗史。实现中华民族伟大复兴的中国梦需要每个中国人踏实做好本职工作，勤奋劳动、诚实劳动、创新劳动。因此，无论时代条件如何变化，我们始终都要崇尚劳动、尊重劳动者，始终重视发挥工人阶级和广大劳动群众的主力军作用。苏联教育家马卡连柯认为，社会主义国家都强调劳动光荣、劳动是美德；劳动不仅是经济的范畴，而且是道德的范畴。

劳动是人类的本质活动。纵观人类发展历史，无论是远古时代还是近现代，劳动都是推动历史车轮的主要力量，不仅创造出大量的物质财富，也不断滋养着人类的精神世界。空想社会主义思想家认为，劳动不仅可以创造丰富的物质财富，从而保障人们的幸福生活，而且劳动还是锻炼品格、提升品质、陶冶情操的重要手段。"谁想成为具有完善品质的人，必须劳动出众，因为流汗是道德之源，而劳动是光荣之本。"[1] 圣西门希望建立这样一个社会，让那些从事最有益劳动的人受到最大的尊敬。他还提出："有益的活动是一切美德之本，而游手好闲则是万恶之母。"[2] 马克思、恩格斯一直强调，人民创造历史，劳动开创未来。正如马克思所说："任何一个民族，如果停止劳动，不用说一年，就是几个星期，也要灭亡。"[3] 劳动光荣的思想，是对劳动者价值的高度肯定和赞扬。曾经，劳动对人们而言，是一种沉重的负担，是无可奈何的谋生手段，不劳动反倒是自由和幸福的。其实，劳动对人们而言到底是负担还是光荣，关键还是看生产关系的性质。在社会主义社会，劳动是一切有劳动能力的公民的光荣职责。道德评价的标准不再是财产和特权，主要是看人们通过劳动对社会公共利益所作的贡献。[4] 崇尚劳动、尊重劳动者是社会主义道德的基本要求。

中国共产党是中华民族精神的传承者，也是马克思主义真理的践行者。1956年，邓小平提出："在我们的时代里，一切光荣都是劳动的产物。"[5] 我们讲的崇

---

[1] ［法］让·梅叶：《遗书》第2卷，何清新译，商务印书馆1960年版，第99页。
[2] ［法］圣西门：《圣西门选集》第2卷，董果良译，商务印书馆2011年版，第92页。
[3] 《马克思恩格斯选集》第4卷，人民出版社2012年版，第473页。
[4] 朱磊、孙杰远：《崇尚劳动是社会主义核心价值观的基石》，《毛泽东邓小平理论研究》2017年第11期。
[5] 《邓小平文选》第1卷，人民出版社1994年版，第242页。

尚劳动指崇尚一切有益于社会的劳动,包括体力劳动也包括脑力劳动。劳动是社会发展的基础,一切有益于社会的劳动都是光荣的,都应该得到尊重和崇尚。习近平指出,"劳动没有高低贵贱之分,任何一份职业都很光荣"[1]。在当下"机器换人"步伐不断加快的时代,我们更不能忽略劳动在社会价值体系中的重要作用,不仅要尊重脑力劳动也要尊重体力劳动。事实上,尊重创造、尊重知识、尊重知识工作者也是尊重劳动的延伸和发展,与尊重劳动之间有着内在一致性。

(三)劳动文化的精粹:劳模精神、劳动精神和工匠精神

习近平在2020年的全国劳动模范和先进工作者表彰大会上的讲话指出,劳模精神、劳动精神和工匠精神是以爱国主义为核心的民族精神和以改革创新为核心的时代精神的生动体现,并多次强调要在全社会大力弘扬劳模精神、劳动精神、工匠精神,反对一切不劳而获、投机取巧、贪图享乐的思想。全面建成小康社会,实现中华民族的伟大复兴,归根到底要靠劳动者的辛勤劳动和创造。

劳动模范是一个时代的楷模,代表了一个时代的道德观念和价值取向,体现了时代精神。"中国的保尔·柯察金"吴运铎、"新劳动运动旗手"炮弹大王甄荣典、"毛主席的好工人"尉凤英、"宁可少活二十年,拼命也要拿下大油田"的铁人王进喜、"杂交水稻之父"袁隆平等,他们用高尚的品格、模范的行动影响并带动了一代又一代人,奏响了每个时代的最强音。劳动模范身上体现的"爱岗敬业、争创一流,艰苦奋斗、勇于创新,淡泊名利、甘于奉献"的劳模精神,是时代精神的生动体现。六个词汇中,爱岗敬业是本分,争创一流是追求,艰苦奋斗是作风,勇于创新是使命,淡泊名利是境界,甘于奉献是修为。做一个守本分、有追求、讲作风、担使命、有境界、有修为的人,是每一位劳模的精神风范,更是每一位劳动者应该追求的目标。[2]

劳动精神是劳动者在劳动中展现的劳动态度、劳动理念、劳动品质、劳动风貌等精神总和。在不同的社会形态、不同时代下,由于对劳动的理解不同,劳动

---

[1] 习近平:《在知识分子、劳动模范、青年代表座谈会上的讲话》,人民出版社2016年版,第9页。
[2] 参见乔东、萧新桥:《深刻理解劳模精神、劳动精神、工匠精神的丰富内涵》,人民网2019年4月30日。

精神也有差异。中国社会历来崇尚劳动,在我们的民间传说中,女娲补天、精卫填海、愚公移山的故事无不散发着劳动的光芒。中华民族五千年的文明史实际上是中国人民艰苦奋斗、自强不息、拼搏进取的历史。2018年"五一"前夕,习近平在给中国劳动关系学院劳模本科班学员的回信中强调:劳动最光荣、劳动最崇高、劳动最伟大、劳动最美丽。全社会都应该尊敬劳动模范、弘扬劳模精神,让诚实劳动、勤勉工作蔚然成风。

工匠精神在中国也有着丰富的内涵。我国古代工匠在实用理性主义的指引下,强调通过自己的技艺来实现他人的便利,如此才能称为能工巧匠。相反,那些看上去精美却并不实用的工艺技艺,只能被称为"拙"。但对于实用理性的坚守不等同于墨守成规的模仿。相反,为了更加突出实用的原则,古代工匠们也十分注重创新,增强实用性和便利性。在长期劳作的过程中,工匠们的审美意识不断觉醒,开始追求制作上的精益求精和对美的理解。不仅如此,中国古代工匠也在劳动中体现出他们对于这个世界的基本认识和价值追求。当今社会,我们一方面传承了古代工匠所秉持的精神内涵,另一方面也不断赋予它新的时代精神。工匠精神应该至少包括以下几个方面,一是敬业,要做好自己的工作,恪守自己的本分,尊重自己所从事的生产劳动;二是专注,能称之为"匠",大都技艺超凡,没有多年的坚守执着,很难做到;三是精益求精,把工作做到极致,要求自己不断超越,不断臻于完美;四是创新创造,在精益求精的基础上,才有可能思考用更新的思路和方法解决问题。

劳模精神、劳动精神、工匠精神是工人阶级伟大品格的具体体现,深化了以劳动为中心的文化理论,生动诠释了社会主义核心价值观,丰富了民族精神和时代精神的内涵,是激励全国各族人民团结奋斗、勇往直前的强大精神力量。

案例5-2

为火箭焊接"心脏"的大国工匠——高凤林

随着2015年中央电视台《大国工匠》节目的播出,高凤林这个名字开始被全国人民所熟知。高凤林是航天科技集团一院焊工、国家高级技师,被称为中国焊接第一人,他为火箭焊接"心脏"。从业30多年，高凤林焊接的发动机助推130多枚长征系列运载火箭成功飞向太空，占到长征系列火箭发射总数的一半以上。在大多数人看来，焊接是个不怎么高级的技术。但在航天领域，每一个焊接点的位置、角度、轻重，都极其关键，都需要经过缜密的思考和计算。2019年，高凤林参与"胖五"发动机的重要焊接工作，他焊接的发动机上，仅一个喷管上就有数百根几毫米的空心管线，而管壁的厚度只有0.33毫米，焊缝细到接近头发丝，而管线长度加起来相当于绕一个标准足球场两周。为了把他们编织在一起，高凤林得进行三万多次精密的焊接操作。

高凤林的高超技艺绝非一日之功。从18岁进厂，近40年他只干了特种焊接这一个行当。初入行时为了增强手腕和手臂的力量，高凤林曾练习平举沙袋，几公斤的沙袋一手一个，平举一两个小时，目的就是防止焊接时出现手抖的现象。除了基本操作外，更难更重要的是一次次技术攻坚。在国家高技术研究发展计划（简称863计划）50吨大氢氧发动机系统研制中，高凤林大胆突破理论禁区，创新混用焊头焊接超薄的特制材料……

功成名就之后，国内甚至国外的很多家单位都提出了优厚的条件吸引高凤林加入。但高凤林的心里始终装着国家，装着国家的航天事业。他曾经说："只是每个人岗位不同，作用不同，仅此而已，只要心中装着国家，什么岗位都光荣，有台前就一定有幕后。"

四、劳动教育与文化构建

（一）回归劳动教育

教育家杜威认为，传统的认识论存在两个缺陷：一是认知主体与被认知对象是分离的，认知者以旁观者的身份在静态下获取知识；二是认知被认为是认识对象呈现给认知者的，认知者在认识中是被动的。但是现代科学的发展经验表明，知识不是孤立存在和自我完善的，而是需要不断发展的。杜威指出，知识的获得不是个体旁观的过程，而是探究的过程。他认为知识是个体主动探究的结果，它不存在于旁观者的被动的理解中，而是表现为认知主体对不确定情境的积极反应。

第五章 劳动与文化

杜威给我们的启发是：劳动者是劳动的认知主体，应该成为劳动文化的创造者而非旁观者；而自由的理性教育也不应该是孤立存在的，应该建立在劳动的基础之上。1919年，李大钊撰文《劳动教育问题》，强调了劳工教育的必要性和紧迫性。此后，每一次我们党对于劳动和劳动者价值的确认和提升，都深化了对社会主义本质和价值的认识。随着中国特色社会主义进入新时代，经济发展也进入新时代。当前，我国经济已由高速增长阶段转向高质量发展阶段，正处在转变发展方式、优化经济结构、转换增长动力的攻关期，不仅需要技术积累，更需要高素质的劳动者和技术技能人才。强化劳动教育，培养大学生的劳动观念和劳动习惯，可以有效避免轻视和贬低体力劳动的倾向，防止不劳而获、投机取巧、贪图享乐思想的滋生。

案例 5-3

让劳动教育回归课堂

踩着金黄的落叶，向田间地头走去，去采摘颗粒饱满的黄豆，挖一捧裹着泥巴的落花生，拔几根肥硕带须的萝卜……又是一年秋收季，孩子们迫不及待地要去采撷春天里播下的希望。近日，杭州市富阳区富春第七小学"开心农场"迎来大丰收，建德市三都中心小学学生踏上了"喜水乐农"研学之旅，杭州市濮家小学教育集团的"阳光商场"已热闹开售……当下，劳动教育正在为越来越多的中小学校所重视、采纳与重构。

作为"德智体美劳"五字教育方针中的重要一环，劳动教育在过去很长一段时间里并未获得应有的重视与足够的课程配比。在2018年9月举行的全国教育大会上，习近平总书记重申劳动教育的重要性，明确提出要构建德智体美劳全面培养的教育体系。这一次，劳动教育被纳入整体考量，并在"树德、增智、强体、育美、创新"等基础性功能方面被寄予厚望。

"过去劳动教育受忽视，主要归咎于片面的教育质量观和公众潜意识里对人生价值理解的迷失。"浙江省教育厅教研室副主任张丰认为，以往人们对劳动的认识，大都还停留在整理、清扫、种养殖、低技术难度型工种等初级劳动形式上，将劳动简单粗暴地与不体面、不优秀画上等号。当前很多家长对孩子未来人生的期待是扭曲的，以"少劳多得"为价值取向，忽视了劳动的创造力及其对完整人格建构的重要性。

尽管出于可操作性和育人功能最大化的考虑，当前大多数中小学校以农场劳动为主要载体推进劳动教育，但劳动教育并不简单等同于农场劳作，其背后蕴含的劳动技能、劳动态度、劳动情感教育往往更为重要。"哪怕是种一根萝卜，我们都要求学生进行分工合作，有人刨坑，有人栽种，有人浇水，就是希望在提高学生劳动意识与能力的同时，培养他们的团队合作精神和责任感。"金华市婺城区虹路小学校长施彦文说，种植劳作只是该校劳动教育的基础环节。

资料来源：《让劳动教育回归课堂》，《浙江教育报》2018年10月17日。

（二）劳动教育构建劳动文化

2018年9月10日在全国教育大会上，习近平强调要努力建构德智体美劳全面培养的教育体系，要在学生中弘扬劳动精神，教育引导学生崇尚劳动、尊重劳动，懂得劳动最光荣、劳动最崇高、劳动最伟大、劳动最美丽的道理，长大后能够辛勤劳动、诚实劳动、创造性劳动。

在高校劳动教育方面，刘向兵认为，"需要深刻理解习近平关于劳动的重要论述的时代意蕴，从形成正确劳动价值观、培育积极劳动态度、养成良好劳动品德、掌握必备劳动知识技能等方面，赋予大学生全面发展以新动能"[1]。正确的劳动价值观就是让"劳动最光荣、劳动最崇高、劳动最伟大、劳动最美丽"的观念根植到每个学生心里。要格外强化辛勤劳动的意识以养成积极的劳动态度，要强化诚实劳动、人本关怀、家国情怀以培养优良劳动品德，同时也要加强劳动科学知识的教学，以掌握必备的劳动知识技能。

在对党员干部进行的劳动教育中，要着重强调我们党之所以能够取得今天的成绩，从根本上说是因为能够同人民群众同心同德、同甘共苦。在中国共产党的历史上，党员干部曾以不同的形式参加劳动，以劳动者的姿态深入工厂，走进田间地头，听民意、察民情、解民忧、聚民心、汇民智。党员干部参加生产劳动对于增进与人民群众的感情、改进工作作风具有重大的革命性意义。

---

[1] 刘向兵：《新时代高校劳动教育的新内涵与新要求——基于习近平关于劳动的重要论述的探析》，《中国高教研究》2018年第11期。

劳动教育强调，无论哪个领域的工作都要与劳动实践紧密结合，这样能使一线劳动者在知识的帮助下更有力量，能使知识在实践的帮助下释放出最大能量。我们党一贯尊重人才，尊重创造。在当下，对人才和创造的要求更高，只有扎根劳动、深入实践，才能释放出最大的能量。

一段时间以来，我们的劳动教育在学校中被弱化、在家庭中被软化、在社会中被淡化。这折射出我们在精神和文化层面上的危机。只有弘扬劳动教育，培育劳动情怀和劳动素养，才能在全社会营造崇尚劳动的精神力量，汇聚"劳动托起中国梦"的强大正能量。

综上所述，劳动教育不仅仅是针对学生的教育，更是对全体人民的教育，尤其是针对党员干部、青年和知识分子的教育。从中国共产党的发展历程上看，无论是革命、建设还是改革年代，党都崇尚劳动，重视劳动者，强调与工农群众相结合。

大国工匠面对面：高少萍

案例5-4

大国工匠进校园

2017年5月，由中华全国总工会宣传教育部、教育部关心下一代工作委员会联合主办的"大国工匠进校园"活动在中国劳动关系学院举行。"大国工匠进校园"活动是落实党中央、国务院关于"培养造就更多大国工匠、大力弘扬'工匠精神'"要求的重要举措。学校是培养造就大国工匠的摇篮，希望通过这一活动，带动广大师生以弘扬"工匠精神"为己任，进一步激发广大劳动者的劳动情怀，在全社会形成良好的社会风尚。

在活动现场，中国航天科工三院精密机械制造部钳工、中国航天科工集团公司首席技师巩鹏演示了打磨钻头、盲配钥匙的绝活。内蒙古北方重工业集团有限公司防务事业部工人、中国兵器首席技师、中国劳动关系学院劳模班2016级学员郑贵有讲述了自己在岗位上攻坚克难、潜心钻研的生动故事。当代剪纸艺术家、福建省非物质文化遗产传承人、中国劳动关系学院劳模班2017级学员高少萍展示了自己创作的反映"一带一路"的新作品，并现场为师生演绎剪纸艺术。随后，三位工匠大师与现场师生进行了互动交流，勉励大家爱国奉献、勇于担当、爱岗敬业、刻苦钻研，时刻以"工匠精神"要求自己。大国工匠的精湛技艺和执着专注、精益求精、一丝不苟、追求卓越的精神赢得了师生们的阵阵掌声。中国劳动关系学院现场向巩鹏、郑贵有、高少萍颁发了"大学生德育导师"聘书。

资料来源：《"大国工匠进校园"活动走进中国劳动关系学院》，中国工会新闻网2017年5月13日。

【核心概念】

"以劳动为中心"的文化理论　其核心是对历史上出现过的劳动与文化的对抗性冲突的抛弃，让文化回归劳动本质。

劳动文化　一种强调劳动的价值和地位、劳动者的尊严和权利的文化，反对劳动与文化相对抗相背离，主张劳动与文化相融共生。

【延伸思考题】

1. 如何理解在新时代构建劳动文化的重要意义？
2. 劳动教育与劳动文化有何关系？

【拓展阅读】

1. 梁漱溟：《中国文化要义》，上海人民出版社2005年版。
2. 北京市总工会编：《劳动文化研究》，北京出版社2013年版。
3. ［德］马克思：《1844年经济学哲学手稿》，《马克思恩格斯文集》第1卷，人民出版社2009年版。
4. ［美］伊夫·R.西蒙：《劳动、社会与文化》，周国文译，中国经济出版社2009年版。

第六章
劳动与经济

本章导读

为什么近年来每一年都是大学毕业生的"最难就业季"？

近年来，大学生就业难的现象引起了社会的广泛关注，从某种程度上说，大学毕业后很多人没有找到合适的就业岗位。自2000年扩招以来，全国高校毕业生总数一路飙升，最近每年都被形容为"史上最难就业季"：

2013年因为创纪录的699万毕业生而被戏称为"史上最难就业季"；

2014年和2015年，毕业生分别达727万人和749万人，被冠以"史上更难就业季"；

2016年全国高校毕业生达770万人以上，有网友因此调侃："史上最最难就业季来了！"

然而学生就业市场竞争程度仍然只增不降，据统计数据表明：2021届全国普通高校毕业生将达909万人。

"最难就业季"又来了？实际上，虽然毕业生的数量在不断增加，同时在工商局注册的公司数量也是飞速增加的。据国家市场监管总局历年统计数据显示，2015年末全国新登记市场主体1 479.8万户，比2014年增长14.5%，2016年全国新设市场主体1 651.3万户，比上一年增长11.6%，2017年全国新设市场主体1 924.9万户，2018年2 149.6万户，2019年2 179万户，再创新高，但仍未能满足劳动者求职需要。其实，求职难的主要矛盾之一是供需不对称。当前大学生就业难的总体趋势大致有以下几个方面：劳动力市场总体供大于求；应届毕业生人数多，规模大；毕业生个人职业素养跟企业需求有出入；企业单位"用熟不用生"等，造成有些毕业生一毕业就失业。

不仅仅是就业问题，大学生毕业后的工资水平如何？企业如何选择雇佣劳动力的数量？这些与劳动相关的问题都蕴含着一定的经济学思维。传统的劳动经济学领域主要包括劳动力供给、劳动力需求、工资、人力资本投资、劳动力市场规制等，随着我国社会经济的发展，劳动经济的关注领域还拓展到就业结构、农村劳动力流动、就业等诸多新型领域，逐渐走出一条贯穿微观和宏观经济分析的路子。

一、劳动力供给

在劳动经济学领域，劳动力供给是劳动力市场的一个基本构成要素和影响劳动力资源配置的基础因素，一定质量和数量的劳动力有效供给，对于社会经济的发展有着极其重要的影响。传统劳动经济学中，主要讨论劳动力供给的一般规律，并探讨个人和家庭的劳动力供给行为。

（一）劳动力的概念界定

马克思在《资本论》第一卷中对劳动力作了如下定义："我们把劳动力或劳动能力，理解为一个人的身体即活的人体中存在的、每当他生产某种使用价值时就运用的体力和智力的总和。"[①]这个定义说明，劳动力是人所特有的，无论风力、水力、畜力，还是化学力、核动力、人工智力等只能是劳动手段而不是劳动力；且劳动力是人在劳动中所运用的能力，也就是马克思所说的人在生产使用价值的活动中所运用的能力；并且劳动力是存在于活的人体中的能力，需要具备一定的健康条件、达到一定的成熟程度。这种成熟程度的基本标准就是年龄，通常称为"劳动适龄人口"。"劳动适龄人口"有一定的年龄上限和下限，我国将16周岁定为劳动年龄的下限，将法定退休年龄作为劳动年龄的上限。但也并非所有的"劳动适龄人口"都是劳动力，如图6-1所示，劳动力在劳动经济领域专指"劳动适龄人口"中的经济活动人口，包括就业人口和失业人口，也就是说，16周岁以上人口中退休人

图6-1 劳动力与非劳动力示意图

---

① 《马克思恩格斯文集》第5卷，人民出版社 2009年版，第195页。

口和非经济活动人口[①]都不能称作劳动力。

（二）劳动力供给及其度量

通俗地讲，劳动力供给是指在一定报酬条件下，劳动者个人及其家庭为社会提供的劳动数量。

单一劳动者的劳动力供给总和，就是社会劳动力供给。社会劳动力供给的度量指标是劳动力参与率，也称为"劳动参与率"。"劳动参与率"是衡量一个社会从事经济活动的人口的相对规模，是反映劳动力市场活动水平的重要指标，它的计算方式如下：

$$劳动参与率 = \frac{就业人数 + 失业人数}{劳动年龄人口} \times 100\%$$

在市场经济条件下，人们提供的劳动与经济刺激之间的关系，可以通过劳动力供给曲线表示。为方便起见，假设每一劳动力供给量都取决于工资率，这样劳动力供给曲线就表现为劳动力供给数量与工资率之间的关系。图6-2描述了四种类型的劳动力供给曲线。横轴 L 表示劳动力供给的数量，代表工时或人数；纵轴 W 表示工资率；S 代表劳动力供给曲线。四种不同的劳动力供给曲线，反映劳动力供给量与工资率之间四种不同的关系。

图6-2(a)的劳动力供给曲线反映的是劳动力供给数量随工资率的提高而提高，当工资率降低则劳动者愿意提供的劳动数量就减少，这也是比较普遍的一种现象。图6-2(b)是一条垂直的劳动力供给曲线，即工资率对劳动力供给数量没有影响，即使增加工资也不能吸引更多的劳动力，这与短时期出现的某些情况有关，例如某些职业的劳动力需要较长时间的培训。图6-2(c)是向后弯曲的劳动力供给曲线，是指在一定阶段，劳动力供给数量随工资率的增加而提高，当工资率超过一定水平之后，那么随着工资率进一步提高，劳动力供给数量反而会减少。图6-2(d)的劳动力供给曲线是水平的，是指当工资率为 W_0 时，在一个经

[①] 非经济活动人口是指不从事经济活动的人口，包括在校学生、从事无报酬的家务劳动者、丧失劳动能力的病残人员和其他闲散人口等。

济体中，能够以现行的工资率 W_0 雇佣到所需要的任何数量的工人，即劳动力供给量是无限的。

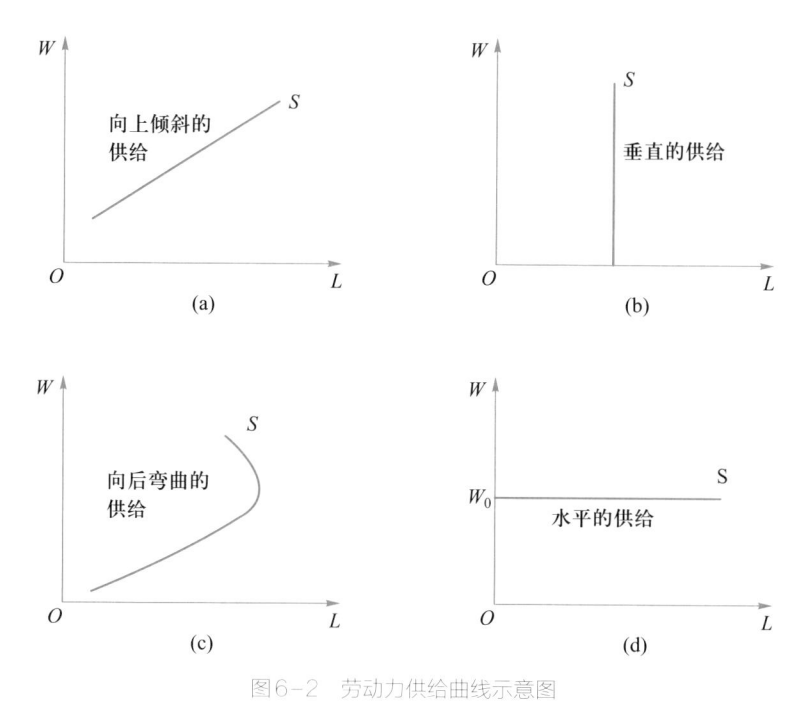

图6-2 劳动力供给曲线示意图

资料来源：蔡昉、都阳、高文书、王美艳：《劳动经济学——理论与中国现实》，北京师范大学出版社2009年版，第70页。

（三）个人劳动力供给

个人劳动力供给是指劳动者个人在一定工资率下愿意并能够向市场提供的劳动数量（一般指劳动时间）。任何一个人都拥有一定的时间，比如一天24小时，这些时间成为个人的总时间。在总时间中，一部分时间必须用于维持生命，如吃饭、睡觉，那么，个人可支配的时间就等于总时间减去维持生命所需的时间。大体上，个人可支配时间分为工作时间和闲暇时间，个人劳动供给问题，实际上就是劳动者个人在工作与闲暇之间的选择问题。

在一天中，个人可支配的时间是一定的，则工作和闲暇之间存在此消彼长的关系（见图6-3）。如果个人一天中用于工作的时间较长，则其闲暇的时间就会变少，个人劳动供给量就大，反之则个人劳动供给量较少。

图6-3　个人可支配时间中工作与闲暇的关系示意图

资料来源：周乐：《图解经济学》，辽海出版社2019年版，第73页。

案例6-1

随着工资的上涨，人们的工作时间反而减少

近年来，我国各地的社会平均工资不断上涨，以北京市为例，2008年社会平均工资3 726元，2018年社会平均工资7 855元，减去十年的通货膨胀率折算部分，工资水平仍是上升态势。但与此同时，我国居民劳动时间减少，休闲社交时间增加。2018年12月由内蒙古大学经济管理学院课题组撰写并发布的《时间都去哪儿了？中国时间利用调查研究报告》显示：对比2008年和2018年我国居民一天的有酬劳动、无酬劳动、教育培训、休闲社交和自我照料时间，居民每天劳动时间（包括有酬和无酬）减少0.47小时，休闲社交和自我照料时间总共增加0.26小时，表明随着工资水平不断提高，人们的工作时间减少。

案例点评

（四）家庭劳动力供给

从家庭联合劳动力供给决策的角度分析，家庭也是劳动力供给的决策主体。家庭成员各自将时间配置在市场工作、非市场工作（家务劳动）和闲暇上，从而追求整个家庭的效用最大化。

那么，如何实现家庭效用最大化呢？一般而言，无论是市场工作还是家务劳动，进行某种专业的劳动分工都是有效率的，实现家庭效用最大化就需要回答两

个问题：谁从事家庭工作效率最高？谁从事市场工作效率最高？例如，夫妻双方中收入高的去工作，另一方在家照顾孩子，这样整个家庭的效用收益就会达到最大化。夫妻双方也可以选择都出去工作，因为许多家务劳动，如做饭、打扫卫生、照料孩子等都可以通过雇佣或者购买服务实现，如果夫妻双方从事市场工作所得收入大于家庭工作的成本，则夫妻双方都从事市场工作会使家庭的效用收益最大化。

二、劳动力需求

劳动力需求是劳动力供给的相对面，是从用人单位层面了解就业岗位的产生过程。劳动供给主要关注劳动力市场上工资变化和劳动供给之间的相互关系，对劳动力需求而言，工资率也是主要影响因素，但除了价格机制以外，影响劳动力需求的因素和影响劳动力供给的因素有着比较大的差异。一般来说，劳动力供给在短期内比较稳定，但长期来看会发生改变，进而对劳动力需求产生较大影响。这里首先从劳动力需求的相关概念入手，然后从企业的角度着重探讨短期劳动力需求和长期劳动力需求的决定机制以及二者的差异。

（一）劳动力需求及分类

所谓劳动力需求是指在一定时期内，在某种工资率下雇主愿意并能够雇佣到的劳动力的数量。分析劳动力需求要明确劳动力需求的分类。

一种是按需求层次分，劳动力需求可分为企业需求、行业需求和市场需求。这三个层次中企业劳动力需求是最基础的；行业劳动力需求是本行业企业劳动力需求之和；市场劳动力需求是劳动力市场上所有行业的劳动力需求之和。这三个层次的劳动力需求不仅范围不同，说明的问题不同，而且受工资率变化的影响程度也不相同，所以劳动力需求的特征也有所差别。

另一种是按生产要素的变化类型分，劳动力需求可以分为短期劳动力需求和长期劳动力需求。经济学中关于短期和长期的划分并没有一个确切的时间界限。

所谓短期,是指资本存量不变,唯一可变的因素是劳动投入量,即把在资本投入量不会变化、技术条件也不变的条件下对劳动力的需求称为短期需求;长期则是指企业的一切生产要素,无论资本、技术还是劳动力要素都是可变的。因此,工资、资本价格和产品需求等因素对长期劳动力需求比短期劳动力需求所产生的影响更大、更复杂。

(二)劳动力需求分析的基本假设

分析劳动力需求时,可以从不同的角度进行,既可以考察完全竞争状态下的劳动力需求,也可以考虑非完全竞争状态下的劳动力需求。在不同的市场条件下,劳动力需求的目标也不一样。但劳动力需求的分析框架一般都是先做一些基本的假设,然后考察劳动力需求的行为主体(企业,有时候也包括政府)为了达成经济目标在劳动力使用方面必须遵循的原则。这些基本假设包括生产技术的假设、组织目标的假设、市场环境的假设等。

(1)生产技术的假设:假设技术条件不变,这在设计劳动力需求的基本模型时是必须的,否则问题就会复杂化。

(2)组织目标的假设:生产目标是组织的根本目标,也是涉及劳动力需求基本模型的一个重要条件。有关生产目标的假设无外乎有三种情况:利润最大化、人均产量最大化或总产量最大化。在经济理论中,企业经常被假定为追求利润最大化或成本最小化。

(3)市场环境的假设:分析劳动力需求还要考虑不同的市场状况,市场状况分为完全竞争性市场、垄断性市场和不完全竞争性市场三种,最常见的是假定市场处于完全竞争的状态。完全竞争的状态是指一种竞争不受任何阻碍和干扰的市场状况,资源完全可以自由流动,市场主体可以完整、迅速地获取生产要素。

一般来说,在雇佣劳动力时,企业愿意支付的工资率被定义为劳动力需求价格。假设工资率与企业劳动力需求量的变动无限可分,按照工资率与企业劳动力需求量的实际关系,例如:当工资率由2元/小时提高到5元/小时,则随着工资率的提高,企业劳动力需求量相应减少。企业劳动力需求的曲线如图所示(见图6-4),在图中横轴为企业劳动力需求量,纵轴为工资率,曲线D为企业劳动力需求曲线。可以看到，企业劳动力需求曲线 D 是一条从右下向左上倾斜的曲线，这说明在其他条件不变的情况下，企业劳动力需求量与工资率之间是反方向变化的。

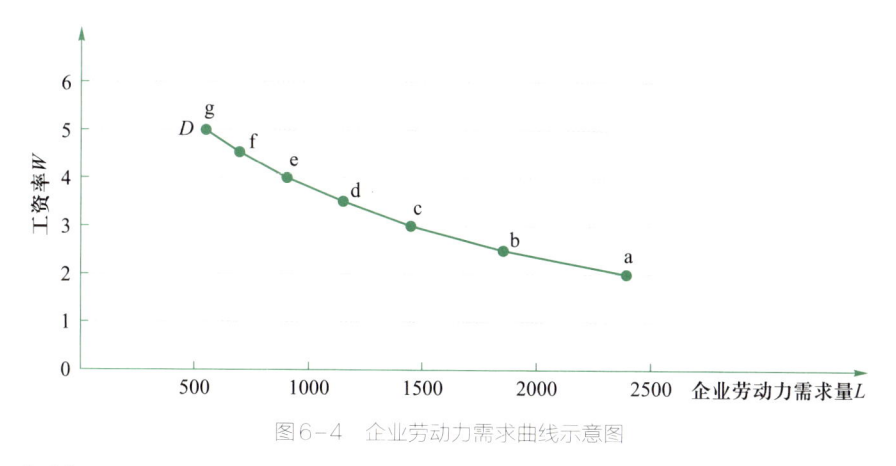

图6-4　企业劳动力需求曲线示意图

资料来源：杨河清：《劳动经济学》（第五版），中国人民大学出版社2018年版，第8页。

（三）企业的劳动力需求决策

我们以企业短期劳动力需求决策为例，按照前面的分析需要假设以下基本分析框架：假定考察的企业是一般的生产性企业；在短期企业的资本、技术等生产要素都是固定不变的，唯一可变的生产要素是劳动量；该企业面对的产品市场和劳动力市场都是完全竞争状态，即产品价格和工资率固定不变；企业以追求利润最大化为组织目标进行生产和作出雇佣决策。

由于短期内资本、技术、产品价格、工资率等固定不变，只有劳动投入量处于自由变化的状态，因此，短期内企业增加产量就必须增加劳动投入量。

伴随着劳动力数量的增加，收入与成本也发生变化：一方面，假定企业的产量增加，产品价格不变，那么总收入 R 应该随产量的增加成比例地增加；另一方面，企业在增加产量时，需要投入更多的劳动，即增加可变成本。如果劳动的边际生产力递减[①]现象发生，就意味着随着产量的增加，劳动投入量的增加会超过

[①] 劳动边际生产力递减：在短期定义中，生产的其他要素（资本、技术等）固定不变，唯一可变的生产要素是劳动投入，当把可变的劳动投入增加到不变的其他生产要素上时，最初劳动的增加会使产量增加；当其增加超过一定限度时，增加的产量开始递减。这就是劳动的边际生产力递减规律。

产量的增加（见图6-5）。当总收入曲线上的点 A、总成本曲线上的点 B，这两点各自的切线斜率相等，企业获得最大利润[①]，此时，点 L^* 代表企业获得最大利润时的劳动力数量。

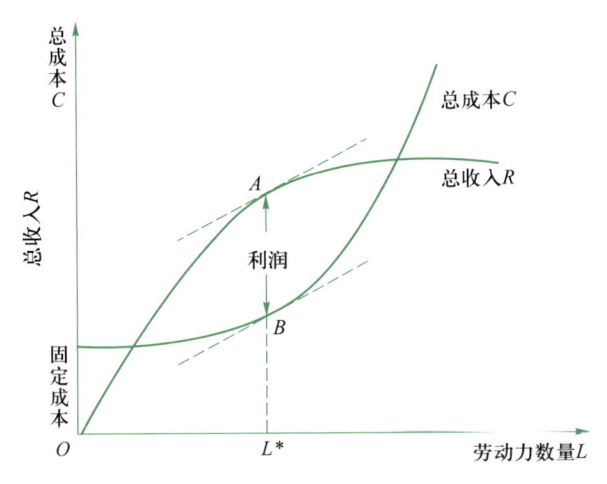

图6-5 利润最大化与企业短期雇佣决策示意图

资料来源：杨河清：《劳动经济学》（第五版），中国人民大学出版社2018年版，第14页。

以上分析要求企业面临的产品市场和劳动力市场必须是完全竞争状态，但现实生活中完全竞争的状态是不存在的。（关于长期雇佣决策，以及不完全竞争市场、垄断市场状态下的劳动力需求雇佣决策在劳动经济学专业教材中有所介绍，本书不再介绍。）

（四）技术进步与劳动力需求

在长期劳动力需求定义中，技术进步是劳动力需求量的一个重要影响因素。一方面，技术进步能使企业以较少的劳动投入量生产出既定的产品产量，从而减少了劳动力需求；另一方面，技术进步使生产成本降低，产品价格下降，产品销售上升，产出规模扩大，从而使劳动力需求量增加。

随着社会生产力的发展和科学技术在生产中的广泛应用，劳动密集型产业逐

[①] 为什么总收入与总成本曲线斜率相等时，企业获得最大利润？企业的利润是总收入超过总成本的部分，随着产量的增加，最初收入增加的部分超过成本增加的部分，使利润增大。但此后随着边际生产率递减规律的影响，收入的增加低于成本的增加，利润下降。因此，只有在边际收入与边际成本相等时，企业才能够获得最大利润。

步向资本密集型产业或知识密集型产业转化，或者在新的物质技术条件下形成新的劳动密集型产业。关于技术进步对劳动力需求总量的影响，目前已有不少研究成果，总的来说技术进步对劳动力需求总量既有促进作用也有抑制作用：技术进步可以创造新的就业岗位，增加就业机会，进而扩大劳动力需求量，但技术进步也会淘汰旧的岗位，从而减少劳动力需求量。实际上，技术进步对不同技能劳动力的需求不同，由于技术进步提高了对高技能劳动力的需求，从而推动产业结构和就业结构的变化。

案例6-2

富士康"百万机器人"计划

众所周知，富士康是全球第一大代工厂商。以苹果手机为例，苹果手机不仅订单量大，其生产线也更长，流水线上，工人们对新款苹果手机的每一次接触，不会有狂热与兴奋感，甚至可能还会有些厌恶，因为每个人都在重复着单调的事情，重复着昨天的自己，难免导致精神压抑。富士康员工"十四连跳"事件让其管理压力倍增，并在四个方面作出了反应：提高员工工资、开展关爱员工活动、加快产业布局调整、启动机器人战略——也就是"百万机器人"计划。

"百万机器人"战略不是为了显示富士康的技术实力，而是要实现富士康制造的"转型"——让机器替代人，把工人从单调、程序化的工作中解放出来，逐步提高生产的自动化程度，使人能够将精力集中在创新和增值业务上。长远来看，灵活的工作组织形式、智能的自动化生产，能够让工人们更好地整合工作与私人生活，为工作和生活找到一个更好的平衡点。

近几年来，富士康在"关灯工厂""机器换人"的建设方面取得巨大进展。作为富士康在中国大陆第二着陆点的昆山厂区，2016年其员工从最多时的11万人缩减至5万多人。在富士康"工业4.0"自动化智能生产线，其中的一个生产流程中，15台设备在3名工人的看护下，一天就可以生产130万件中间产品，完全颠覆了以往几百名工人在同一条生产线上接力作业的工作模式。在生产连接线接头的热熔焊接厂房，机械手臂在昏暗环境下，取代人力处理精密零件的二次成型作业。免开灯不仅省电，每条生产线每班仅需1人照顾机器，12小时的产量就可突破2万件。

资料来源：丁保祥：《富士康：机器人未了局》，《商界（评论）》2014年第10期。

三、劳动与人力资本投资

前面所讨论的劳动力供给、劳动力需求决策，是建立在劳动力同质的基础上。但实际上劳动者之间存在诸多差异，这些差异都源于知识技术水平和受训练程度的差别，是人力资本投资的结果。

（一）人力资本的含义及特点

人力资本是一种与物质资本相对应的资本形式，它表现为能为任何人带来永久性经济收入的能力和知识等。人力资本具有两个基本属性：第一，人力资本是寄寓在劳动者身上的一种生产能力。人力资本是通过劳动者所具有的知识、技能、资历、工作经验与熟练程度表现出来的。即人力资本表现为劳动者的生产能力，与劳动者不可分割，以劳动者的生命和健康为基础。第二，人力资本是无法转让或继承的。由于人力资本与其所有者的不可分割性，其生产能力永远寄寓在所有者身上，并随着投资的增加进行积累。这两个特点也决定了人力资本只能在人力资本使用过程中通过对劳动者的工资绩效的评价进行确定。

人力资本的形成，特别是人力资本存量的增加，主要依靠人力资本投资。人力资本投资主要有以下形式：各级正规教育、职业技术培训、健康保健和劳动力流动。

（二）教育投资的成本与收益

教育是最主要的人力资本投资。从投资的主体看，可以分为宏观和微观两种教育投资。宏观教育投资是指一个国家和政府及其他团体组织花费在国民教育上的支出；微观投资是指家庭和个人花费在教育上的支出。这里只从微观教育投资的角度分析教育投资的成本与收益。

1. 教育投资的成本

教育投资费用包括直接成本和间接成本两部分。直接成本又称为现实成本，以上大学为例，包括支付学杂费、书本费和其他一些费用，但不应包括全部的住宿和伙食费用，因为即使不上大学也会发生这些费用，但直接成本中应当包括那些任何高出不上大学的生活费用。间接成本又称为机会成本，是指高中毕业后不上大学直接参加工作获得的收入。

2. 教育投资的收益

教育投资的收益是一种未来的收益，在微观上表现为家庭或个人的货币收入增加，福利状况和工作条件改善，生活质量提高。当然还有一些非货币因素，比如社会地位或声誉的提高，拥有较大的职业机动性及精神生活更加充实等（见图6-6）。

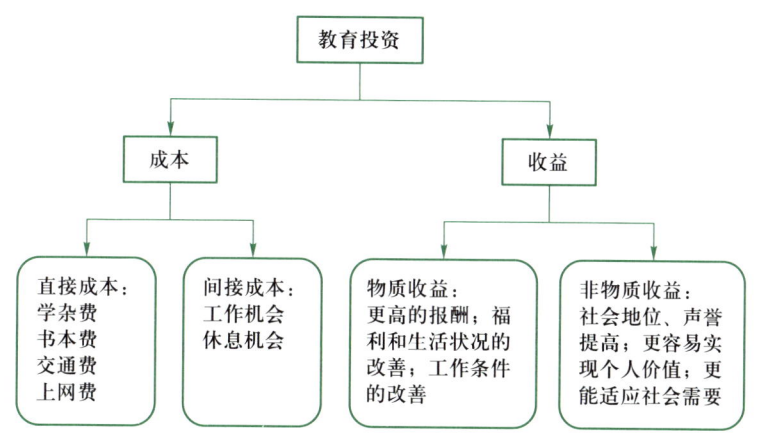

图6-6 教育投资的成本与收益

案例6-3

读研还是参加工作

一天，晚自习回来，学生小周问同宿舍的小李："年前考研考得怎么样？"小李说："考什么研，没考。"小周不信："你以前对考研不是兴致很高吗？"小李说："那是以前，我后来想想，考研的机会成本太高，划不来。你想想，读几年研究生，不就是学历高点，以后考职称更容易一些，但读研要花几万元各种费用，而且这几年都赚不了多少钱。而进入社会工作，一方面可以赚钱，另一方面，又锻炼了自己的能力，所损失的机会成本远远低于读研的机会成本。

第六章 劳动与经济

比尔·盖茨1973年进入哈佛大学法律系，19岁就退了学，与同学一起创办电脑公司。这样，他就没有拿到哈佛的大学文凭。但如果当年他把大学读完，也许世界上就不会有他这样一位世界首富了。如果采用机会成本这个概念分析，他拿到哈佛大学文凭的机会成本就是世界首富的地位，这个成本多大呀！我读研的机会成本虽然没有这么大，但也不会太低。况且我读本科所产生的机会成本也够大的了。"

近年来，很多大学生为考研继续深造，还是参加工作而抉择艰难。随着大学毕业生就业越来越困难，一些大学生怕难找工作而选择考研，希望研究生学历能够增强他们在市场上的竞争力；另一些学生则认为，现在是市场经济，用人单位看重的是个人的能力，而不是学历的高低，而且迟早都要走向社会、走向市场，与其推迟，不如尽早面对。

资料来源：周乐：《图解经济学》，辽海出版社2019年版，第113页。

（三）培训的成本与收益

培训是人力资本投资的另一项重要内容，是劳动力在参与劳动力市场后对特定技能的学习过程。通常，根据企业培训投资所产生的人力资本是否具有普遍的适用性，将企业培训分为一般培训和特殊培训。一般培训是指员工通过培训获得的业务技术、知识、技能，对其所属企业以外的组织同样具有适用性，即受一般培训的员工可以凭此去其他企业谋职，并获得与其当前技能相称的较高的工资率。特殊培训是指员工通过培训获得的业务技术、知识、技能只对培训的企业具有适用性，或者能使提供培训的企业的生产率比其他企业提高得更多，这类培训只对提供培训的企业有益。

1. 培训的成本

企业中职业技术培训的成本因培训的性质、内容、种类等不同而不同。主要包括以下几个方面：

一是受训者所需的直接货币成本以及培训活动所需的物质条件。比如需要支付参加培训者的工资及聘请教师的费用，支付租用培训场地和培训设备的费用等。

二是实施培训的机会成本。比如参加培训的员工迫于学习压力，常常不能全力工作，进而给企业正常生产和工作带来一定损失，便是培训的机会成本。

三是利用机器或有经验的员工从事培训活动的机会成本。比如有经验的师傅给徒弟讲授技能，其工作效率必然受到影响，这种损失也要计算到培训成本内。

2. 培训的收益

培训的直接结果是促使企业中受训者的劳动熟练程度、劳动技能、劳动所需知识等人力资本存量的增加。最终受益表现在两个方面：

对企业而言，员工劳动绩效和劳动生产率的提高，使企业获得更多的利润，在竞争中处于更加有利的地位。

对受训者而言，最明显的收益是可以增加与劳动投入有关的福利待遇，提高选择职业的能力。

（四）劳动力流动的成本与收益

劳动力流动，是指劳动者根据劳动力市场条件的差别，在地区之间、行业之间、产业之间、职业之间和岗位之间的自愿选择和迁移。劳动力流动是劳动力商品化的结果，是劳动力追求价值最大化的直接表现，因此，也是人力资本投资的一种形式。通常，我们以劳动力流动的地域和职业特征为依据，可以将劳动力流动分为工作岗位之间的流动、职业之间的流动、地域之间的流动、地域和职业同时流动四种情况。

1. 劳动力流动的条件

劳动力流动的必要条件如下：

第一，劳动力的个人所有权。劳动力能够自主决定或自由支配自己的劳动，不受政策等非经济方面因素的限制，如农村劳动力向城市迁移和流动，不受城市居住权的限制。

第二，不同地区和工作之间存在经济福利方面的差异。导致劳动力流动的原因很多，但经济原因是最主要的。不同地区和工作之间的就业机会、就业条件、报酬等方面的差异，是导致劳动力流动的主要原因。

第三，社会对劳动者就业给予充分的自主权。比如在计划经济条件下，较少发生劳动力流动；但在市场经济条件下，政府和企业只是给劳动者提供就业机会，劳动者如果不满足现在的工作条件和报酬，就会产生强烈的流动意愿。

第四，社会分工所造成的劳动技巧和工作能力的专门化。市场条件下劳动力和生产资料是分离的，劳动者不能独立决定做什么、如何做、做到什么程度。这种分工使劳动者失去对自身劳动的控制，从而成为迫使劳动力流动的社会强制性因素。

如果一个社会或地区具备上述四个条件，劳动力就会呈现出较高的流动性，如果只具备其中一两个条件，那么只会出现有限的劳动力流动。

2. 劳动力流动的成本与收益

劳动力流动所涉及的成本主要包括：交通费、搬家费、劳动力流动过程中所放弃的收入、离开家庭和朋友所带来的心理损失、资历和养老金的损失等。

劳动力流动的收益主要是劳动力流入后重新找到的工作岗位给其带来的预期收入等。

案例6-4

中国农村劳动力的转出与回流

我国在改革开放的引领下，先是有了乡镇企业的异军突起，接着又有了气势磅礴的农民工进城务工经商大潮。随着经济体制改革的深化，城市中出现了大量的合资、外资、私营企业和个体工商户，不少国有企业也通过改革焕发了生机，东南沿海地区在外资引进中对劳动力需求旺盛，就业机会的转移使农民勇敢地离别家乡，去追逐工业化和城镇化所带来的各种就业机会。农民大规模的跨地域流动就业，不仅满足了城市兴起的工业化浪潮对大量劳动力的需求，更是有力地冲击了已经形成多年的城乡分割的劳动力就业的二元经济体制，由此推动我国的经济体制改革不断向着更深层次拓展。

中国农村剩余劳动力迁出的同时，也存在着"回流"的现象：

李某来自安徽省的一个农村，1999年他高中毕业去了上海，由于有一定的文化基础，再加上肯钻研能吃苦，他很快成了熟练工，此后多次跳槽，每次变动都有新收获，期间还学习了管理专业课程。由于懂技术又懂管理，他很快得到一家企业的青睐，进入公司管理层，带领一个团队来负责该企业的销售工作。但是，上海房价近年来噌噌地往上涨，他居住的地方房价每平方米从六七千元上涨到两三万元，由于买不起房子，租房开销也在上涨，再加上孩子在上海无法读高中等，他不得不带着老婆孩子回到老家。"大城市买不起房，孩子上学又难，不得已回到了老家农村，回来后就业难，创业又屡屡失败。"在此起彼伏的"噼哩啪啦"的鞭炮声中，本应喜庆过年的返乡农民工李某，此刻却愁眉不展。他用"心酸"来形容自己返乡后的经历和感受。

资料来源：杨伟国、高文书主编：《中国劳动经济学40年（1978—2018）》，中国社会科学出版社2018年版，第91页；《农民工"逆城市化"困惑：城市留不下 返乡难就业》，新华网2014年2月3日。

四、工资与收入分配

工资是劳动力市场运行的重要信号，它取决于劳动力市场供给和需求等诸多因素，同时也引导着整个社会的劳动力资源配置。工资是每个劳动者关心的重要问题，是劳动者获得基本生活保障的来源，也关系到整个社会的稳定。因此，在劳动经济中需要格外关注对工资问题的研究和分析，下面我们主要介绍工资的形成机制、工资差别的原因，以及工资性收入分配问题。

（一）马克思主义工资理论的主要思想

马克思认为，工资在本质上是劳动力的价值或价格的转化形式。他通过区分劳动和劳动力，科学地指出在资本家同工人的买卖关系中，工人出卖的是劳动力，而不是劳动。劳动力商品以其特殊的使用价值使得资本家在购买劳动力之后，获得超过劳动力价值的价值，占有工人的无酬劳动。资本主义社会现实经济关系中工资形式的虚幻外观，使工人得到的似乎是他的全部劳动所创造的价值，从而掩盖了有酬劳动和无酬劳动的区别，掩盖了资本增值的秘密。正如马克思所说："工资不是它表面上呈现的那种东西，不是劳动的价值或价格，而只是劳动力的价值或价格的隐蔽形式。"[①]

关于工资标准的确定，马克思指出劳动力价值包括三个部分：维持劳动力所有者所必需的生活资料的价值、维持劳动力所有者繁育后代所需的生活资料的费用，以及劳动力的教育和训练费用。如果工资只是达到了生理要素所要求的生活必需品的水平，那么劳动力就没有实现它的全部价值。因此，根据社会条件的变化，劳动力及其家庭成员所需生活资料在范围、质量和层次上都要作相应调整，使之分享技术进步和生产力发展带来的成果。工资作为必不可少的需要，不仅要满足工人作为劳动力生存的需要，而且要越来越多地满足工人作为一个"人"的需要，包括精神文化需要、社会交往需要、履行社会职能需要、自我发展需要等。

（二）西方经济学中工资的决定机制

工资，是劳动者向企业或其他用人单位提供劳动而获得的经济报酬。工资有广义和狭义之分，广义的工资是指员工为用人单位提供劳动而获得的所有货币和实物报酬，包括直接的经济报酬，如基本工资、奖金、津贴等，以及间接的报酬，如社会保险、住房公积金、福利等。狭义的工资指劳动者所得的货币报酬，主要由基本工资、奖金和津贴构成。

我们以完全竞争的劳动力市场和产品市场为例，来分析工资的决定机制：

在劳动力市场中，将所有单个劳动者的劳动供给曲线水平相加，就得到整个市场的劳动供给曲线。在劳动力供给部分我们已经了解到，随着工资率的增加，单个劳动者的劳动供给曲线可能会出现向后弯曲的现象，但高工资会吸引新的劳动者加入，因此，整个市场的劳动力供给曲线一般是向右上方倾斜的，即随着工

---

① 《马克思恩格斯全集》第25卷，人民出版社2001年版，第25页。

资的上升而增加。

在完全竞争的劳动力市场，单个厂商对劳动的需求曲线就是劳动的边际产品价值曲线或边际收益产品曲线。由于要素的边际生产率递减和产品的边际生产率递减规律的作用，单个厂商的劳动力供给曲线一般是向右下方倾斜的。在水平的方向上，将各厂商对劳动的需求曲线加总，即得到市场劳动力需求曲线，这是一条向右下方倾斜的曲线。

将向右下方倾斜的劳动力市场需求曲线 D 和向右上方倾斜的劳动力供给曲线 S 相结合，使劳动者提供的劳动正好等于厂商希望雇佣的劳动数量，即达到均衡就业量 Q_0，就得到劳动力的均衡价格 W_0，即工资（见图6-7）。

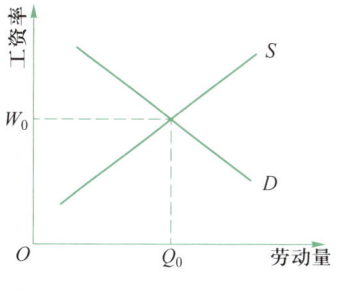

图6-7　工资的决定机制示意图

（三）工资差异的原因

在现实生活中，我们可以观察到不同劳动者的工资存在很大差异，那么，为什么会产生这些差异呢？一般可以从以下几个方面分析：

1. 人力资本差异与工资差异

在现实生活中，劳动者并不是同质的，各个劳动者在技术水平、劳动熟练程度、受教育程度等方面都存在一定差异，也就是说存在人力资本差异。人力资本差异，决定了劳动者所提供的劳动的质的差异，这是产生工资差异的一个重要原因。

2. 劳动力市场缺陷与工资差异

劳动力市场缺陷，如行业垄断、劳动力市场信息不完全等，都会导致并维持工资差异。

行业垄断是劳动力市场缺陷的重要表现，并产生工资差异。例如，当某些职业所需要的劳动力短缺时，由于受社会经济体制限制，其他劳动者无法进入这个职业，从而使某些职业的劳动者保持垄断地位，获得垄断性工资收入，而产生工资差异。

劳动力市场信息在供需双方的不对称也会造成工资差异。由于信息成本和工作搜寻成本的存在，一些劳动者和雇主可能认识到当前工资与均衡工资存在差异，但要弄清楚这些工资水平到底是多少，是需要付出信息成本的。如果他们认为获得这种信息的边际成本大于工资调整后的边际收益，则会选择安于现状，这样工资差异就会一直存在。

3. 补偿性工资差异

在现实生活中，不同的工作在工作条件、工作环境等方面通常存在很大差异，这些差异会造成劳动者的工资差异，即所谓的"补偿性工资差异"。也就是说，知识和技能并无差异的劳动者，在从事工作条件和工作环境不同的工作时，他们的工资会有所差异。这种工资差异的原因主要是为了补偿工作条件和工作环境恶劣的劳动者。

（四）收入分配差距及度量

工资构成了劳动者收入的基本来源，如果从工资性收入分配角度进行考察，现实生活中存在普遍的收入不均现象，也称为收入分配差距。即在一定社会经济条件下居民之间按照同一货币单位或实物单位所表示的收入水平差别以及居民收入在社会总收入中占有比重的差别。

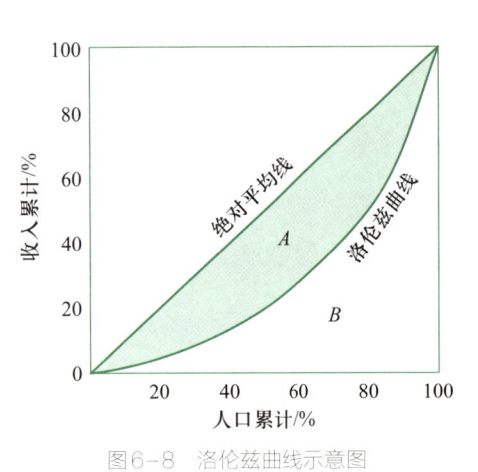

衡量收入差距最直观的方法是洛伦兹曲线（Lorenz Curve）（见图6-8）。如图所示，横轴表示劳动者人数按收入由低到高的累积百分比，纵轴表示与收入人数相对应的总收入的累积百分比，将劳动者按收入从低到高排列，再将每一百分比的居民所对应的收入百分比描成点，这些点的连线就是所谓的"洛伦兹曲线"，即以"最贫穷的人口计算起一直到最富有人口"的人口百分比对应各个人口百分比的收入百分比的点组成的曲线。

图6-8 洛伦兹曲线示意图

如果每个劳动者的收入都是相等的，则洛伦兹曲线是一条平分图表的45°

线,我们称这条45°线为绝对平均线。洛伦兹曲线与收入的绝对平均线之间的阴影部分的相对大小,称为"基尼系数",衡量了收入的不平等程度。基尼系数是图中 A 部分的面积与45°线以下整个三角形面积(即 A+B 部分)之比。基尼系数越大,表示收入越不均等;反之,基尼系数越小,则表示收入越均等。一般情况下,基尼系数总是介于0~1,通常基尼系数小于0.2表示收入分配绝对平等;介于0.2~0.3表示比较平等;介于0.3~0.4表示基本合理;如果基尼系数介于0.4~0.5,则表示收入差距较大;0.5以上则反映收入差距悬殊。

$$基尼系数 = \frac{洛伦兹曲线与45°线之间的面积}{45°线以下的三角形面积} = \frac{A}{A+B}$$

(五)缩小收入分配差距的措施

较大的收入差距对一个国家的长期经济发展和社会稳定都是不利的,收入差距较大会带来消费不足并抑制经济增长,也会影响低收入人群的人力资本积累,不利于消除贫困。我国是世界上收入差距较大的国家之一。近年来,政府采取诸多政策试图缩小收入差距,但这些政策较多集中于解决结果平等问题,在机会均等方面存在不足。实际上,机会均等在某种程度上比结果平等更为重要,一方面,机会均等是结果平等的重要前提,机会不均等会直接导致收入分配恶化,另一方面,机会不均等更容易引发社会不满和冲突。形成机会均等的社会形态需要采取相应的宏观调控措施,从制度和政策方面给予支持与保障,可以从以下几方面入手:

一是注重政府教育经费投入均等化。比如确保城乡之间、城市内部人均教育经费的均等性,激励优秀教师到教育资源不足的地区,加大对家庭经济困难学生的资助等,确保教育机会的均等,帮助个人提高人力资本积累,进而缩小个人收入差距。

二是重视劳动力市场机会均等化。提高劳动力市场的机会均等化程度,有助于充分促进劳动力流动,帮助个体提高就业机会、获得较高收入。如打破户籍制度限制,尤其注重实现城乡之间、地区之间住房、医疗、社保、教育等公共服务的均等化；有效推动行政垄断型行业的市场化改革等。

三是完善初次分配中的机会均等化的政府政策。低收入阶层收入的提高主要依赖非农就业，其就业方向往往是劳动密集型的中小企业，因此，政府要积极探索劳动密集型中小企业的转型和发展以提高中低收入阶层的收入水平。比如通过财政优惠政策和金融政策鼓励中小企业发展，来促进低收入阶层的非农就业。

四是完善再次分配中的机会均等化的政府政策。要加大对低收入人群的转移支付力度，提高转移支付效率。充分利用税收作为收入再分配的一种方式，降低中低收入人群和中小企业的税收负担，加大对高收入群体的税收征缴力度，形成具有累进性质的税收制度，改善收入分配。

总之，政府需要通过宏观调控和市场化改革来确保市场主体机会均等，还需要通过土地、财税、金融和产业发展等政策来保护中低收入群体，为弱势群体参与市场竞争提供更好的机会。

【延伸思考题】

1. 谈谈你对劳动经济学研究对象和范畴的理解。
2. 结合本章内容和你自己的理解，简要谈谈技术进步会对劳动力需求产生怎样的影响。
3. 根据所学内容和自己的理解，谈谈劳动者工资差异形成的原因有哪些。

【拓展阅读】

1. 蔡昉、都阳、高文书、王美艳：《劳动经济学——理论与中国现实》，北京师范大学出版社2013年版。
2. 李仲生：《西方劳动经济学说史》，中国人事出版社2015年版。
3. ［美］罗纳德·G·伊兰伯格、罗伯特·S.史密斯：《现代劳动经济学——理论与公共政策》（第十版），刘昕译，中国人民大学出版社2011年版。

第七章
劳动与法律

本章导读

法律为劳动保驾护航

高超在大四求职中看到某科技服务公司的招聘启事如下：招聘公司人力资源管理专员一名，要求：男性，大学本科以上学历，形象良好，身体健康。高超向该公司投递了求职简历，并且经过笔试、面试，最终被录用。在签订劳动合同时，该公司拟订的劳动合同内容包括：劳动合同期限为2年，试用期为6个月；工资为每月5 000元，试用期工资为每月3 000元；合同期限内高超不能辞职，如果辞职需要向公司支付20 000元违约金；公司有权根据经营的需要调整职工的工作岗位和工作地点，可以随时解除劳动合同，并不需要向高超支付经济补偿等。高超觉得这份劳动合同的内容存在不公平的地方，但迫于找工作的压力还是在合同上签字了。劳动合同签订并履行3个月后，公司在未告知高超任何理由的情况下与其解除了劳动合同，高超觉得很委屈，于是决定向法院提起诉讼，但法院以劳动争议必须先提起仲裁为由裁定不予受理。

高超的遭遇是许多劳动者在求职、签订劳动合同、履行劳动合同、解除劳动合同及劳动争议解决等过程中都或多或少遇到过的。大家肯定会有很多疑问，公司可以任意规定试用期的期限和工资待遇吗？劳动者能不能单方辞职呢？公司有没有权力随意变动劳动者的工作岗位和地点？公司可以随时辞退劳动者吗？劳动者被辞退后能不能获得经济补偿？劳动者在发生劳动争议后如何进行维权呢？带着这些疑问，让我们一起开始本章的学习。

一、概述

将劳动关系作为法律调整的对象，通过法律制度对劳动关系进行规范和调整是社会化大生产出现后才有的现象。经过几百年的锤炼与打磨，人类逐渐构建起了比较完整的规范劳动关系的制度体系。当然，基于各国法律传统、社会现实及政策目标的不同呈现出了不同的制度设计。就我国而言，形成了包括《宪法》《劳动法》《就业促进法》《工会法》《劳动合同法》《社会保险法》《劳动争议调解仲裁法》《民事诉讼法》等实体法、程序法在内的一系列调整劳动关系、保护劳动者权益的法律制度体系。其中《宪法》作为国家的根本大法，是其他法律制定的依据，是制度体系的顶层设计。其他法律制度是围绕劳动关系的产生、运行、消灭、纠纷解决等各个环节展开调整的，调整的机制是对各主体间的权利和义务内容进行规范，明确各主体的法律地位。

现行《宪法》于1982年12月4日第五届全国人民代表大会第五次会议通过并颁布施行，并历经1988年、1993年、1999年、2004年、2018年五次修订，是我国的根本大法，是其他法律制度的依据，设有专章规定公民的基本权利和义务。基于宪法的根本大法属性，宪法中规定的公民的基本权利将对应国家的相应义务，比如我国《宪法》第42—44条用3个条文规定了包括公民有劳动的权利和义务、劳动者有休息的权利、退休制度三个方面的内容，可以认为是有关劳动权的内容，那么就对应着国家需要通过制定相关的制度或采取相关的措施保障劳动者劳动、休息等权利实现的义务。另外，《宪法》第45条是关于社会保障权的规定，与劳动权密切相关，但因本书中设有专章讨论劳动与社会保障，所以本章对社会保障部分不作专门论述。正是在《宪法》对于劳动基本权利规定的基础上，我国逐渐形成了包括实体法、程序法在内的劳动法律制度体系，共同维护从就业选择、劳动关系产生、运行、消灭到劳动争议解决等劳动关系全流程中公民的劳动权利。

《宪法》第42条明确规定：中华人民共和国公民有劳动的权利和义务。从宪法层面确定了劳动既是公民的权利又是公民的义务。因此，应当从权利和义务两个视角展开对劳动的讨论。

首先，公民有劳动的权利。劳动是公民生存、发展和实现个人价值的直接手段。劳动权是公民赖以生存的基础，是行使其他权利的物质前提。所以，公民有通过劳动获得生活资料、追求个人幸福的权利，这项权利应当受到法律的保护。在此意义上，劳动权应作为劳动者的生存权而加以保障。国家通过各种途径保障公民的劳动权利：创造劳动就业条件、加强劳动保护、改善劳动条件、在发展生产的基础上提高劳动报酬和福利待遇。

其次，公民有劳动的义务。从社会发展层面讲，劳动体现了社会分工的要求，是公民创造社会价值、实现国家发展的根本途径。劳动不仅是实现个人价值的手段，更是为国家发展作贡献的具体体现。因此，公民不仅享有劳动权利还应承担劳动的义务。劳动是一切有劳动能力的公民的光荣职责。

在规定了公民有劳动的权利和义务的同时，《宪法》第43条还规定：中华人民共和国劳动者有休息的权利。所谓休息权，是指劳动者在付出一定的劳动后消除疲劳、恢复劳动能力的权利，是劳动得以存在和发展的保障。这一规定体现了对劳动者的保护，既是出于对劳动者作为自然人的自然属性的尊重，又是劳动力可持续发展的需要。《宪法》中关于休息权的规定主要包括以下三方面内容：

（1）国家发展劳动者休息和休养的设施。这是从硬件设施建设的角度提出的要求，是从宪法高度提出在国家整体发展的同时发展劳动者的休息、休养设施。设施的建设是劳动者休息、休养的物质基础和保障，对相关设施的建设投入是国家关注劳动者休息权的具体体现。

（2）规定职工的工作时间和休息休假制度。《宪法》中提出规定职工的工作时间和休息休假制度的要求，为具体劳动法律制度详细规定工作时间、休息休假制度提供了依据，同时也对具体制度的建构提出了要求。即应当通过工作时间、休息休假制度等具体条款的设计实现维护劳动者休息权利的目的。

（3）国家依照法律规定实行企业事业组织的职工和国家机关工作人员的退休制度。退休人员的生活受到国家和社会的保障。退休制度是保障退休劳动者依法退出劳动岗位后，受领退休金或养老保险，维持基本生活并确保退休权得以实现的法律制度，是我国改善和保障民生、促进新时期社会管理创新的必然选择。

我国劳动法律制度规定了保障劳动者权益的内容。《劳动法》第1条规定：为了保护劳动者的合法权益，调整劳动关系，建立和维护适应社会主义市场经济的劳动制度，促进经济发展和社会进步，根据宪法，制定本法。《劳动法》是我国第一部系统规范劳动关系、规定劳动权利和义务内容的法典，在前述立法宗旨的指导下《劳动法》设置了总则、促进就业、劳动合同和集体合同、工作时间和休息休假、工资、劳动安全卫生、女职工和未成年工特殊保护、职业培训、社会保险和福利、劳动争议、监督检查、法律责任、附则共计十三章内容。《劳动法》的法典结构基本确立了我国劳动法律制度体系的结构，其后颁布实施的《就业促进法》《劳动合同法》《社会保险法》《劳动争议调解仲裁法》等法律，及《工伤保险条例》《集体合同规定》《职工带薪年休假条例》《女职工劳动保护特别规定》《最低工资规定》等一系列法规、规章、规范性文件均是在《劳动法》确定的框架结构下对相关问题进行的更为具体的规定。

本章下述内容便是《劳动法》中关于劳动者权益保护的主要制度的介绍。

二、劳动与就业促进法律制度

一般意义上而言，就业是劳动得以实现的基础，因此被视为民生之本，那么促进就业就是安国之策。我国就业促进制度的主要法律渊源是《劳动法》及《就业促进法》。《劳动法》第二章是促进就业，确立了国家通过促进经济和社会发展，创造就业条件，扩大就业机会的目标，还规定了反对就业歧视、禁止招用未成年工等内容。《就业促进法》专门就促进就业问题进行了系统的规定，设计了政策支持、公平就业、就业服务和管理、职业教育和培训、就业援助、监督检查、法律责任等主要内容。

就业促进法律制度的宗旨是为了促进就业，促进经济发展与扩大就业相协调，促进社会和谐稳定。国家把扩大就业放在经济社会发展的突出位置，实施积极的就业政策，坚持劳动者自主择业、市场调节就业、政府促进就业的方针，多渠道扩大就业。劳动者依法享有平等就业和自主择业的权利。劳动者就业，不因民族、种族、性别、宗教信仰等不同而受歧视。国家倡导劳动者树立正确的择业观念，提高就业能力和创业能力；鼓励劳动者自主创业、自谋职业。用人单位依法享有用工自主权，同时亦应践行法律规定，不得歧视劳动者。工人联合会、共青团、妇联、残联以及其他社会组织，协助人民政府开展促进就业工作，依法维护劳动者的劳动权利。

（一）公平就业

公平就业是就业促进法律制度的重要内容，是人人平等在就业领域的具体体现。为实现公平就业的目标，需要从以下几个方面作出努力：

1. 政府创造公平就业环境

各级人民政府创造公平就业的环境，消除就业歧视。这是公平就业的首要要求，也是基本要求，是法律面前人人平等的具体要求，是一种对劳动者的普遍的关注。此外，政府应当制定政策并采取措施对就业困难人员给予扶持和援助，从而实现实质公平与实质正义。

2. 用人单位践行公平就业的要求

用人单位招用人员、职业中介机构从事职业中介活动，应当向劳动者提供平等的就业机会和公平的就业条件，不得实施就业歧视。用人单位招用人员是公平就业实践的第一线，所有的制度设计最终都需要落实到用人单位的具体用人情况上来。因此，对用人单位提出的公平用人、避免就业歧视的要求具有重要的意义，也是真正实现公平就业的必然要求。

3. 不同群体的公平就业保障

（1）妇女的公平就业保障。国家保障妇女享有与男子平等的劳动权利。用人单位招用人员，除国家规定的不适合妇女的工种或者岗位外，不得以性别为由拒绝录用妇女或者提高对妇女的录用标准。用人单位录用女职工，不得在劳动合同中规定限制女职工结婚、生育的内容。

（2）各民族劳动者的公平就业保障。各民族劳动者享有平等的劳动权利。用人单位招用人员，应当依法对少数民族劳动者给予适当照顾。

（3）残疾人的公平就业保障。国家保障残疾人的劳动权利。各级人民政府应当对残疾人就业进行统筹规划，为残疾人创造就业条件。用人单位招用人员，不得歧视残疾人。

（4）农村劳动者的公平就业保障。农村劳动者进城就业享有与城镇劳动者平等的劳动权利，不得对农村劳动者进城就业设置歧视性限制。

此外，用人单位招用人员，不得以是传染病病原携带者为由拒绝录用。但是，经医学鉴定传染病病原携带者在治愈前或者排除传染嫌疑前，不得从事法律、行政法规和国务院卫生行政部门规定禁止从事的易使传染病扩散的工作。

（二）就业服务和管理

县级以上人民政府培育和完善统一开放、竞争有序的人力资源市场，为劳动者就业提供服务。政府构建的就业服务体系主要包括以下几方面的内容：

（1）整合社会资源、激发社会主体的积极性。鼓励社会各方面依法开展就业服务活动，加强对公共就业服务和职业中介服务的指导和监督，逐步完善覆盖城乡的就业服务体系。

（2）建立健全人力资源市场的信息服务体系。加强人力资源市场信息网络及相关设施建设，完善市场信息发布制度。

（3）建立健全公共就业服务体系。设立公共就业服务机构，为劳动者免费提供就业政策法规咨询；职业供求信息、市场工资指导价位信息和职业培训信息发布；职业指导和职业介绍等服务。

（4）建立失业预警制度，对可能出现的较大规模的失业，实施预防、调节和控制。

（5）建立劳动力调查统计制度和就业登记、失业登记制度，开展劳动力资源和就业、失业状况调查统计，并公布调查统计结果。

（三）职业教育和培训

国家依法开展职业教育，鼓励开展职业培训，促进劳动者提高职业技能，增强就业能力和创业能力。国家提供职业教育和培训服务的着力点在以下方面：

（1）加强统筹协调，鼓励和支持各类职业院校、职业技能培训机构和用人单位依法开展就业前培训、在职培训、再就业培训和创业培训；鼓励劳动者参加各种形式的培训。地方各级人民政府鼓励和支持开展就业培训，帮助失业人员提高职业技能，增强其就业能力和创业能力。失业人员参加就业培训的，按照有关规定享受政府培训补贴。

（2）建立健全劳动预备制度，县级以上地方人民政府对有就业要求的初高中毕业生实行一定期限的职业教育和培训，使其取得相应的职业资格或者掌握一定的职业技能。

（3）组织和引导进城就业的农村劳动者参加技能培训，鼓励各类培训机构为进城就业的农村劳动者提供技能培训，增强其就业能力和创业能力。

（4）对从事涉及公共安全、人身健康、生命财产安全等特殊工种的劳动者，实行职业资格证书制度。

（四）就业援助

国家对就业困难人员实行就业援助。就业困难人员是指因身体状况、技能水平、家庭因素、失去土地等原因难以实现就业，以及连续失业一定时间仍未能实现就业的人员。各级人民政府建立健全就业援助制度，采取税费减免、贷款贴息、社会保险补贴、岗位补贴等办法，通过公益性岗位安置等途径，对就业困难人员实行优先扶持和重点帮助。政府投资开发的公益性岗位，应当优先安排符合岗位要求的就业困难人员。被安排在公益性岗位工作的，按照国家规定给予岗位补贴。

各级人民政府采取特别扶助措施，促进残疾人就业。用人单位应当按照国家规定安排残疾人就业。

县级以上地方人民政府采取多种就业形式，拓宽公益性岗位范围，开发就业岗位，确保城市有就业需求的家庭至少有一人实现就业。法定劳动年龄内的家庭人员均处于失业状况的城市居民家庭，可以向住所地街道、社区公共就业服务机构申请就业援助。街道、社区公共就业服务机构经确认属实的，应当为该家庭中至少一人提供适当的就业岗位。

三、劳动与劳动基准法

劳动基准法是有关劳动报酬、劳动条件最低标准的法律规范的总称，是对劳动者最起码的劳动报酬、劳动条件等的保障。劳动基准法包括《劳动法》第4章至第7章的工作时间和休息休假、工资、劳动安全卫生、女职工和未成年工特殊保护等内容。因此，劳动基准法属于劳动法的范畴。除《劳动法》外，我国还颁布了《职业病防治法》《安全生产法》《国务院关于职工工作时间的规定》《职工带薪年休假条例》《工资支付暂行规定》《最低工资规定》《女职工劳动保护特别规定》《未成年工特殊保护规定》等一系列文件对劳动基准中的相关问题进行规定。所以说劳动基准法是相关规范的总称，其内容由多项具体制度共同构成。

（一）工作时间和休息休假制度

我国现行立法中对劳动者工作时间和休息休假问题进行规定的主要包括《劳动法》《国务院关于职工工作时间的规定》《职工带薪年休假条例》《全国年节及纪念日放假办法》等法律、法规及其他规范性文件。上述文件相互配合共同构建起有关工作时间、休息休假的制度体系。

1. 工作时间制度

工作时间指劳动者为履行劳动义务，在法定限度内应当从事劳动或者工作的时间。工作时间是劳动关系中劳动者为用人单位提供劳动的时间，工作时间的长度由法律直接规定或者由集体合同、劳动合同约定而成。延长工作时间指工作时间超出法定正常界限向休息时间的延伸，包括加班、加点两种形式。加班，指职工在法定节假日或公休日进行工作；加点，指职工在标准工作日延长时间进行工作，即提前上班或者推迟下班。

我国的工时制度具体可以分为：标准工时制、综合计算工时制和不定时工时制。标准工时制是我国运用最为普遍的工时制度，在标准工时制下职工每日工作时间不超过8小时、平均每周工作时间不超过40小时。

综合计算工时制，是指用人单位以标准工作时间为基础，以周、月、季、年等为周期,综合计算工作时间的工时制度。用人单位实行综合计算工时工作制的岗位需报经当地区县劳动保障行政部门批准,未经批准,不能任意扩大范围。

不定时工时制,也称不定时工作制,指因为工作性质、特点或工作职责的限制,无法按标准工作时间衡量或需要机动作业,劳动者每一工作日没有固定的上下班时间限制的工作时间制度。不定时工时制同样需要报经劳动保障行政部门批准方能适用。

案例7-1

某服务公司经劳动行政部门批准实行以月为单位的综合计算工时制,同时该公司实行轮休制度。某周日,公司因其他职工病休,要求职工李某顶班,李某拒绝。后公司根据规章制度认定李某旷工,扣发当日工资及部分奖金。李某不服,提起劳动争议仲裁。经查,如果李某当日上班,则其该月的工作时间是160小时。

李某是否有权拒绝公司的安排?

该公司经劳动行政部门批准实行综合工时制。而根据规定实行综合计算工时工作制的企业职工,工作日正好是周休息日的,属于正常工作。且如果李某当日上班则其该月工作时间是160小时,并未突破标准工时制中每月的最高工作时间。标准工时制月工作小时数计算方法为:月工作日20.83乘以日工作时间8小时即20.83×8=166.64小时。因此,李某应当服从用人单位的安排。该服务公司根据规章制度对李某进行相应处理并无不当。

2. 休息休假制度

我国规定劳动者每周休息两日,用人单位应当保证劳动者每周至少休息一日休假是指劳动者带薪休假,是法定的劳动者免于上班劳动并且有工资保障的休息时间。我国法律规定的休假主要包括:

(1) 法定节假日。法定节假日是根据国家、民族的传统习俗由法律规定的可以休假的日期。我国的法定节假日主要包括:元旦、春节、清明节、劳动节、端午节、中秋节、国庆节。此外,还有部分公民可以享受半日休假的妇女节、青年节、儿童节、建军节等。

（2）年休假。年休假是指劳动者每年享有的保留原职和工资的连续休假。机关、团体、企业、事业单位、民办非企业单位、有雇工的个体工商户等单位的职工连续工作1年以上的，享受带薪年休假。职工累计工作已满1年不满10年的，年休假5天；已满10年不满20年的，年休假10天；已满20年的，年休假15天。国家法定休假日、休息日不计入年休假的假期。

除此之外，休假还包括探亲假、女职工产假、职工婚丧假等。

（二）工资制度

《劳动法》《工资支付暂行规定》《最低工资规定》等文件均属于有关工资问题的法律渊源，为保障劳动者及时、足额获得相应劳动报酬提供了制度支持。

工资，即劳动报酬，指劳动关系中职工因履行劳动义务而获得的由用人单位支付的物质补偿。工资分配应当遵循按劳分配原则，实行同工同酬。工资应当以货币形式按月支付给劳动者本人。不得克扣或者无故拖欠劳动者的工资。国家实行最低工资保障制度。用人单位支付劳动者的工资不得低于当地最低工资标准。

延长工作时间的，用人单位应当按照下列标准支付高于劳动者正常工作时间工资的劳动报酬：用人单位依法安排劳动者在日法定标准工作时间以外延长工作时间的，按照不低于劳动合同规定的劳动者本人小时工资标准的150%支付劳动者工资；用人单位依法安排劳动者在休息日工作，而又不能安排补休的，按照不低于劳动合同规定的劳动者本人日或小时工资标准的200%支付劳动者工资；用人单位依法安排劳动者在法定休假节日工作的，按照不低于劳动合同规定的劳动者本人日或小时工资标准的300%支付劳动者工资。

案例7-2

某建筑公司招收了一批工人，双方签订的劳动合同中约定工资为每月2 000元人民币，由公司提供食宿。其后工人得知该地最低工资标准是2 200元，便向公司要求将工资涨到每月2 200元。但公司认为，公司除向劳动者支付2 000元的报酬外还为其提供了食宿，再加上加班加点的工资,劳动者每月工资已超过3 500元,远远高于最低工资标准。因此,拒绝提高工资。双方发生纠纷。

劳动者提高工资的要求是否应当被满足?

国家实行最低工资保障制度,用人单位向劳动者支付的工资不得低于当地最低工资标准。"最低工资"是指劳动者在法定工作时间内履行了正常劳动义务的前提下,由其所在单位支付的最低劳动报酬。最低工资不包括延长工作时间的工资报酬,以货币形式支付的住房和伙食补贴,中班、夜班、高温、低温、井下、有毒、有害等特殊工作环境和劳动条件下的津贴,国家法律、法规、规章规定的社会保险福利待遇。本案中,某建筑公司将食宿费用及加班加点工资计入最低工资违反上述规定。因此,劳动者提出涨工资的要求应当得到满足。

标准工时工作时间和工资计算方法

(三)劳动安全卫生制度

劳动安全卫生制度的内容主要是为保障劳动者的人身安全、健康向用人单位、劳动者提出的一系列要求。我国规范劳动安全卫生的法律文件主要包括《劳动法》《职业病防治法》《安全生产法》《企业职工劳动安全卫生教育管理规定》等,前述法律文件从劳动安全制度的总体要求、设施建设维护、用人单位的安全卫生制度建设、劳动者的安全操作等方面建构起比较完整的劳动安全卫生制度体系,为劳动者的身心健康保驾护航。

根据法律规定,用人单位需要建构的劳动安全卫生制度体系包括以下几个方面:

(1)建立、健全劳动卫生制度。严格执行国家劳动安全卫生规程和标准,对劳动者进行劳动安全卫生教育,防止劳动过程中的事故,减少职业危害。

(2)劳动安全卫生设施必须符合国家规定的标准。新建、改建、扩建工程的劳动安全卫生设施必须与主体工程同时设计、同时施工、同时投入生产和使用。

(3)为劳动者提供符合国家规定的劳动安全卫生条件和必要的劳动防护用品,对从事有职业危害作业的劳动者应当定期进行健康检查。从事特种作业的劳动者必须经过专门培训并取得特种作业资格。

为了实现切实保障劳动者身心健康的目标，要求劳动者在劳动过程中必须严格遵守安全操作规程。同时规定，劳动者对用人单位管理人员违章指挥、强令冒险作业，有权拒绝执行；对危害生命安全和身体健康的行为，有权提出批评、检举和控告。

此外，为从宏观上掌握安全卫生制度的实施效果，进而逐步推进制度更好发挥作用，我国建立了伤亡和职业病统计报告和处理制度。县级以上各级人民政府劳动行政部门、有关部门和用人单位应当依法对劳动者在劳动过程中发生的伤亡事故和劳动者的职业病状况进行统计、报告和处理。

（四）女职工和未成年工特殊保护

女职工和未成年工是在生理上处于弱势的群体，因此我国除《劳动法》的相关规定外，还颁布了《女职工劳动保护特别规定》《未成年工特殊保护规定》等文件，对女职工和未成年工的劳动权益进行特殊保护。

第一，女职工禁忌从事的劳动范围：矿山井下作业；体力劳动强度分级标准中规定的第四级体力劳动强度的作业；每小时负重6次以上、每次负重超过20公斤的作业，或者间断负重、每次负重超过25公斤的作业。

第二，女职工在经期禁忌从事的劳动范围：冷水作业分级标准中规定的第二级、第三级、第四级冷水作业；低温作业分级标准中规定的第二级、第三级、第四级低温作业；体力劳动强度分级标准中规定的第三级、第四级体力劳动强度的作业；高处作业分级标准中规定的第三级、第四级高处作业。

第三，女职工在孕期禁忌从事的劳动范围：作业场所空气中铅及其化合物、汞及其化合物、苯、镉、铍、砷、氰化物、氮氧化物、一氧化碳、二硫化碳、氯、己内酰胺、氯丁二烯、氯乙烯、环氧乙烷、苯胺、甲醛等有毒物质浓度超过国家职业卫生标准的作业；从事抗癌药物、己烯雌酚生产，接触麻醉剂气体等的作业；非密封源放射性物质的操作，核事故与放射事故的应急处置；高处作业分级标准中规定的高处作业；冷水作业分级标准中规定的冷水作业；低温作业分级标准中规定的低温作业；高温作业分级标准中规定的第三级、第四级的作业；噪声作业分级标准中规定的第三级、第四级的作业；体力劳动强度分级标准中规定的第三级、第四级体力劳动强度的作业；在密闭空间、高压室作业或者潜水作业，伴有强烈振动的作业，或者需要频繁弯腰、攀高、下蹲的作业。

第四，女职工在哺乳期禁忌从事的劳动范围：孕期禁忌从事的劳动范围的第一项、第三项、第九项；作业场所空气中锰、氟、溴、甲醇、有机磷化合物、有机氯化合物等有毒物质浓度超过国家职业卫生标准的作业。

四、劳动与劳动合同法

劳动合同制度是劳动法的基本法律制度，是劳动法的重要组成部分。我国劳动合同制度产生、发展到逐步健全的历程也是我国劳动力市场化实践逐步取得成效的过程。从20世纪80年代起，以劳动合同形式建立劳动关系的实践已经开始，并且该实践过程始终与国家经济体制改革的脉络相一致，在曲折中不断前行，并最终形成了独特的劳动合同制度。现行《劳动合同法》是在《劳动法》的基础上对劳动合同问题进行体系化梳理与规范的法律，也是实践中处理劳动合同问题的主要依据。

（一）劳动合同订立的基本制度

劳动合同是劳动者与用人单位确立劳动关系、明确双方权利和义务的协议。建立劳动关系应当订立劳动合同。订立劳动合同，应当遵循合法、公平、平等自愿、协商一致、诚实信用的原则。

1. 劳动合同的形式和具体内容

建立劳动关系，应当订立书面劳动合同。用人单位自用工之日起超过一个月不满一年未与劳动者订立书面劳动合同的，应当向劳动者每月支付二倍的工资。

劳动合同应当具备以下条款：① 用人单位的名称、住所和法定代表人或者主要负责人；② 劳动者的姓名、住址和居民身份证或者其他有效身份证件号码；③ 劳动合同期限；④ 工作内容和工作地点；⑤ 工作时间和休息休假；⑥ 劳动报酬；⑦ 社会保险；⑧ 劳动保护、劳动条件和职业危害防护；⑨ 法律、法规规定应当纳入劳动合同的其他事项。除了前述必备条款外，用人单位还可以在劳动合同中与劳动者约定试用期、培训、保守秘密、补充保险和福利待遇等条款。

案例 7-3

D汽车制造公司招用了一批工人，郭某是其中一员。郭某上班后多次向公司提出签订劳动合同的要求，可一直到郭某上班两个月后公司才与其签订书面劳动合同。

郭某与D公司的劳动关系从何时确立？郭某上班两个月后公司才与其签订劳动合同的行为是否违法？

郭某与D公司的劳动关系从用工之日起确立。建立劳动关系应当订立书面劳动合同。已建立劳动关系，未同时订立书面劳动合同的，应当自用工之日起一个月内订立书面劳动合同。因此，D公司的做法是违法的。其应当承担的法律后果是对于用工超过一个月未满一年的期间，D公司应当向郭某支付两倍工资。

2. 劳动合同期限

劳动合同分为固定期限劳动合同、无固定期限劳动合同和以完成一定工作任务为期限的劳动合同。

固定期限劳动合同，是指用人单位与劳动者约定合同终止时间的劳动合同。用人单位与劳动者协商一致，可以订立固定期限劳动合同。

无固定期限劳动合同，是指用人单位与劳动者约定无确定终止时间的劳动合同。用人单位与劳动者协商一致，可以订立无固定期限劳动合同。有下列情形之一，劳动者提出或者同意续订、订立劳动合同的，除劳动者提出订立固定期限劳动合同外，应当订立无固定期限劳动合同：① 劳动者在该用人单位连续工作满十年的；② 用人单位初次实行劳动合同制度或者国有企业改制重新订立劳动合同时，劳动者在该用人单位连续工作满十年且距法定退休年龄不足十年的；③ 连续订立二次固定期限劳动合同，且劳动者没有《劳动合同法》第

无固定期限劳动合同制度的价值

三十九条和第四十条第一项、第二项规定[①]的情形，续订劳动合同的。用人单位自用工之日起满一年不与劳动者订立书面劳动合同的，视为用人单位与劳动者已订立无固定期限劳动合同。

以完成一定工作任务为期限的劳动合同，是指用人单位与劳动者约定以某项工作的完成为合同期限的劳动合同。用人单位与劳动者协商一致，可以订立以完成一定工作任务为期限的劳动合同。

3. 劳动合同的试用期

劳动合同的试用期是用人单位和劳动者为了相互了解、选择而在合同中约定的一定期限的考察期。劳动合同期限三个月以上不满一年的，试用期不得超过一个月；劳动合同期限一年以上不满三年的，试用期不得超过二个月；三年以上固定期限和无固定期限的劳动合同，试用期不得超过六个月。同一用人单位与同一劳动者只能约定一次试用期。以完成一定工作任务为期限的劳动合同或者劳动合同期限不满三个月的，不得约定试用期。试用期包含在劳动合同期限内。劳动合同仅约定试用期的，试用期不成立，该期限为劳动合同期限。

劳动者在试用期的工资不得低于本单位相同岗位最低档工资或者劳动合同约定工资的80%，并不得低于用人单位所在地的最低工资标准。

在试用期中，除劳动者有《劳动合同法》第三十九条和第四十条第一项、第二项规定的情形外，用人单位不得解除劳动合同。用人单位在试用期解除劳动合同的，应当向劳动者说明理由。

[①]《劳动合同法》第三十九条
  劳动者有下列情形之一的，用人单位可以解除劳动合同：
  （一）在试用期间被证明不符合录用条件的；
  （二）严重违反用人单位的规章制度的；
  （三）严重失职，营私舞弊，给用人单位造成重大损害的；
  （四）劳动者同时与其他用人单位建立劳动关系，对完成本单位的工作任务造成严重影响，或者经用人单位提出，拒不改正的；
  （五）因本法第二十六条第一款第一项规定的情形致使劳动合同无效的；
  （六）被依法追究刑事责任的。
《劳动合同法》第四十条
  有下列情形之一的，用人单位提前三十日以书面形式通知劳动者本人或者额外支付劳动者一个月工资后，可以解除劳动合同：
  （一）劳动者患病或者非因工负伤，在规定的医疗期满后不能从事原工作，也不能从事由用人单位另行安排的工作的；
  （二）劳动者不能胜任工作，经过培训或者调整工作岗位，仍不能胜任工作的。

案例 7-4

张某应聘到某饭店做厨师,双方签订了劳动合同。合同约定试用期为1年,试用期满考核合格则转为正式员工,正式录用后每月工资8 000元,试用期期间每月工资6 000元。

劳动合同中的哪些内容违反法律规定?

劳动合同仅约定试用期的,试用期不成立,该期限为劳动合同期限。因此,合同中约定的一年应认定为劳动合同期限,期间用人单位应当按照合同约定的8 000元支付劳动报酬。此外,试用期期间的工资不得低于合同约定工资的80%,具体到本案即不得低于6 400元,因此,6 000元试用期工资的约定也违反法律规定。

4. 劳动合同服务期与竞业限制

用人单位为劳动者提供专项培训费用,对其进行专业技术培训的,可以与该劳动者订立协议,约定服务期。劳动者违反服务期约定的,应当按照约定向用人单位支付违约金。违约金的数额不得超过用人单位提供的培训费用。用人单位要求劳动者支付的违约金不得超过服务期尚未履行部分所应分摊的培训费用。用人单位与劳动者约定服务期的,不影响按照正常的工资调整机制提高劳动者在服务期期间的劳动报酬。

用人单位与劳动者可以在劳动合同中约定保守用人单位的商业秘密和与知识产权相关的保密事项。对负有保密义务的劳动者,用人单位可以在劳动合同或者保密协议中与劳动者约定竞业限制条款,并约定在解除或者终止劳动合同后,在竞业限制期限内按月给予劳动者经济补偿。劳动者违反竞业限制约定的,应当按照约定向用人单位支付违约金。

案例 7-5

佟某是F有限责任公司职员,2018年5月至8月公司出资5万元为佟某进行了专项技能培训,并约定自培训结束的2018年9月起佟某至少为公司服务5年。但2019年8月佟某向公司申请辞职。公司要求佟某返还培训费用5万元。双方发生纠纷。

佟某是否应当向F公司返还培训费？如果需要返还，金额是多少？

本案中关于服务期的约定符合《劳动合同法》的规定，即在公司为佟某支付5万元专项技能培训费的情况下双方可以约定服务期。但在佟某服务期未满提出辞职的情况下，其应当向公司返还的培训费不是全部5万元，而应当按比例返还4万元，即佟某未履行的4年服务期对应的均摊培训费用支出。

（二）劳动合同履行与变更

用人单位与劳动者应当按照劳动合同的约定，全面履行各自的义务。用人单位与劳动者协商一致，可以变更劳动合同约定的内容。变更劳动合同，应当采用书面形式。变更后的劳动合同文本由用人单位和劳动者各执一份。

（三）劳动合同解除与终止

1. 劳动合同解除与终止的具体情形

劳动合同的解除包括三种具体形式：双方协商一致解除、劳动者单方解除和用人单位单方解除。用人单位与劳动者协商一致，可以解除劳动合同。劳动者单方解除劳动合同又可分为预告解除、即时解除和立即解除三种情况。预告解除是指劳动者提前30日以书面形式通知用人单位，可以解除劳动合同。劳动者在试用期内提前三日通知用人单位，可以解除劳动合同。在用人单位有未及时足额支付劳动报酬等情形时，劳动者可以即时或立即解除劳动合同。而用人单位单方解除劳动合同又可分为过失性辞退、无过失辞退和经济性裁员三种情况。不同的解除情形均产生解除劳动合同的效果，但在用人单位是否应向劳动者支付经济补偿金的问题上存在差异，具体内容将在经济补偿部分进行详述。

有下列情形之一的，劳动合同终止：① 劳动合同期满的；② 劳动者开始依法享受基本养老保险待遇的；③ 劳动者死亡，或者被人民法院宣告死亡或者宣告失踪的；④ 用人单位被依法宣告破产的；⑤ 用人单位被吊销营业执照、责令关闭、撤销或者用人单位决定提前解散的；⑥ 法律、行政法规规定的其他情形。

用人单位应当在解除或者终止劳动合同时出具解除或者终止劳动合同的证明，并在十五日内为劳动者办理档案和社会保险关系转移手续。

综上可见，《劳动合同法》对劳动者的劳动合同单方解除权限制较少，在预告解除情形中对于劳动者不履行预告解除义务的行为也没有设置明确的惩罚手段，但作为一名合格的劳动者，遵纪守法是最基本的要求，这既是劳动社会化的内在体现，更是劳动者职业道德的题中之义。因此，在劳动合同的解除和终止过程中，劳动者和用人单位一样，都应当按照法律的要求合法地行使权利并履行义务。

案例7-6

G机械加工厂因陷入经营困难对员工进行经济性裁员。在裁员名单中的关某已在单位工作15年，并与该厂签订了无固定期限合同，而席某因在孕期工作不便，也被裁员。关某、席某不服，提起劳动争议仲裁。

G公司将关某、席某裁员的做法是否合法？

经济性裁员是用人单位单方面解除劳动合同的一种方式。法律对经济性裁员的适用情况及程序均作出了严格规定，并且根据劳动者的具体情况对被裁员劳动者的确定规则也作出了规定。其中根据《劳动合同法》第四十一条裁减人员时，应当优先留用与本单位订立无固定期限劳动合同的劳动者。而第四十二条更是直接规定用人单位不得与孕期女职工解除劳动合同。因此，G厂将关某、席某裁员的行为是违法的。

2. 经济补偿与经济赔偿

经济补偿是指劳动合同解除或者终止时，用人单位应当在法定情形下向劳动者支付相应的经济补偿金的制度。

需要用人单位支付经济补偿金的情形包括：第一，因用人单位存在《劳动合同法》第三十八条[①]规定的违反劳动法律法规规定或者合同约定的情形，劳动者行使单方解除权解除劳动合同的。第二，用人单位提出并最终双方协商一致解除劳动合同的。第三，用人单位因劳动者存在《劳动合同法》第四十条[②]规定的客观原因解除劳动合同的，也就是无过失辞退劳动者的。第四，用人单位因符合《劳动合同法》第四十一条规定进行经济性裁员的。第五，除用人单位维持或者提高劳动合同约定条件续订劳动合同，劳动者不同意续订的情形外，固定期限劳动合同期满终止的。第六，因用人单位被依法宣告破产或者用人单位被吊销营业执照、责令关闭、撤销或者用人单位决定提前解散而终止劳动合同的。第七，以完成一定工作任务为期限的劳动合同因任务完成而终止的。

经济补偿按劳动者在本单位工作的年限，每满一年支付一个月工资的标准向劳动者支付。六个月以上不满一年的，按一年计算；不满六个月的，向劳动者支付半个月工资的经济补偿。劳动者月工资高于用人单位所在直辖市、设区的市级人民政府公布的本地区上年度职工月平均工资三倍的，向其支付经济补偿的标准按职工月平均工资三倍的数额支付，向其支付经济补偿的年限最高不超过12年。月工资是指劳动者在劳动合同解除或者终止前12个月的平均工资。

用人单位违法解除或者终止劳动合同，劳动者要求继续履行劳动合同的，用人单位应当继续履行；劳动者不要求继续履行劳动合同或者劳动合同已经不能继续履行的，用人单位应当依照前述经济补偿标准的二倍向劳动者支付

---

① 《劳动合同法》第三十八条
  用人单位有下列情形之一的，劳动者可以解除劳动合同：
  （一）未按照劳动合同约定提供劳动保护或者劳动条件的；
  （二）未及时足额支付劳动报酬的；
  （三）未依法为劳动者缴纳社会保险费的；
  （四）用人单位的规章制度违反法律、法规的规定，损害劳动者权益的；
  （五）因本法第二十六条第一款规定的情形致使劳动合同无效的；
  （六）法律、行政法规规定劳动者可以解除劳动合同的其他情形。
  用人单位以暴力、威胁或者非法限制人身自由的手段强迫劳动者劳动的，或者用人单位违章指挥、强令冒险作业危及劳动者人身安全的，劳动者可以立即解除劳动合同，不需事先告知用人单位。
② 《劳动合同法》第四十条
  有下列情形之一的，用人单位提前三十日以书面形式通知劳动者本人或者额外支付劳动者一个月工资后，可以解除劳动合同：
  （一）劳动者患病或者非因工负伤，在规定的医疗期满后不能从事原工作，也不能从事由用人单位另行安排的工作的；
  （二）劳动者不能胜任工作，经过培训或者调整工作岗位，仍不能胜任工作的；
  （三）劳动合同订立时所依据的客观情况发生重大变化，致使劳动合同无法履行，经用人单位与劳动者协商，未能就变更劳动合同内容达成协议的。

赔偿金。

案例7-7

薛某与H公司签订了3年期的劳动合同，自2018年2月1日起至2021年1月31日止。双方约定试用期6个月。2018年6月15日薛某向公司提出辞职，并要求公司向其支付经济补偿金。公司认为薛某没有提出解除合同的正当理由，也未与公司协商，因此不同意解除合同，也不同意支付经济补偿金。

薛某辞职是否需要说明理由？H公司是否需要向薛某支付经济补偿金？

薛某辞职不需要说明理由。因为，根据《劳动合同法》第三十七条的规定，劳动者在试用期内提前3日通知用人单位，可以解除劳动合同。H公司不需要向薛某支付经济补偿金，因为薛某在用人单位不存在过错的情况下主动提出辞职，不能获得经济补偿。

（四）特殊劳动合同关系制度

1. 劳务派遣制度

劳务派遣用工形式在我国是从20世纪90年代末随着产业结构调整、失业率上升发展起来的。《劳动合同法》颁布实施后劳务派遣用工迅速发展、规模急剧扩大，因此之后出台的司法解释及修订意见中均对劳务派遣进行了更为严格的规定。

劳务派遣指派遣单位（用人单位）与劳动者订立劳动合同，并与用工单位订立劳务派遣协议将劳动者派遣到用工单位劳动，劳动过程由用工单位管理，工资和社会保险费等项待遇由用工单位提供给派遣单位，再由派遣单位支付给劳动者，并为劳动者办理社会保险登记和缴费等项事务的用工制度。劳务派遣与一般的劳动关系的不同在于在劳务派遣中有派遣单位、用工单位、劳动者三方主体，因此，法律关系更为复

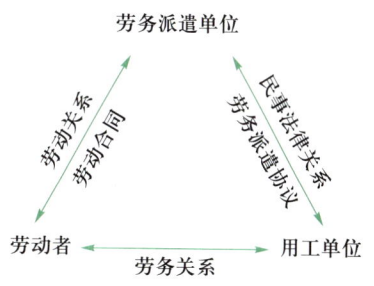

图7-1 劳务派遣中的法律关系结构图

杂（见图7-1）。三方主体的权利和义务由派遣单位与劳动者之间的劳动合同及派遣单位与用工单位之间的派遣协议共同进行约定。

劳动合同用工是我国企业的基本用工形式，劳务派遣用工是补充形式，只能在临时性、辅助性或者替代性的工作岗位上实施。临时性工作岗位是指存续时间不超过六个月的岗位；辅助性工作岗位是指为主营业务岗位提供服务的非主营业务岗位；替代性工作岗位是指用工单位的劳动者因脱产学习、休假等原因无法工作的一定期间内，可以由其他劳动者替代工作的岗位。

劳务派遣单位应当履行用人单位对劳动者的义务。劳务派遣单位应当与被派遣劳动者订立二年以上的固定期限劳动合同，按月支付劳动报酬；被派遣劳动者在无工作期间，劳务派遣单位应当按照所在地人民政府规定的最低工资标准，向其按月支付报酬。

被派遣劳动者享有与用工单位的劳动者同工同酬的权利。用工单位应当按照同工同酬原则，对被派遣劳动者与本单位同类岗位的劳动者实行相同的劳动报酬分配办法。用工单位无同类岗位劳动者的，参照用工单位所在地相同或者相近岗位劳动者的劳动报酬确定。

被派遣劳动者有权在劳务派遣单位或者用工单位依法参加或者组织工会，维护自身的合法权益。

案例7-8

I公司是一家大型外资企业，与J劳务派遣公司签订了协议，由J公司向I公司派遣20名保洁员。不幸的是在清洁大楼时，一名保洁员从楼梯坠落，造成盆骨粉碎性骨折。

应当由哪一单位承担工伤保险中的用人单位责任？

根据《劳动合同法》第五十八条的规定，劳务派遣单位是用人单位，应当向劳动者承担用人单位的各项义务。因此，在本案中应当由J公司承担工伤保险中的用人单位责任。

2. 非全日制用工制度

非全日制用工，是指以小时计酬为主，劳动者在同一用人单位一般平均每日工作时间不超过4小时,每周工作时间累计不超过24小时的用工形式。非全日制用工双方当事人可以订立口头协议。

从事非全日制用工的劳动者可以与一个或者一个以上用人单位订立劳动合同;但是,后订立的劳动合同不得影响先订立的劳动合同的履行。非全日制用工双方当事人不得约定试用期,任何一方都可以随时通知对方终止用工。终止用工,用人单位不需向劳动者支付经济补偿。

在非全日制用工的情况下,小时工资标准由用人单位与非全日制劳动者双方约定,但该计酬标准不得低于用人单位所在地人民政府规定的最低小时工资标准。非全日制用工劳动报酬结算支付周期最长不得超过15日。

案例7-9

2019年6月7日,袁某应聘到K公司工作,双方签订了3年的劳动合同,并约定袁某的用工方式是非全日制用工,公司按每小时70元的标准向袁某支付劳动报酬。但约定,作为新员工需要3个月的试用期,试用期期间的工资是每小时60元。后双方发生纠纷,袁某要求k公司按照每小时70元的标准补足自己的工资差额。

双方当事人的约定是否合法,袁某的要求是否应当得到支持?

根据《劳动合同法》第七十条的规定,非全日制用工双方当事人不得约定试用期。因此,K公司与袁某之间关于3个月试用期及试用期期间工资的约定因违反法律的强制性规定而无效。K公司应当向袁某支付工资差额。

五、劳动与集体合同法

集体合同是产业革命以后,随着工人运动的发展,特别是工会的兴起,而产生和发展起来的,国家对集体合同的态度,经历了一个"反对—承认—保护"的演变过程。[1]在我国，1949年以前就已经存在集体合同立法；中华人民共和国成立之初《中国人民政治协商会议共同纲领》和《工会法》等法律中对集体合同进行了规定，并且还制定了关于集体合同的专项规章。此后，一直到党的十一届三中全会之后又陆续颁布过《中国工会章程》《全民所有制工业企业职工代表大会条例》《工会法》《集体合同规定》《工会参加平等协商和签订集体合同试行办法》《关于逐步实行集体协商和集体合同制度的通知》《工资集体协商试行办法》《关于开展区域性行业性集体协商工作的意见》等一系列有关集体合同的文件，逐步推进集体合同制度的发展。2008年《劳动合同法》中也设了一节专门规定了集体合同制度。

从世界劳动法制的发展过程来看，劳动立法与集体合同制度之间呈现出此消彼长的态势。"假若集体谈判制度能够有效合理规范劳资问题，保护立法可以相对减少。反之假若集体谈判制度根本未能建立或名存实亡，则将多赖国家立法以保护劳动利益。"[2]不同国家、不同地区、不同历史时期的具体态势"受其社会、哲学思想、工业经济发展及政治制度之影响，但有轻重之别"[3]。

根据我国《劳动合同法》《工会法》《集体合同规定》等相关法律的规定，集体合同，是指用人单位与本单位职工根据法律、法规、规章的规定，就劳动报酬、工作时间、休息休假、劳动安全卫生、职业培训、保险福利等事项，通过集体协商签订的书面协议；专项集体合同，是指用人单位与本单位职工根据法律、法规、规章的规定，就集体协商的某项内容签订的专项书面协议。依法订立的集体合同对用人单位和劳动者具有约束力。行业性、区域性集体合同对当地本行业、本区域的用人单位和劳动者具有约束力。

集体协商双方可以就下列多项或某项内容进行集体协商，签订集体合同或专项集体合同：劳动报酬；工作时间；休息休假；劳动安全卫生；补充保险和福利；女职工和未成年工特殊保护；职业技能培训；劳动合同管理；奖惩；裁员；集体合同期限；变更、解除集体合同的程序；履行集体合同发生争议时的协商处理办法；违反集体合同的责任；双方认为应当协商的其他内容。

---

[1] 王全兴：《劳动法》（第四版），法律出版社2017年版，第252页。
[2] 王泽鉴：《民法学说与判例研究》第2册，中国政法大学出版社1997年版，第324页。
[3] 王泽鉴：《民法学说与判例研究》第2册，中国政法大学出版社1997年版，第324—325页。

集体合同中劳动报酬和劳动条件等标准不得低于当地人民政府规定的最低标准；用人单位与劳动者订立的劳动合同中劳动报酬和劳动条件等标准不得低于集体合同约定的标准。

用人单位违反集体合同，侵犯职工劳动权益的，工会可以依法要求用人单位承担责任；因履行集体合同发生争议，经协商解决不成的，工会可以依法申请仲裁、提起诉讼。

六、劳动与劳动争议处理法律制度

（一）劳动争议处理概述

我国劳动争议处理的主要依据为《劳动法》《劳动合同法》《劳动争议调解仲裁法》《民事诉讼法》《劳动人事争议仲裁组织规则》等法律文件。其中《劳动法》《劳动合同法》为主要的实体法依据，其内容也是解决实体问题的标准；而《劳动争议调解仲裁法》《民事诉讼法》等文件是程序法依据，为不同劳动争议处理方式的具体程序和步骤提供了依据，保障各程序的顺利进行。

劳动争议本身是一个存在争议的概念，本书所称劳动争议，是指劳动者与用人单位之间因劳动权利和义务而产生的争议，是一种法律争议。劳动争议主要包括以下几类：① 因确认劳动关系发生的争议；② 因订立、履行、变更、解除和终止劳动合同发生的争议；③ 因除名、辞退和辞职、离职发生的争议；④ 因工作时间、休息休假、社会保险、福利、培训以及劳动保护发生的争议；⑤ 因劳动报酬、工伤医疗费、经济补偿或者赔偿金等发生的争议；⑥ 法律、法规规定的其他劳动争议。

发生劳动争议，劳动者可以与用人单位协商，也可以请工会或者第三方共同与用人单位协商，达成和解协议；当事人不愿协商、协商不成或者达成和解协议后不履行的，可以向调解组织申请调解；不愿调解、调解不成或者达成调解协议后不履行的，可以向劳动争议仲裁委员会申请仲裁；对仲裁裁决不服的，除法律另有规定的外，可以向人民法院提起诉讼。因此，解决劳动争议有协商、调解、仲裁、诉讼四种方式。实践中这四种方式均发挥了重要作用。当然,并非每个劳动争议均需经过四种处理方式,其中协商、调解两种途径可由当事人自由选择,但如果当事人欲提起诉讼程序,则必须先提起劳动争议仲裁程序。也就是说仲裁程序是诉讼程序的法定前置程序。关于各程序的具体内容、效力等在后续的内容中予以详细介绍。

除前述程序外,我国还规定了劳动监察制度,即通过行政管理的手段对用人单位履行劳动法律的情况进行监督、检查和处理。具体内容为:用人单位违反国家规定,拖欠或者未足额支付劳动报酬,或者拖欠工伤医疗费、经济补偿或者赔偿金的,劳动者可以向劳动行政部门投诉,劳动行政部门应当依法处理。

(二)劳动争议调解制度

劳动争议调解制度,是指劳动争议调解组织对当事人双方自愿申请调解的劳动争议,依据法律规定及当事人间的约定,在查明事实、分清是非的前提下,通过说服、劝导等手段,促使双方当事人达成调解协议的制度。调解是我国劳动争议处理体系中的重要形式之一。《劳动争议调解仲裁法》第3条中将着重调解作为该法的基本原则之一,突显了劳动争议调解在处理劳动争议体系中的重要性。

1. 调解组织

调解组织是开展调解工作的组织机构,调解组织的设立是实现调解解决争议的前提,同时调解组织架构的设计也是调解工作网络构成的基础。我国的劳动争议调解组织包括以下几种:① 企业劳动争议调解委员会;② 依法设立的基层人民调解组织;③ 在乡镇、街道设立的具有劳动争议调解职能的组织。企业劳动争议调解委员会由职工代表和企业代表组成。职工代表由工会成员担任或者由全体职工推举产生,企业代表由企业负责人指定。企业劳动争议调解委员会主任由工会成员或者双方推举的人员担任。

劳动争议调解组织的调解员应当由公道正派、联系群众、热心调解工作,并具有一定法律知识、政策水平和文化水平的成年公民担任。

2. 调解程序

当事人申请劳动争议调解可以书面申请，也可以口头申请。口头申请的，调解组织应当当场记录申请人基本情况、申请调解的争议事项、理由和时间。调解劳动争议，应当充分听取双方当事人对事实和理由的陈述，耐心疏导，帮助其达成协议。

经调解达成协议的，应当制作调解协议书。调解协议书由双方当事人签名或者盖章，经调解员签名并加盖调解组织印章后生效，对双方当事人具有约束力，当事人应当履行。自劳动争议调解组织收到调解申请之日起15日内未达成调解协议的，当事人可以依法申请仲裁。

3. 调解效力

达成调解协议后，一方当事人在协议约定期限内不履行调解协议的，另一方当事人可以依法申请仲裁。

因支付拖欠劳动报酬、工伤医疗费、经济补偿或者赔偿金事项达成调解协议，用人单位在协议约定期限内不履行的，劳动者可以持调解协议书依法向人民法院申请支付令。人民法院应当依法发出支付令。

（三）劳动争议仲裁制度

劳动争议仲裁，是指劳动争议仲裁机构对当事人请求仲裁的劳动争议依法居中进行裁决的活动。在我国的劳动争议处理体制中，仲裁是诉讼的法定前置程序，也就是说劳动争议诉讼前必须经过仲裁程序。当然，如果当事人在仲裁后不提起诉讼则仲裁裁决将发生法律效力。

1. 仲裁组织

劳动争议仲裁委员会是依法设立的，经国家授权独立仲裁处理劳动争议案件的专门机构。

劳动争议仲裁委员会的设立原则是：统筹规划、合理布局、适应实际需要，且不按行政区划层层设立。具体操作规则是：省、自治区人民政府可以决定在市、县设立；直辖市人民政府可以决定在区、县设立。直辖市、设区的市也可以设立一个或者若干个劳动争议仲裁委员会。

劳动争议仲裁委员会裁决劳动争议案件实行仲裁庭制。仲裁庭由三名仲裁员组成，设首席仲裁员。简单劳动争议案件可以由一名仲裁员独任仲裁。

2. 仲裁程序

劳动争议仲裁委员会负责管辖本区域内发生的劳动争议。劳动争议仲裁公开进行，但当事人协议不公开进行或者涉及国家秘密、商业秘密和个人隐私的除外。

劳动争议申请仲裁的时效期间为一年。仲裁时效期间从当事人知道或者应当知道其权利被侵害之日起计算。申请人申请仲裁应当提交书面仲裁申请，书写仲裁申请确有困难的，可以口头申请，由劳动争议仲裁委员会记入笔录，并告知对方当事人。劳动争议仲裁委员会收到仲裁申请之日起5日内，认为符合受理条件的，应当受理，并通知申请人；认为不符合受理条件的，应当书面通知申请人不予受理，并说明理由。对劳动争议仲裁委员会不予受理或者逾期未作出决定的，申请人可以就该劳动争议事项向人民法院提起诉讼。

当事人在仲裁过程中有权进行质证和辩论。当事人提供的证据经查证属实的，仲裁庭应当将其作为认定事实的根据。劳动者无法提供由用人单位掌握管理的与仲裁请求有关的证据，仲裁庭可以要求用人单位在指定期限内提供。用人单位在指定期限内不提供的，应当承担不利后果。

仲裁庭裁决劳动争议案件，应当自劳动争议仲裁委员会受理仲裁申请之日起45日内结束。案情复杂需要延期的，经劳动争议仲裁委员会主任批准，可以延期并书面通知当事人，但是延长期限不得超过15日。逾期未作出仲裁裁决的，当事人可以就该劳动争议事项向人民法院提起诉讼。仲裁庭裁决劳动争议案件时，其中一部分事实已经清楚，可以就该部分先行裁决。

仲裁庭对追索劳动报酬、工伤医疗费、经济补偿或者赔偿金的案件，根据当事人的申请，可以裁决先予执行，移送人民法院执行。仲裁庭裁决先予执行的，应当符合下列条件：① 当事人之间权利义务关系明确；② 不先予执行将严重影响申请人的生活。劳动者申请先予执行的，可以不提供担保。

裁决应当按照多数仲裁员的意见作出，少数仲裁员的不同意见应当记入笔录。仲裁庭不能形成多数意见时，裁决应当按照首席仲裁员的意见作出。

3. 仲裁效力

劳动争议仲裁裁决的效力有终局效力与非终局效力两种。

所谓终局效力，即仲裁裁决书自作出之日起发生法律效力。我国的劳动争议仲裁裁决是以非终局为原则，以终局为例外。仲裁裁决具有终局效力的情况主要包括：① 追索劳动报酬、工伤医疗费、经济补偿或者赔偿金，不超过当地月最低工资标准12个月金额的争议；② 因执行国家的劳动标准在工作时间、休息休假、社会保险等方面发生的争议。需要注意的是前述两类裁决仅对于用人单位具有一定的终局效力，而对于劳动者不产生终局效力，劳动者对前述仲裁裁决不服的，可以自收到仲裁裁决书之日起15日内向人民法院提起诉讼。

此外，用人单位对于有终局效力的仲裁裁决还可以自收到仲裁裁决书之日起30日内向劳动争议仲裁委员会所在地的中级人民法院申请撤销裁决。适用的主要情形包括：① 适用法律、法规确有错误的；② 劳动争议仲裁委员会无管辖权的；③ 违反法定程序的；④ 裁决所根据的证据是伪造的；⑤ 对方当事人隐瞒了足以影响公正裁决的证据的；⑥ 仲裁员在仲裁该案时有索贿受贿、徇私舞弊、枉法裁决行为的。人民法院经组成合议庭审查核实裁决有前述情形之一的，应当裁定撤销。仲裁裁决被人民法院裁定撤销的，当事人可以自收到裁定书之日起15日内就该劳动争议事项向人民法院提起诉讼。

非终局性裁决即除前述仲裁裁决以外的其他仲裁裁决。当事人对前述终局性裁决以外的其他劳动争议案件的仲裁裁决不服的，可以自收到仲裁裁决书之日起15日内向人民法院提起诉讼；期满不起诉的，裁决书发生法律效力。

当事人对发生法律效力的调解书、裁决书，应当依照规定的期限履行。一方当事人逾期不履行的，另一方当事人可以依照民事诉讼法的有关规定向人民法院申请执行。受理申请的人民法院应当依法执行。

劳动争议仲裁不收费。劳动争议仲裁委员会的经费由财政予以保障。

案例7-10

高某是某广告公司职员，双方签订了期限为3年的劳动合同，自2016年8月1日至2019年7月31日。但2018年9月17日公司在无任何正当理由的情况下跟高某解除了劳动合同。高某不服，向人民法院提起诉讼。但法院以该争议属于劳动争议应当先行申请劳动仲裁为由拒绝受理。法院拒绝受理是否正确？

劳动争议仲裁是劳动争议诉讼的法定前置程序，因此，在本案中法院对于直接起诉的高某以应当先行申请劳动仲裁为由拒绝受理的做法是正确的。

（四）劳动争议诉讼

劳动争议诉讼是法院在劳动争议双方当事人和其他诉讼参与人的参加下，依法审理和判决劳动争议案件的活动。诉讼是劳动争议处理的最后程序，与其他类型的案件一样遵循两审终审的原则。即当事人在收到一审判决书之日起15日内，收到一审裁定书之日起10日内可提出上诉请求，当事人一旦上诉即提起二审程序，二审法院的判决、裁定是终审的判决、裁定，具有终局性。

1. 仲裁与起诉

劳动争议仲裁是诉讼的法定前置程序，因此，在诉讼前必须经过仲裁程序。劳动争议当事人对仲裁裁决不服的，可以自收到仲裁裁决书之日起15日内向人民法院提起诉讼。超过15日不起诉的，则裁决书发生法律效力。一方当事人在法定期限内不起诉又不履行仲裁裁决的，另一方当事人可以申请人民法院强制执行。仲裁以当事人撤回申诉或达成调解协议而结案的，当事人无权起诉。

当事人对仲裁委员会作出的仲裁裁决的部分事项不服，依法向法院起诉的，仲裁裁决不发生法律效力。仲裁裁决是针对多个劳动者的劳动争议作出的，其中部分劳动者对仲裁裁决不服提起了诉讼，则仲裁裁决对提起诉讼的劳动者不发生法律效力，对未提起诉讼的劳动者发生法律效力。

2. 诉讼结局

诉讼作为仲裁的后续程序，原则上一旦当事人对仲裁裁决不服向法院起诉，则仲裁裁决处于未生效状态。但最终的结果根据诉讼程序的进展情况分为以下几种：① 诉讼程序以当事人申请撤诉结案，则仲裁裁决在法定期限（也就是作出后的15日）届满后生效；② 诉讼程序以调解或者判决结案，则仲裁裁决不生效，最终具有法律效力的是法院生效的调解书或判决书。

案例7-11

薛某系M有限责任公司文员，已在公司工作5年。2019年8月20日薛某提出劳动争议仲裁申请，请求公司向其支付5年间的加班工资共计20 200元。仲裁委员会经审理裁决M公司向薛某支付加班费15 000元。M公司不服裁决，在收到裁决书后的第5日向人民法院提起了诉讼。

M公司是否有权提起诉讼？如果对法院的诉讼判决仍不服如何救济？

当事人对仲裁裁决不服，可以自收到仲裁裁决书之日起15日内向人民法院提起诉讼。因此，M公司作为劳动争议的当事人，劳动争议仲裁的被申请人在对劳动争议仲裁裁决不服时有权在法定期限提起诉讼。且M公司提起诉讼的时间为收到仲裁裁决书后的第5日，在15日之内。因此，法院应当受理其提起的诉讼，启动一审程序。如果经过一审开庭审理，法院作出了一审判决，但当事人对一审判决不服，可以在收到一审判决书后的15日内提出上诉，进而启动二审程序。二审法院经审理作出的判决为终审判决，不允许再上诉。

【核心概念】

劳动权 具有劳动能力的公民要求提供参加社会劳动的机会和切实保证劳动取得报酬的权利。

劳动法 包含狭义上的劳动法，一般指国家最高立法机构制定颁布的全国性、综合性的劳动法,即法典式的劳动法,其对劳动关系及与其有密切联系的社会关系进行统一调整;广义的劳动法,是指调整劳动关系以及与劳动关系有密切联系的其他社会关系的法律规范的总称。

劳动合同　劳动者与用人单位确立劳动关系、明确双方权利和义务的协议。

劳动争议　劳动者与用人单位之间因劳动权利义务而产生的争议。

【延伸思考题】

1. 如何理解劳动既是公民的权利又是公民的义务?
2. 劳动者自主择业、市场调节就业、政府促进就业之间的关系是什么?
3. 劳动合同解除的几种情形及具体内容是什么?
4. 劳动争议处理有哪几种方式,它们之间有什么关系?

【拓展阅读】

1. 姜颖主编:《劳动法学》,中国劳动社会保障出版社2007年版。
2. 郑尚元:《劳动法和社会法专论》,法律出版社2015年版。
3. 关怀、林嘉主编:《劳动法》(第五版),中国人民大学出版社2016年版。
4. 王全兴:《劳动法》(第四版),法律出版社2017年版。
5. [德]杜茨:《劳动法》,张国文译,法律出版社2005年版。

第八章
劳动与社会

本章导读

成为"华为人"——一个企业劳动者社会化的过程

华为是如何将一批又一批刚刚走出校门的"学生娃"打造成符合华为企业价值观的劳动者的？华为的新员工经历了怎样的蜕变？

从2012年开始，华为对新员工入职培训进行了大刀阔斧的改革，将授课式培训、网络化授课方式全部取消，运用"721法则"进行员工培训，即能力提升的70%来自实践、20%来自导师的帮助、10%来自课堂学习。华为新员工入职培训分为三个阶段，即入职前的引导培训、入职时的集中培训、在岗实践培训，在岗实践培训是三个阶段的重点。这三个阶段大约需要3个月的时间。

引导培训：导师先行

华为的校园招聘一般安排在每年的11月，把拟录用的大学生提前分配到各个业务部门，在毕业生正式进入华为之前，给每个人指定一名导师。

为了能更好地引导拟录用的大学生，华为要求员工导师一个月必须给他们打一次电话，了解他们的个人情况、精神状态、毕业论文的进展、毕业离校安排等。如果毕业生确实想进华为，在这个过程中导师会给他们安排一些任务，提前让其了解岗位知识，帮助他们做好走向工作岗位的思想准备。

集中培训：植入文化基因

这个阶段主要围绕学习华为的企业文化包括规章制度的设立等来展开，周期是5~7天，而且全部新员工要到深圳总部参加培训。

新员工白天跑步、上课，晚上开辩论会，还要演节目、写论文等。培训内容主要聚焦于学习企业文化。新员工要能讲清楚为什么公司会出台相应的政策和制度，它反映出的文化、价值观是什么。

华为的新员工在此阶段还要做几件事：一是要学习两篇文章。一篇是华为总裁任正非的《致新员工的信》，他把华为的文化和对新员工的要求全部融入其中；另一篇是任正非亲点的《把信送给加西亚》，讲述了一名士兵信守承诺，穿过重重障碍将信按时送给加西亚将军。二是看一部电影《那山，那人，那狗》。电影讲述的是一个老乡村邮递员退休后让儿子接替自己工作引出来的故事，影片倡导的敬业精神正是华为追求的价值观。三是看三本书：《黄沙百战穿金甲》《下一个倒下的会不会是华为》和《枪林弹雨中成长》，并写读后感。

实践培训：深入一线

员工要在华为导师的带领下，在一线工作环境中锻炼和提高自己。当然对不同岗位的新员工，培训内容和方式是有很大差别的。

要派往海外的营销类员工，必须先在国内实习半年到一年，通过这些实践掌握公司的流程，掌握工作的方式方法，熟悉业务。对于技术类员工，公司会先带他们参观生产线，让他们了解生产线上组装的机器，看到实实在在的产品和生产流程。研发类员工在上岗前做很多模拟项目，以便快速掌握一门工具或工作流程。

资料来源：《华为"721法则"：如何让新员工快速融入"狼群"》，搜狐网2019年3月12日。

从劳动社会学的视角来看，华为新员工的培训过程，是实现华为企业的劳动者社会化的过程。我们从学校毕业进入职场，从一个学生成为一个职业人，并具备承担特定的职业角色的能力和意识，是一个渐进的学习过程。这个过程就是劳动者的社会化。

劳动者的社会化有两个基本的阶段，一个是前组织社会化，一个是组织社会化。前组织社会化发生在入职前的准备阶段。我们在家庭、学校中获得的知识和技能是我们完成职业人转变的必要准备。但这并不意味着我们一定能够顺利地成为职业人，我们还需要经历组织社会化阶段。组织社会化是劳动组织通过各种方式，让员工掌握职业技能、内化劳动规范、认同组织文化，实现特定职业角色转变的阶段。当一名新员工能够接纳、认同劳动组织的价值观，自觉承担相应职业角色的时候，就实现了劳动者的社会化。

华为新员工培训"721法则"，通过引导培训、集中培训、实践培训三个阶段，使新入职的员工从学生角色向"华为人"转变。这不仅仅是职业技能的培训，更重要的是对于华为企业价值观的传输，使新员工迅速了解、接纳、认同企业价值观，最终实现向华为所需要的员工的职业角色转变。

一、劳动者社会化

劳动者是各行各业从事有偿劳动、获得一定职业角色的社会人。一个人要想在社会中生存、适应社会生活、获得发展，就必须学习知识、技能并学会承担一定社会角色。这样一个从生物人到社会人的过程，就是社会化。劳动者从事劳动，获得一定的职业角色，也是一个渐进的、不断学习的过程，这个过程就是劳动者社会化的过程。一个刚刚从大学毕业的学生，虽然掌握了一定的专业知识，具备了适应一般社会生活的知识，但是面对不同于校园环境的全新的职业环境，他需要学习劳动技能，了解工作岗位职责，适应工作中的各项制度，学会处理与领导、同事等的多种社会关系，在工作中找到自己的位置，逐渐学会承担特定的职业角色。因此，一个大学毕业生走出校门，进入职场，意味着他作为劳动者的社会化历程刚刚开始。

（一）劳动者社会化的内容

劳动者社会化包括以下四个方面的内容：

1. 掌握职业技能

掌握职业技能是劳动者承担特定职业角色的前提。尽管在进入劳动组织之前，我们在家庭和学校教育中可能已经获得了一定的专业知识，但是要将这些知识转化为职业技能，适应相应的工作岗位，仍然需要一段时间的职业技能训练。熟练地掌握职业技能才能够真正融入职业角色，才能在特定的工作岗位中立足。

2. 内化劳动规范

任何劳动组织都有一套制约劳动者行为的规章制度、惯例、习俗等，以保证劳动组织能够顺利运行。这套制约劳动者劳动行为、过程的规范体系，就是劳动规范。作为一名新人进入劳动组织，劳动规范最初是一种外在的约束力量。我们需要逐步了解、学习、遵从这些业已形成的规范。如果违反这些规范，往往会受到相应的约制，甚至惩罚。当我们逐渐明确职业角色，往往不再将劳动规范当作外在强制性约束，而是形成自觉的行动，这就完成了劳动规范的内化。只有顺利完成劳动规范的内化，才能真正融入劳动组织，成为劳动组织的一员。

3. 适应工作中的人际关系

进入劳动组织后，还需要适应工作中的人际关系环境。与家庭和学校相比，工作中的人际关系环境要复杂得多。首先要适应劳动组织中的正式关系，包括上下级关系、同事关系、部门关系、同行关系等，以及生产者、经营者与消费者、服务对象的关系。除此以外，还需要处理工作环境中的一些非正式关系，如师徒关系、朋友关系、老乡关系、校友同学关系等。这些正式关系与非正式关系往往交织在一起，有时还会发生碰撞，需要新入职的劳动者妥善处理。

4. 认同组织文化

劳动者社会化的内容还包括对劳动组织文化的认同。组织文化的核心是组织的价值观，包括劳动组织的生产经营理念、效益观念、道德观念、发展理念、愿景等。组织的价值观是无形的、潜移默化的，又是无处不在的，既体现在劳动组织的规范体系中、劳动组织的运行中，也体现在劳动者的劳动行为中。不同劳动组织的价值观是不同的，反映了不同劳动组织对劳动者思想观念的要求。对于一个劳动者来说，当他认同组织价值观、内化组织文化，就标志着劳动者社会化的完成。

（二）劳动者社会化的过程

劳动者社会化的过程经历两个阶段，即前组织社会化阶段和组织社会化阶段。

1. 前组织社会化阶段

在进入劳动组织之前，劳动者就已经为承担职业角色进行多方面的准备，我们称这一阶段为前组织社会化阶段。人们通过家庭、社区、学校、同辈群体、大众传媒等多种方式，学习文化知识、专业知识，了解不同职业角色的内容、规范、社会期待等。如童年时期，儿童通过模仿扮演不同的职业角色，体悟特定职业角色的特征。到了职业定向阶段，尤其是在大学的专业学习阶段，往往会将特定职业的劳动者当作自己的"参照群体"，主动去了解职业环境，模仿该职业的行为方式，为成为一名"职业人"积极做准备。进入求职阶段后，人们会根据劳动组织的岗位招聘要求，对照个体的能力、素养、兴趣、社会资源等进行职业选择。这一时期，因为还未正式进入工作环境，更多的是劳动者社会化的准备阶段。真正实现劳动者社会化，完成向职业人角色的转变是在组织社会化阶段。

2. 组织社会化阶段

进入工作岗位后，劳动者从身份上讲已经是一名职业人了，但是接受组织文化、胜任职业角色还需要一个过程。用人单位会采取多种方式，推进我们从普通人向劳动者转变，如入职教育、职业培训、绩效考评等。除此以外，劳动组织还会通过相应的奖惩制度，强化劳动者符合组织文化的行为，弱化其不符合组织文化的行为。劳动者接纳组织文化、内化组织价值观，是组织社会化阶段的核心。

（三）劳动者继续社会化

实现劳动者社会化，承担特定的职业角色，成为一名职业人，是一个人生命历程中的重大事件。但是劳动者的社会化是一个持续的过程。

伴随着科学技术的进步、社会经济结构的变化、行业的转型、劳动组织的变化，劳动者不得不持续不断地进行自身的调整，以适应职业角色的新要求。在社会转型期，劳动组织、劳动制度也都在不断地发展和变迁，与此同时劳动行为的规范、劳动者社会关系的格局都会相应有所调整，劳动者也需要适应新的行为规范与人际关系。另外，劳动者自身年龄、身体状况、家庭、职务、岗位等方面的变化，也使得劳动者不得不调整自己工作的方式、方法，以重新平衡工作与个人之间的关系。当劳动者离职并开始新的职业、岗位，更是要面对继续社会化的过程。

【核心概念】

劳动社会学　一门通过研究劳动者、劳动者行为、劳动关系、劳动组织、劳动制度和劳动社会过程，揭示劳动社会结构、功能及其运动规律的社会学分支。

劳动者社会化　一个普通社会人转变为具有一定劳动技能、遵守劳动规范、适应组织文化的合格劳动者的过程。经由这一过程，劳动者能够承担特定的职业角色。

二、职业与职业流动

在现代社会中，大多数劳动者都从事一定的职业，承担一定的职业角色。那么什么是职业？这些形形色色的职业从何而来？影响我们获得职业和改变职业的相关因素又是什么？让我们先从与职业密切关联的社会分工说起。

案例8-1

新兴职业

伴随着社会的发展，社会需求多样化，社会分工日益细致，催生出一系列"新奇特"的职业，像旅游体验师、宠物美容师、农庄经理人、网络主播、酒店试睡员、产后修复师、线上餐厅装修师等，这些新兴的职业吸引着越来越多的人加入其中。

2019年4月2日，人力资源和社会保障部、国家市场监督管理总局、国家统计局正式向社会发布了13个新职业，这些新职业包括：数字化管理师、人工智能工程技术人员、物联网工程技术人员、大数据工程技术人员、云计算工程技术人员、建筑信息模型技术人员、电子竞技运营师、电子竞技员、无人机驾驶员、农业经理人、物联网安装调试员、工业机器人系统操作员、工业机器人系统运维员等。

（一）职业与社会分工

社会分工是职业划分的依据与基础。社会分工决定着职业的划分，社会分工越精细，职业的种类也就越多。因此，社会分工的发展决定和制约着职业的发展。伴随科学技术的发展、生产工具的改进和生产的社会化，社会分工越来越精细，专业化程度越来越高，职业的划分也越来越精细。

在人类社会初期，社会分工主要是建立在年龄、性别基础上的劳动分工。成年男子外出打猎、捕鱼、作战、制作工具；妇女则负责采集和从事家庭劳动；老人指导或参与制造劳动工具和武器；孩子则协助妇女劳动。劳动分工极其简单，也没有职业的出现。一个成年男子今天既可以去狩猎，也可以去捕鱼，明天还可以去伐木，没有固定从事专门的工作，因而也无从谈起职业了。

伴随着生产力的发展，人类征服自然的能力不断提高，社会分工不断扩大，不同的劳动者从事不同的社会劳动，承担着相应的较为稳定的专门化的职责。人类历史经历了三次大的社会分工，第一次是畜牧业从农业中分离出来，一部分人专门从事畜牧业，人类出现了职业。其后在漫长的历史进程中，手工业和商业也先后独立，完成了第二次和第三次社会大分工，职业成为普遍的社会现象。

从这一历程，我们可以看到职业的基本内涵。第一，职业是劳动者能够稳定地从事并赖以生活的工作。这就意味着，并非所有的工作都能成为职业。某项工作只有能够吸引劳动者长期稳定投身其中，并且成为其经济生活的来源，才是职业。比如，一个靠遗产为生的闲人，毕生从事无报偿的集邮工作，成了集邮家。那么，集邮对于他来说就不是一个职业，只是一份工作而已，因为他并不以集邮为经济生活来源。第二，职业是劳动者在社会分工体系的某一个环节上稳定地从事某项工作而获得的职业角色。也就是说，一般劳动者只有固定从事某项工作，才能获得一种职业角色，成为职业劳动者。

伴随着社会经济的发展和科技水平的提高，职业的种类不断增加。2008年国际劳工组织通过的《国际标准职业分类（2008）》把职业分为十大类：管理者；专业人员；技术和辅助专业人员；办事人员；服务与销售人员；农业、林业和渔业技工；工艺与相关行业工；工厂、机械操作与装配工；初级职业；武装军人职业。2015年修订的《中华人民共和国职业分类大典》则将我国职业归为八大类：国家机关、党群组织、企业、事业单位负责人；专业技术人员；办事人员和有关人员；商业、服务业人员；农、林、牧、副、渔、水利业生产人员；生产、运输设备操作人员及有关人员；军人；不便分类的其他从业人员。

（二）职业流动

案例8-2

张艺谋的职业生涯

张艺谋是我国第五代导演的代表人物。伴随着时代的变迁和个人的努力，他的职业生涯经历了一次次巨大的转型。

1950年，张艺谋在西安出生，初中毕业就到农村插队，后来又在一家棉纺织厂做了工人。从20岁到28岁，张艺谋在工厂一干就是八年。

直到1978年，全国恢复高考，北京电影学院面向全国招生，对摄影抱有一腔热情的张艺谋决定报考北京电影学院摄影系。28岁的张艺谋被北京电影学院破格录取。

从北京电影学院毕业后，34岁的张艺谋在电影《一个和八个》中首次担任摄影师，便获得中国电影优秀摄影师奖。之后，张艺谋又在陈凯歌导演的电影《黄土地》和《大阅兵》里担任了摄影师。仅凭三部电影作品，张艺谋就跨入了一线摄影师的行列。

1987年吴天明导演的《老井》中，张艺谋作为演员，扮演了质朴能干的农民孙旺泉。凭借着极具张力的表演，他一举拿下金鸡奖、百花奖以及东京国际电影节三个影帝奖杯，第一次做演员，他就做到了极致。

1987年，张艺谋执导了电影《红高粱》，正式开启了他的导演生涯。1988年，张艺谋38

岁，此时距离他考入北京电影学院，正好十年。

在往后的职业生涯里，作为导演的张艺谋先后拍摄了《菊豆》《大红灯笼高高挂》《活着》《一个都不能少》《英雄》《金陵十三钗》等作品。

资料来源：《张艺谋的坎坷人生：北电破格录取，68岁依然自律！》，搜狐网2018年10月10日。

在现代社会，人们所从事的职业往往并非一成不变。职业流动是一种普遍的社会现象，它是社会流动的重要形式，是劳动者在不同职业之间变化的过程。职业流动的开放程度，也是现代开放性社会结构的主要标志之一。

1. 职业流动的演进

从历史的角度来看，职业流动的模式经历了一个逐渐演变的过程，它与社会发展的阶段息息相关。

在人类社会的第一次社会分工以前，并未形成真正意义上的职业，也就没有所谓的职业流动。而伴随着社会大分工，手工业、商业逐渐从农业中分离，部分农业劳动者流入手工业和商业中，职业流动现象便出现了。此后，伴随着生产力的发展，阶级和国家出现后，职业分化越来越细，城乡出现了分工上的显著差异，职业流动的范围和内容也不断扩展。

但是在漫长的古代社会，职业流动现象并不普遍。我国古代"大一统"的中央集权制建立后，往往排斥职业流动，尤其是对工商业者设置了种种限制，并课以重税。"重本抑末""安土重迁"的思想，也使得人们不愿意流动，惧怕流动。中世纪的欧洲社会，普遍形成了职业世袭制度，职业流动也就比较少了。

职业流动真正成为普遍的社会现象是在工业革命之后。以机器大生产取代手工劳动的工业革命带动了社会化的大生产，引发了农业劳动者向非农业流动、农业人口向城市流动的时代潮流。劳动者根据自身条件和需求，以及劳动力市场的情况，从一种职业流动到另一种职业就成了普遍的现象。而在历次科技革命的促动下，伴随着生产力的飞跃发展，新的职业岗位和就业机会不断涌现，旧的职业岗位不断被淘汰。职业的更新与淘汰，带来了职业流动的加速。

2. 职业流动的社会结构原因

职业流动可以分为个别性流动与结构性流动。个别性流动是劳动者自身素质引起的职业的变动，对整体职业结构的变化并无显著影响。结构性流动指的是那种影响社会职业结构变化的大规模的职业流动。职业结构性流动通常与科学技术的发展和生产力的进步紧密相关。如，我国改革开放以来，大量的农民涌入城市，形成了规模庞大的农民工群体，逐渐成为当下产业工人的主体。伴随互联网的普及，共享经济、平台经济迅猛发展，越来越多的劳动者进入这一领域，正在加速整个社会职业结构的深刻变化。

影响职业流动的原因，包含着两个大的方面。一个是劳动者个体因素，包括劳动者的性别、年龄、爱好、人格特征、身体状况等。另一个则是社会结构因素，主要包括：

（1）宏观的社会结构。一个社会的社会结构是开放还是封闭的，会直接影响职业的流动。改革开放前，我国是一个较为稳固的城乡二元的社会结构，城市和农村之间的职业流动的途径是有限的。而改革开放以后，城乡二元的社会结构逐渐松动，城乡职业间的流动性开始增强。

（2）产业结构的变化。产业结构的调整，以及新兴产业的发展，都会带来职业的流动。近年来，互联网发展带动下的平台经济、共享经济迅猛发展，一些新的职业不断涌现。与此同时，过去吸纳大量劳动者的建筑业、制造业对于年轻劳动者的吸引力逐渐下降。

（3）人口变迁因素。一个国家人口的增长率以及人口结构也会对职业流动产生深远的影响。一般情况下，社会人口的出生率降低或者死亡率提高的时候，个人职业流动的机会就增加，反之则会减少。

（4）教育。在现代社会，教育成为获取社会地位、改变社会阶层的一个重要因素。受教育程度的高低成为区别职业地位的一个重要标准。同时，教育还影响职业流动的方向和机会，影响着个人职业流动的愿望。

当然，除了这些社会结构因素以外，家庭背景、婚姻和生育模式，以及地方文化、风俗等因素，也会影响职业流动。

【核心概念】

职业流动 社会流动的重要形式，是指劳动者从一种职业岗位向另外一种职业岗位的变动。

三、劳动组织

现代社会是组织化的社会，我们从出生到生命的终结都不可避免地与形形色色的社会组织发生联系。劳动组织是社会组织的一种类型，它是按照一定的劳动规范建立起来，以为社会提供产品、服务为目的的组织，是劳动者工作于其中的组织。劳动组织具备一般社会组织的构成要素、特征、结构，也有正式组织和非正式组织的区分。劳动组织一方面承担了一定的社会功能，另一方面也受到社会环境的影响。

（一）劳动组织的社会功能

其一，经济功能。劳动组织运行的最主要目的就是通过劳动者的生产、经营、服务为社会创造财富，满足社会成员的需求。同时，劳动者在劳动组织中得到工资报酬，获得自身生存和发展所需的经济支持。

其二，社会心理功能。劳动者在劳动组织中不仅仅获得经济收入，也通过劳动组织建立各种人际关系，获得社会地位、社会声望，实现自己的价值，满足自己的精神需求。

其三，继续社会化功能。劳动组织通过组织内的培训教育，把一个普通人塑造为职业人，推动劳动者承担特定的职业角色。

其四，社会控制功能。劳动组织通过纪律、规章制度等劳动规范实现了对劳动者行为的制约，客观上促进了社会秩序的稳定。

（二）劳动组织与社会环境的互动

劳动组织的有效运行，虽然与劳动组织内部的管理密切联系在一起，但它也需要不断地与外部社会环境进行互动。劳动组织的外部社会环境包括经济环境、政治环境、文化环境等。

经济环境影响劳动组织的因素包括：一是政府的经济政策。政府的财政、金融、货币、税收、产业布局规划等方面的政策都会对劳动组织的经营生产活动产生直接的影响。二是总体的经济发展水平，劳动力供给的数量、质量和结构。这些也会影响劳动组织的运行。三是具体的市场状况，如原材料、资金、市场的需求、购买力，等等。

政治环境的影响因素则是宏观的，包括政治制度、政治组织、政治局势。首先是政治制度与政府对于劳动组织的影响。如18世纪，亚当·斯密自由放任主义思想在当时英国政府中占主导地位，政府在经济领域力图当好"守夜人"的角色，因而对劳动组织的控制较少。而20世纪20年代进入垄断资本主义时期，国家对劳动组织的控制不断加强。我国在计划经济时代政府对企业的生产、经营活动进行全方位的指导、控制。改革开放以后，伴随着市场经济的发展，企业经营管理活动的自主性不断加强，逐渐成为市场的主体。其次是政党作为政治组织对于劳动组织的影响。尤其是某一政党成为执政党以后，该政党的路线、方针、政策会直接影响劳动组织的运行。在我国，中国共产党作为执政党对劳动组织就起到政治领导的作用。第三是政治局势对于劳动组织的影响。如果政治局势平稳，劳动组织的运行就会比较顺利，反之则会给劳动组织带来风险。

文化环境与劳动组织交互影响。一方面，劳动组织在自身的活动中，创造了组织文化，影响到总体的社会文化。另一方面，劳动组织的目标、经营管理理念、劳动者的思想、管理的方式等无不受到社会文化的影响，被打上深深的文化烙印。

【核心概念】

劳动组织 社会组织的一种类型，它是按照一定的劳动规范建立起来的经济组织，是执行生产、经营和管理职能的劳动者的组织。

四、劳动制度

劳动者的劳动行为和劳动过程中的社会交往并不是随心所欲的，它受到劳动制度的约束。劳动制度本身作为社会制度的一种，是在劳动领域中的一整套的规范体系。按照劳动制度所反映的内容，我们把劳动制度分为三大类，即劳动就业制度、劳动工资制度、劳动保障制度。

（一）劳动就业制度

劳动就业制度是指直接或者间接规范劳动者就业行为的制度总称，包括雇佣解雇制度、用工制度、就业培训制度、辞职退休制度和劳动计划管理制度等。[①] 在所有的就业制度中，雇佣解雇制度、用工制度最为重要，因此狭义上的劳动就业制度特指这两个制度。

当我们要进入一个劳动组织或者退出一个劳动组织的时候，雇佣解雇制度就会起到规范制约的作用。目前，世界上现行的就业制度可以分为两种基本类型，即契约就业制度和行政配置就业制度。

契约就业制度就是通过劳动力市场，将劳动力的供给和需求通过劳动契约的方式建立联系，把劳动者配置到各种职业岗位中。契约就业制度又分为两种，即自由契约雇佣制和终身契约雇佣制。区别在于前者是劳动者和雇主签订雇佣合

---

① 刘艾玉编著：《劳动社会学教程》，北京大学出版社1999年版，第341页。

同，规定了雇佣的期限，双方可以经过约定程序变更雇佣期限；而后者是劳动者和雇主签订终身的契约，雇主很少解雇、开除职工。目前，欧美国家大多采用自由契约雇佣制度，而日本的企业则有采用终身契约雇佣制的传统。

行政配置就业制度就是政府采用行政办法把劳动者统一分配到劳动组织中，以固定工形式将劳动者和企业的劳动关系固定下来的一种就业制度。这种制度最大的特征就是充分就业，即政府对劳动者实行统包分配的安置形式。我国以往计划经济体制下的就业制度就是行政配置就业制度。改革开放以来，行政配置就业制度逐渐松解，市场经济体制下的契约就业制度逐渐发展起来。

（二）劳动工资制度

对于劳动者来说，工资是生活的主要经济来源，与个人的生存和发展息息相关。劳动工资制度与工资问题紧密相关，是关于工资形式、工资标准和工资支付的原则和办法的总称。我国现行的劳动工资制度一般包括下列内容：

1. 工资等级制度

工资等级制度指根据工作的复杂程度、繁重程度、风险程度、精确程度等因素将各类工作进行等级划分并规定相应工资标准的一种工资制度，是其他工资制度的基础，也称基本工资制度。其主要特点是从劳动质量方面来反映劳动差别。

2. 工资调整制度

工资调整制度是工资等级制度的补充。其主要内容有考核定级、考核升级、定期自动增加工资、提高工资标准等，使工资制度在变动中趋向平衡和合理。

3. 工资支付制度

工资支付制度指支付职工工资的有关原则、标准和具体立法的一种制度。主要包括支付原则、各类人员的工资待遇和特殊情况下的工资处理办法等内容。

4. 工资基金管理制度

工资基金指用人单位从其经营收入或者利润中提取的用于支付职工工资的那部分基金。工资资金管理制度则是国家和用人单位制定的工资基金的来源、审批、使用等一系列规则和方法。

（三）劳动保障制度

劳动保障制度是劳动制度的一个重要组成部分，它是国家根据有关法律规定，通过国民收入分配和再分配的形式，对劳动者因年老、疾病、伤残和失业等而出现困难时向其提供物质帮助以保障其基本生活的一系列制度。劳动保障制度的主要功能是保证劳动者的职业安全，从而保证劳动者及其家庭生活稳定，保证社会安定，保证整个社会经济发展和社会进步。劳动保障制度所涉及的内容非常广泛，职工的生育保障、疾病保障、失业保障、伤残保障、退休保障、死亡保障等都是劳动保障制度的内容，其中失业保障制度和退休保障制度是劳动保障制度中两项最主要的制度。[1]

1. 失业保障制度

在我国现行的失业保障制度中，享受失业保障待遇必须符合以下三个条件：第一，按照规定参加失业保险，所在单位和本人已按照规定履行缴费义务满1年；第二，非本人意愿中断就业；第三，已办理失业登记并有求职要求。当失业人员出现重新就业、服兵役、移居境外、享受基本养老保险待遇、被判刑或劳教，或者拒绝重新就业时，将停止享受失业保险待遇。

我国现行失业保障制度的基本内容包括：

第一，享受失业保障的条件。现行的失业保障制度，基本覆盖了城镇所有企事业单位及其职工。

第二，失业保障金的筹集。在费用筹集方面，实行国家、用人单位、职工本人三方负担的筹集原则。城镇企业事业单位按照本单位工资总额的2%、职工本

---

[1] 刘艾玉编著：《劳动社会学教程》，北京大学出版社1999年版，第364页。

人工资的1%缴纳失业保险费。在失业保险基金入不敷出时，财政将给予必要的补贴。

第三，失业保障金的开支项目。开支项目主要包括失业救济金、失业职工的医疗费、失业职工的丧葬补助费、失业职工直系亲属的抚恤费和救济费、失业职工的转业训练费、失业职工的生产自救费和失业保险管理费等方面。

第四，失业保障金的给付标准。失业保障金的标准一般应高于当地城市居民最低生活保障标准，低于当地的最低工资标准。

2. 退休保障制度

退休保障制度既是劳动保障制度的重要组成部分，又是社会保障制度的基本内容。当前，世界各国实行的退休保障制度主要有三种基本类型，即投保资助型退休保障制度、强制储蓄型退休保障制度和统筹型退休保障制度。

（1）投保资助型退休保障制度。这一制度要求劳动者和雇主定期缴纳老年退休保险金，而政府则扮演税收上帮助、财政上最后出台的角色。当前，实行投保资助型退休保障制度的国家最多，美国、法国、意大利、阿根廷等国都实行这种制度。

（2）强制储蓄型退休保障制度。这一制度要求较高：拥有一个有政府权威的、专业性能强的统一的社会保障机构，并拥有一批熟悉社会保障业务的工作人员。这个机构要负责制定总投保费率和投保比例，为每个投保劳动者制定一张老年退休保障卡，还要制定退休保障金的储蓄利率。目前，实行这一制度的国家并不多，只有新加坡在这方面获得了成功。

（3）统筹型退休保障制度。这种退休保障制度的基本特征是国家（也通过国有企业）利用自己的财政资金发放退休金，劳动者个人只需交纳很少的退休保障费，甚至不交。待劳动者退休或失去劳动能力后则一概享有国家法定的保障待遇。

【核心概念】

劳动制度 社会制度的一种类型,是国家或有关权力机关制定的在劳动领域中的一整套的规范体系的总和。它是以法律、法令或其他形式表现的,与人们参加社会劳动、建立劳动关系有关的办事程序、规章和规定的总称。

【延伸思考题】

1. 什么是劳动者社会化?其主要内容包括哪些?

2. 根据所学知识,结合相关社会现象,谈一谈影响当下大学生职业选择的主要因素有哪些。

【拓展阅读】

1. 刘创楚:《工业社会学——工业社会的组织分析》,台湾巨流图书公司1988年版。

2. 刘艾玉编著:《劳动社会学教程》,北京大学出版社1999年版。

3. 袁方、姚裕群主编:《劳动社会学》(第二版),中国劳动社会保障出版社2003年版。

4. [美]戴维·波普诺:《社会学》(第十一版),李强等译,中国人民大学出版社2007年版。

5. [美]理查德·谢弗:《社会学与生活》(插图修订第11版·完整版),赵旭东等译,世界图书出版公司2014年版。

第九章
劳动与心理

本章导读

什么都不做的人，反而更容易累

　　研究生毕业后，小王顺利成为一家生物医药公司的研究人员，因为踏实肯干，得到单位领导和老研究员们的一致好评，但随之而来的是高强度的工作任务和高频率的工作节奏。几年后，小王开始抱怨工作没有上升空间，又紧张，压力又大。他常常感叹，要是可以什么都不做，天天无所事事在家里"葛优躺"，该是一种多么妙不可言的状态。于是，小王鼓起勇气辞职了，他决定"放飞自我"，在家过一段"葛优躺"的美好时光。最初，这种无所事事的状态很棒。然而，自由放松的感受仅仅维持了不到一个星期，他就觉得好像缺了点什么，总想找点事做。又过了几周，心慌的感觉越来越明显，小王会莫名地感到失落、空虚，情绪敏感，常为了一些琐碎的小事和杂乱的念头钻牛角尖，甚至身体也不舒服起来，仿佛比工作的时候还累。

　　心理学家发现，什么都不做的人，反而更容易累。深入分析，什么都不做的人往往压抑自己与外界联接的渴望，没有联接，就没有能量的滋养。而要压制与外界联接这一渴求，又会消耗大量能量，累便由此而来。

　　著名心理学家弗洛伊德说，"工作"和"爱"是人生最重要的两件事，所以，劳动和工作对于人生有着非常特殊而重要的意义。劳动是否愉快，关系到个人的幸福、成就感和心理健康状态。

　　通过劳动，人们可以生产物质财富，维持生存，劳动带来的商品和服务使现代文明成为可能，劳动让休息变得快乐，辛勤劳动之后的休息显得更加惬意；通过劳动，人们可以获得展现自我的机会，实现自身价值的同时，保持与社会和环境的亲密接触；通过劳动，人们学会处理社会中的各种关系和问题，劳动成果中蕴含着人的努力、智慧、经验、意志、力量、思维方法、行为风格和决断能力等，正是成长和锻炼的最好路径；通过劳动，人们保持不断完善自我的动力和热情，塑造成熟的人格。一个不劳动的人，很难体验人生完整的意义。

一、劳动的心理过程

人的心理过程,一般指认知过程、情感过程和意志过程,劳动的心理过程也由这三部分组成(见图9-1)。

劳动过程首先始于最简单的认知活动,认知过程包括感觉、知觉、思维、决策、记忆等。感觉和知觉过程帮助人们获取信息,识别劳动工具、劳动对象、环境和危险;思维过程帮助人们整合信息、深度加工,并做出合理决策和判断,保证劳动过程的顺利开展。劳动过程中会产生不同的情绪情感反应,如喜、怒、哀、乐等。意志过程,则指人自觉根据既定的目的来支配和调节自己的行为,克服困难,进而实现目的的过程。例如,遇到困难时,有的人选择迎难而上,百折不挠,意志坚定;有的人则缺乏信心,优柔寡断,意志薄弱。

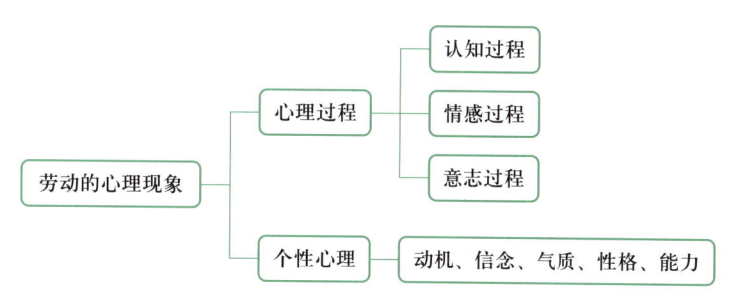

图9-1 劳动的心理现象

在劳动过程中,认知、情感、意志过程三者相互关联、相互制约。例如,人们通过认知识别劳动环境的整洁舒适,产生愉悦的情绪,从而加强意志力,更加投入工作。有时,意志也可以控制情感,让人们克服畏难情绪,不轻言放弃。

心理过程是人类共有的心理现象,但不同个体表现出种种不同,如每个人的观察力、注意力、记忆力、想象力和思考力不同,这是能力差异;每个人的心理加工速度和强度等不同,这是气质差异;每个人对现实的态度、意志和情绪特征不同,这是性格差异。此外,每个人的需要、动机、兴趣、理想和信念、世界观等也各有差异。所有这一切形成了每个人独一无二的个性心理,也形成了每个人独特的劳动风格。

> 【核心概念】
>
> 劳动心理学 研究人在劳动过程中的心理活动特点及其规律的学科,是心理学的一个分支。它以普通心理学、社会心理学、管理心理学等研究成果为理论基础,结合劳动过程和劳动组织的实际,围绕劳动者的知、情、意、行,结合劳动生产实践,讨论劳动管理中如何运用心理学知识,激发劳动者的积极性,提高劳动生产率,保障劳动者的健康和安全。

二、劳动的生物节律

(一)人体的三种生物钟

人的劳动作业能力和效率在24小时内呈周期性变化,例如人的体温、脉搏、血压在下午4时左右达到峰值,体力协调动作在下午2至3时表现最佳,而肌肉活动所需的糖、脂肪和蛋白质在血液中的浓度在下午5时达到峰值。早在19世纪瑞士学者汉斯·斯恩就提出人体有生物节律。20世纪初,德国内科医生戍尔赫姆·弗里斯和奥地利心理学家赫尔曼·斯瓦波特从长期的临床观察中,发现人的体力、情绪和智力存在周期性波动,呈正弦曲线变化。其中体力生物钟的周期是23天,情绪生物钟的周期是28天,智力生物钟的周期是33天。现代医学认为,任何人自出生之日起,其体力、情绪和智力就分别以23天、28天、33天的周期呈现正弦往复运动,直至生命结束。[①]

---

① 参见徐树章:《人体的三个生物节律》,《湖南农机》2006年第8期。

（二）人体生物节律曲线

人的这三种生物钟互相影响，密切关联。生物钟的每个周期，首先由周期日开始，进入高潮期；高潮期结束，进入临界日；经过临界日，进入低潮期；低潮期结束，再由周期日开始，进行往复式的循环。在每一个周期的上半周期，生物节律对人的劳动过程发挥积极的影响，称为高潮期。在这个阶段，劳动者体力充沛，精力旺盛，情绪稳定，积极情绪较多，思维反应敏捷，逻辑性较强，问题解决能力更凸显。进入下半周期后，生物节律对人的劳动过程产生消极、抑制的作用，称为低潮期。劳动者的具体表现为，缺乏热情和目标，易疲劳，情绪波动大，意志薄弱，注意力不集中，决策能力和综合分析能力下降。临界日是高潮期向低潮期过渡的日子，人体由高潮期向低潮期转换，此时身体各部分机能处于调节之中。

（三）利用生物节律指导劳动

我们可以充分利用人体生物节律曲线来有效地指导安全生产，提醒劳动者合理安排工作时间，调整身心。例如研究者尝试利用生物节律曲线来调控汽车司机的驾驶和轮休时间。从事脑力劳动者也可依据生物节律曲线合理安排作息时间，在体力高潮期选择更多的锻炼活动，在智力和情绪高潮期抓紧从事用脑活动，提升脑力劳动或学习的效率。从事具有危险性的体力劳动的人员在生物节律低潮期时应格外注意劳动安全问题，在体力、情绪和智力三重临界日应尽可能避免从事相关危险作业，以防止事故发生。

尽管关于生物钟和生物节律的应用研究已取得一定成果，但目前尚未完全清楚整个机理，还有待进一步研究。

案例 9-1

"临界期"与"事故"

《人体节律盘实用手册》揭示，无论国内国外，凡是因操作者问题引起的工业事故、交通事故，80%以上都发生在肇事者的生物节律临界期。美国一家保险公司在涉及偶然事故所引起的死亡报告中指出，事故约有60%是发生在肇事者的生物节律临界期。近年发生的31起飞机坠落事故，其中10起归咎于驾驶员的差错，而这些驾驶员和其助手们大都处在生物节律临界期。美国密苏里州立南方大学哈罗德·威尔斯教授所分析的100起交通事故中，有55%发生在司机生物节律的临界期。瑞士联邦工学院汉斯·斯恩对700起交通事故做了分析，发现有401起发生在驾驶员生物节律的临界期，占事故总数的57.3%。上海合金厂在进行生物节律的研究中，把1979年以来发生的150起事故案例运用生物节律的理论进行了分析，结果发现67%的事故当事人处于生物节律低潮期或临界期，他们继续进行深入分析后发现63.8%的事故是发生在当事人生物节律的临界状态。此外，有学者也对西安、重庆、上海等地的交通事故做了调查，发现其中27%发生在司机生物节律的临界期。[①]

案例点评

【核心概念】

人体生物节律　在生物体的内部存在着的感知时间并受时间支配的节律现象叫作"生物钟"或"生物节律"，反映在人体上的这种内在现象就是人体生物节律。

[①] 杜毅：《人体生物节律理论在空中交通管制领域的应用》，《中国民航学院学报》2004年第6期。

三、劳动与气质类型的匹配

剧院风波情境测试：

一天，你去剧场看现场演出（分上、下半场），结果迟到了15分钟，门口的管理人员按规定不让你进入剧场。经你简单沟通，他依然不让你进入。

请问：按你一贯的行为方式，接下来，你会做什么或者会发生什么？

A反应：生气，争执。"凭什么不让我进去，我就是要进去！"

B反应：没事，想其他办法。"找其他门，想办法溜进去。"

C反应：无所谓。"上半场大概不精彩，先去别处转转，下半场再来。"

D反应：郁闷。"总是这么倒霉，不看了，回家。"

俗话说："江山易改，禀性难移。"气质就是人们在日常生活中表现出的脾气和秉性，它是一个人与生俱来的心理活动的动力特征。在以上情境测试中，四种反应对应四种不同的气质类型，A对应胆汁质，B对应多血质，C对应黏液质，D对应抑郁质。

（一）四种气质类型

气质四类型最早由古希腊医生希波克拉底提出，结合巴甫洛夫的高级神经活动类型学说，四种气质类型的劳动者分别有以下特点：

第一类：胆汁质劳动者。大脑的兴奋过程和抑制过程不均衡，兴奋过程占优势。这类劳动者精力旺盛，言语动作和行为反应敏捷，甚至带有不受控制的特点；情绪产生快，情绪体验强烈，带有爆发式的特点，但来得快去得也快，直率爽朗，热情外向，但急躁易怒；劳动热情高，精力充沛，果敢有拼劲，但缺乏完整性和条理性。适合做有挑战性、应激性强、需要反应力的工作，不适合从事稳重、细致的工作。

第二类：多血质劳动者。大脑的兴奋过程和抑制过程均衡且转换灵活。这类劳动者反应快，行动敏捷，思维灵活，能较快地适应环境的变化；外向，表情丰富，喜欢交际，善于和陌生人打交道；情绪体验丰富但不深刻，喜欢新鲜事物，兴趣广泛，但缺乏深入；注意力不够集中，容易转移，当对事物失去兴趣时，易产生厌倦情绪。适合从事社交性、文艺性、多样性的工作，不适合从事需要细心钻研或较为枯燥的工作。

第三类：黏液质劳动者。大脑的兴奋过程和抑制过程均衡但转换不够灵活。这类劳动者反应较慢，思维、面部表情和身体语言都比较单调；情绪平和并且很少外露，态度持重，善于忍耐，具有内倾性；注意力持久，自我控制力强，能长期从事单调枯燥的工作；做事前考虑周详，严格遵守纪律和制度，工作踏实，但不易适应新环境，不喜挑战，创造力略显不足。适合做有条不紊、稳定、繁琐的工作，不适宜从事存在剧烈变化的工作。

第四类：抑郁质劳动者。大脑的神经类型较敏感。这类劳动者观察力强，具有内倾性，对细节觉察力强，思维深入细致；情绪体验深刻、细腻、持久且变换缓慢；对外界刺激非常敏感，且具有高度的情绪易感性；不喜欢抛头露面，平时比较沉默，怀疑性强；工作非常细致但有些刻板，需要多给予鼓励和情感支持。适合从事安静、持久、细致的工作，不适宜从事要求反应迅速、情绪波动大的工作。

（二）气质类型与职业匹配

气质类型主要受先天影响，具有相对稳定性。但气质并非一成不变，在后天环境、教育的影响下，任何一种气质类型都有可能发展出更成熟的个性特征。大部分成年人的气质类型都非单一型，而是具有混合的气质特点。气质没有好坏之分，不同气质类型的人有各自的优势和限制，气质特点影响劳动活动效率，因此，一个智慧的劳动者，需要接纳自己和他人的不同气质特点，找到与自我气质相匹配的适宜的工作（见表9-1）。

此外，个体在气质基础上发展起来的人格类型、兴趣也与职业密切相关。其中最常用的职业兴趣测量方法是美国心理学家设计的《霍兰德职业兴趣量表》，他将职业群体划分为：社会型、企业型、常规型、实际型、调研型、艺术型。霍兰德力求为每种职业兴趣找出相匹配的能力，兴趣是个体和职业匹配的重要因素。兴趣测试和能力测试结合在职业指导和就业咨询中发挥促进作用。

表9-1 气质类型与职业匹配

气质类型	高级神经活动特点	职业推荐
胆汁质	强而不平衡（兴奋型）	运动员、改革者、探险者、推销员等
多血质	强、平衡、灵活（活泼型）	管理者、外交人员、驾驶员、演员等
黏液质	强、平衡、不灵活（安静型）	医生、法官、财务人员、调解员等
抑郁质	弱型（抑制型）	技术人员、作家、秘书、科研人员等

【核心概念】

气质 个人生来就具有的心理活动的动力特征，包括心理过程的强度、心理过程的速度、心理过程的稳定性、心理活动的指向性等特点。

四、劳动效率与心理效应

（一）霍桑效应

近一百年前，美国哈佛大学教授梅奥在芝加哥西方电力公司霍桑工厂进行工作条件、社会因素、生产效益关系的研究实验，发现了著名的实验者效应，即霍桑效应。它是指当被观察者知道自己成为观察对象、受到别人注意时而改变行为倾向的心理效应。[1]实验结果发现：第一，员工不是只受金钱刺激的"经济人"，

---

[1] 参见李翠柳：《从"霍桑效应"谈对后进生的关注》，《教育观察》2020年第9期。

第九章 劳动与心理　187

其态度在决定行为方面起了重要作用，员工因受到关注，从而提升参与感，感受到自己是公司中的重要一员，会提高劳动生产效率。第二，员工的良好情绪对生产效率提高影响很大。人们的行为并不单纯受利益驱动，还有心理方面的驱动。在工作中人们甚至更看重精神激励与人际关系。

（二）社会促进与社会抑制

社会心理学家特里普利特在一次偶然的观察中发现，在有竞争时人们的骑车速度比单独骑车时更快。因此他设计了一项实验，探讨儿童在有他人存在时是否会工作得更快。结果证明了他的预期，在拉钓鱼线的实验中，集体干活时儿童更加卖力，一起绕线比单独绕线的效率要高10%。据此他得出结论：个人在集体劳动中的效率要比单独劳动的效率高。他因此提出社会促进效应，后来又细分为结伴效应和观众效应。

结伴效应，即在结伴活动中，个体会感到社会比较的压力，从而提高工作或活动的效率。

观众效应，即个体从事活动时，是否有观众在场、观众的多少及观众的表现对其活动的效率有明显影响。

1965年扎永茨提出驱力水平理论，以此来解释社会促进效应。扎永茨认为，他人在场时所唤起的驱力有两种：一种是与人竞赛的动机。他人在场，个体会在无意中产生与他人竞争的感觉，因此，个体会希望表现得更好。另一种是希望得到他人良好评价的动机。当别人在场时，个体会不由自主地认为别人在观察自己，因此时刻关注自己的表情、行为和作业，希望获得好评价，从而影响个体的作业水平。

但是在研究中人们也注意到，在某种情况下社会促进现象并未发生，而且相反，当他人在场时反而会抑制个体的表现，使个体的作业水平下降而产生社会抑制现象。例如学者达希尔发现，有观众在场时，个体进行乘法运算会出现许多差错，其原因主要来自个体的心理紧张。这种心理紧张主要是由于个体想从群体中得到尊重和赞许的愿望与对自身工作的信心之间的差距造成的。简单来说，对于熟练、易学、有自信的活动，他人在场带来的常常是社会促进作用。而对于困难、生疏、欠缺自信的活动，他人在场则常带来社会抑制作用。

（三）社会懈怠

心理学家黎格曼设计了拉绳实验，在研究中他让参加实验的工人用力拉绳子并测拉力。实验包括三种情境：单独拉绳；三人一组拉绳；八人一组拉绳。结果发现：单独拉绳时，人均拉力63公斤；三人一起拉绳时总拉力160公斤，人均拉力53公斤；八人一起拉绳时总拉力248公斤，人均拉力只有31公斤，不到单独拉绳时的一半。

黎格曼发现人们一起拉绳时的平均拉力要比一个人单独拉绳时的平均拉力小，他最早提出社会懈怠现象。其产生的原因可能是个体在集体中的劳动不记名，不被量化，觉得团体中的其他人没有尽力工作，为求公平，于是自己也就减少努力；也可能是人们认为个人的努力对团体微不足道，或是团体成绩很少能归于个人，个人的努力难以衡量，与团体绩效之间没有明确的关系，故而个体便降低努力程度，或不能全力以赴地努力。

社会懈怠效应明显降低了群体的劳动效率。减少社会懈怠的有效途径是：首先，量化并公布整个群体的工作成绩以及每个成员的工作成绩。其次，督促成员之间互相观察，帮助群体成员认同他人的努力和工作成绩。再次，控制劳动的群体规模，减少"磨洋工"的可能性。

（四）作业疲劳与合理休息

劳动中的作业疲劳是一种复杂的生理和心理现象，指在劳动生产过程中，逐渐出现不适感、作业能力下降的状态。一般分为肌肉疲劳和精神疲劳两类。本质上，两种疲劳均是机体的一种正常生理保护机制，是大脑发出的警觉信号，提醒人们适当休息。作业疲劳具有几个特点：疲劳在劳动作业过程中产生，疲劳的过程是渐进的，长期作业疲劳可能引发一系列功能失调。预防作业疲劳是保障劳动安全的重要措施。

劳动强度越大，持续时间越长，人体负荷越高，疲劳越容易出现。测评疲劳的方式很多，如测量劳动者的生理指标（如脉搏、血压、能量代谢、乳酸、肾上腺素等）的变化、记录劳动者的感受、分析劳动者脑电图和注意力改变、观察劳动产品的质量和数量。

证据表明，合理休息虽然减少了一天中的净劳动时间，但并不会降低劳动效率，甚至还会提高劳动效率。

【核心概念】

社会促进效应　人们在共同工作或有他人在场观察的时候，工作效率会比单独进行时高。

社会抑制效应　亦称"社会致弱""社会促退"。个体因他人在场而工作效率降低的现象，与"社会促进"相对。

社会懈怠效应　在团体中由于个体的成绩没有被单独评价，而与其他个体一起被看作一个总体时所引发的个体努力水平下降的现象，又称"搭便车"效应。

五、劳动与压力管理

表9-2是生活事件压力评定表，每个压力事件对应相应的压力指数。人们可据此表勾出一年内经历的压力事件，并计算出最后的压力总分。

如果分数在199以下，说明参评者在一年内的压力处于低水平，工作和生活中需要适当的刺激和改变；如果分数为200～299，说明参评者压力处于适当水平；如果分数超过300，说明参评者压力过大，急需减压。

表9-2 生活事件压力评定表

生活事件	指数	生活事件	指数	生活事件	指数
配偶死亡	100	经济状况变化	38	工作时间地点改变	20
离婚	73	好友死亡	37	迁居	20
解除婚约	65	工作性质改变	36	转学	20
拘禁	63	夫妇争吵	35	娱乐活动的变化	19
亲人死亡	63	中量借贷	31	宗教活动的变化	19
受伤或患病	53	赎回抵押	30	社会活动的变化	18
结婚	50	职务变化	29	少量借贷	17
解雇	47	子女离家出走	29	睡眠习惯的改变	16
复婚	45	司法纠纷	29	家人离合	15
退休	45	杰出的个人成就	28	饮食习惯改变	15
家庭成员患病	44	爱人开始或停止工作	26	度假	13
怀孕	40	入学或失学	26	节日	12
性生活不协调	39	生活条件变化	25	轻度违法事件	11
家庭添员	39	个人习惯改变	24		
工作调动	39	与上级发生矛盾	23		

资料来源：霍尔姆斯：《生活事件心理应激评定表》，1973年。

（一）劳动中的各种压力

劳动中的压力源，包括一系列能够被人们知觉并产生正性或负性压力反应的情境、刺激、活动和事件。如果个体需要付出较大的努力来适应压力源，或者压力已经超出了个体所能够承受的范围，那么各种心理和生理的失调状态便随之而来。

压力具有以下特点：第一，不同人有不同的压力曲线。第二，压力兼具正面作用和负面影响。完全无压力的人并不是效率最高、最幸福的。第三，若压力不足，人的动力便也不足，劳动效率低，表现不佳。随着压力的提高，人的注意力会更加集中，也会投入更多的精力，工作效率和绩效也随之提高。第四，压力就像琴弦，没有压力，就不会产生音乐，但是压力过大或压力长期得不到缓解，就像琴弦绷得太紧会断掉一样，会引发个体工作效率降低，身心受损。

压力来源于家庭、社会、环境、生活、工作。压力是一种主观感受，压力的大小取决于压力源的大小，又取决于个人承受力的强弱程度。有的人就像一根很有弹性的弹簧，在各种压力面前伸缩自如，抗压能力很强。有的人就像鸡蛋，遇到磕磕碰碰，就破损了，抗压能力很弱。

（二）劳动中的压力觉察

在劳动中无论是新人还是老手，都需要加强自身的压力觉察，这样才能走出灵活应对各种问题的第一步。有效的压力觉察需要具备四种能力：

能力一：自我压力诊断能力。能够敏感地觉察自我的状态，理清身体、情绪、工作状态的情况，勇于面对，分析界定自己的压力所在及压力产生的原因。这是压力管理的第一要素。

能力二：启用"减压阀"的能力。压力过大时，首先启动适合自己的"减压阀"，释放部分压力，以避免"炸锅"。每个人的减压方式不同，运动、整理、睡眠、休闲娱乐、向朋友倾诉都是不错的方法。

能力三：解决问题的能力。整天生活在焦虑之中，不如马上行动，沉下心来积极思考有效的解决方案，将负面压力转化为正面的动力，并学会向外界求助。这是压力管理的重要手段。有的压力，一旦积极应对便能化解。而有的压力可能存在暂时无法逾越的障碍，还有的甚至超出自己的可控范围，这时则需要重新设定短期目标，或者学会暂时搁置，接受与压力和平相处的状态。

能力四：改变自我想法的能力。人往往不是被事情本身所困扰而是被自己对事情的看法所苦。所以，有时候我们需要改变一些固有的观念和看法，将一些不合理的信念调整为合理的想法。如"我必须……""如果……就完蛋了""事情一定要……"，都是不合理信念，我们应用合理、灵活、积极的想法替代它，调整为生活和劳动中的正向思维。

（三）劳动中的情绪管理

有一个经典问题："每天上班都是坐着，为什么还这么累？"社会学家给出了答案：因为除了体力劳动和脑力劳动之外，还有一项同样艰辛的付出被忽视了，那就是情绪劳动。最初，情绪劳动只是指那些对劳动者的面部表情有特殊要求的职业，比如，空姐要付出"持续微笑的情绪劳动"，护士要付出"耐心关爱的情绪劳动"，医生要付出"冷静的情绪劳动"，殡葬从业人员要付出"悲伤的情绪劳动"。后来将"情绪劳动"的定义进一步扩大，不管任何工作，只要涉及人际互动，员工都可能需要进行情绪劳动。

情绪是一种劳动，对应着相应的成本和付出。比如，一个银行柜员失恋了，很伤心，但是进入工作状态后，她需要隐藏自己真实的情绪，展示职业情绪，面带微笑，耐心为客户服务。长此以往，如果这个银行柜员不懂得情绪管理，可以想象她将承受很大的压力。一个人的真实心情如何，叫情绪感受，一个人表现出来的情绪叫情绪表达，情绪感受和情绪表达之间的差别越大，那么这个人付出的情绪劳动工作量就越大。而长期付出大量的情绪劳动，则可能引发工作倦怠。

1974年美国精神分析学家弗登伯格首次将工作倦怠引入心理健康领域，用来特指劳动者由于工作所要求的持续情感付出而导致身心耗竭的状态。这个概念一经提出，立刻引起了广泛关注，被视作现代社会的一种职业疾病。到了20世纪90年代，对于工作倦怠的研究范围从服务性质的行业逐渐扩展到教育业、技术业和培训业。目前，世界卫生大会已正式将"工作倦怠"纳入国际疾病分类。

工作倦怠主要表现在三个方面：

第一，情感衰竭。指没有活力，没有工作热情，感到自己处于极度疲劳的状态。它被视为工作倦怠最核心、最明显的症状表现。

第二，去人格化。指刻意在自身和工作对象间保持距离，对工作对象和环境采取冷漠、忽视的态度，对工作敷衍了事，个人发展停滞，行为怪僻，提出调度申请等。

第三，无力感或个人成就感低。指倾向于消极地评价自己，并伴有工作能力体验和成就体验感的下降，认为工作不但不能发挥自身才能，而且是枯燥无味的。

案例9-2

三个陷入工作倦怠的劳动者

这三个劳动者正在经历什么？

（1）被疲惫"困住"的李先生

李先生最近总觉得有气无力，工作没有干劲。每天早晨起床时一想到有一整天的工作要做，就感觉仿佛一晚上没睡似的疲乏，不只是身累，心也累。他力图改善目前的工作困境，却始终未能如意。被疲惫感"困住"的李先生，一方面想选择辞职逃离工作，另一方面又受制于生活经济压力，进退两难。

（2）越来越"冷漠"的张老师

张老师工作15年了，最近不知道为什么，本来最爱和学生们待在一起的她总是有意无意地避免与学生们近距离接触。她听见学生们在聊天或讨论就心情烦躁，总想躲得远远的。在办公室里，原本爱说爱笑的她也不愿主动和同事聊天了。她每天都不想上课，只想坐在自己的办公桌前，希望谁都不要来打扰她……

（3）丧失成就感的杨女士

杨女士跳槽到了一家新的单位，专业对口，收入颇丰，还很稳定。工作伊始，杨女士满怀热情地投入工作，可是不到半年，她就开始觉得这份工作没意思，仿佛失去了兴趣，再也不像刚来的时候那样会为了某个项目的顺利完成而高兴了。尤其是当她看到办公室复杂的人际关系时，更感到厌倦万分。她的情绪开始低落，经常发牢骚，消极应付工作，寄希望于通过再一次跳槽重获动力。

正在经历工作倦怠的人犹如失去水的鱼，备受窒息的痛苦。他们感到空虚无助，内心好似被掏空了一样。如何摆脱倦怠感，重新找回工作的快乐呢？下面几点建议可供参考：

第一，正视工作倦怠。在形成任何有效的应付策略之前，首先要对倦怠感有客观准确的认识，避免采取回避的态度。

第二，找准职业兴奋点。要成为工作上的主人，必须从了解自己开始。花点时间静下来思考：自己擅长哪个领域？倾向于从事哪类工作？这份工作可以发挥所长吗？是自己努力不够还是被摆错了位置？自己对工作究竟有哪些期望？

第三，寻求外部资源。当出现倦怠感时，要学会及时倾诉，寻求家人、亲友、同事的支持，帮助自己分析心理的症结，重新审视自己的工作状态。

第四，锻炼和放松。注意劳逸结合，保持足够的睡眠、定期的放松和适度规律的锻炼能够有效地减少焦虑和抑郁。此外，还可以进行一些放松训练，如深呼吸、肌肉放松、冥想等。

【核心概念】

压力源　又称应激源或紧张源，是指任何能够被个体知觉并产生正性或负性压力反应的事件或内外环境的刺激。

情绪劳动　要求员工在工作时展现某种特定情绪以达到其所在职位工作目标的劳动形式。

工作倦怠　一种在工作重压之下身心俱疲、厌弃工作的感受，是一种身心能量被工作耗尽的感觉，也称为心理枯竭。

六、劳动者的心理健康

美国心理学家马斯洛和米特尔曼提出了心理健康的十个标准：第一，充分的安全感，在关系中能够独立存在；第二，充分了解自己，并对自己的能力有客观而适当的估计；第三，生活的目标切合实际；第四，与现实的环境保持接触；第五，保持人格的完整与和谐；第六，具有从经验中学习的能力；第七，能保持良好的人际关系；第八，适度的情绪表达与控制；第九，在不违背社会规范的条件下，对个人的基本需要作恰当的表达；第十，在集体要求的前提下，较好地发挥自己的个性。

第九章　劳动与心理

（一）劳动中的各种"心病"

2018年，《中国城镇居民心理健康白皮书》发布，通过对全国26个省市总计约110.3万城镇居民的心理健康状况进行大数据分析，发现中国城镇居民心理健康状况不容乐观。数据显示，73.6%的城镇居民处于心理亚健康状态，存在不同程度心理问题的城镇居民有16.1%，心理健康的城镇居民仅为10.3%。同时，城镇慢病人群心理问题伴发率极高，心理健康的仅有5.1%。

这一结果向人们敲响警钟，加强国民心理健康工作已迫在眉睫。近年来国家及各级政府下发了各类政策文件推进心理健康工作发展，建立生物—心理—社会全方位健康管理及诊疗路径与服务模式。

"心病"属于心理健康范畴，指一系列心理问题。它会间接地改变人的性格、世界观及情绪等。如同感冒一样，几乎人人都曾经历过不同程度的心理问题。据世界卫生组织统计，全球完全没有心理问题的人口比例只有9.5%。

在临床心理学实践工作中，常常从本人评价、他人评价和社会功能状况三个方面来进行心理健康状态的分析。临床心理学家常将人的心理健康状态分为四个等级：健康状态、不良状态、心理障碍、心理疾病。

1. 一级状态：健康状态

此状态的特点是：

第一，本人不觉得痛苦。即在一个时间段中（如一周、一月、一季或一年）快乐的感觉大于痛苦的感觉。

第二，他人不感觉到异常。即心理活动与周围环境相协调，不出现与周围环境格格不入的现象。

第三，社会功能良好。即能胜任家庭和社会角色，能在一般社会环境下充分发挥自身能力并利用现有条件（或创造条件）实现自我价值。

2. 二级状态：不良状态

介于健康状态与疾病状态之间的状态，是正常人群中常见的一种亚健康状态，它由个人气质和性格特点（如过于好胜、孤僻、敏感等）、生活事件（如工作压力大、晋升失败、被上司批评、婚恋挫折等)、身体不良状况(如长时间加班劳累、身体疾病)等因素所引起。此状态的特点是：

第一，时间短暂。此状态持续时间较短，一般在一周内能得到缓解。

第二，损害轻微。此状态对个体的社会功能影响比较小。处于此类状态的人一般都能胜任日常工作、学习和生活，只是愉快感小于痛苦感，"很累""没劲""不高兴""应付"是他们常说的词汇。

第三，能自己调整。大部分人能通过自我调整如休息、聊天、运动、旅游、娱乐等方式使自己的心理状态得到改善。小部分人若长时间得不到缓解可能会形成一种相对固定的状态，应该及时寻求心理医生的帮助，以尽快得到调整。

3. 三级状态：心理障碍

心理障碍是一个人由于生理、心理或社会原因而导致的各种异常心理过程、异常人格特征、异常行为方式，其心理状态表现为某一方面(或几方面)发展的超前、停滞、延迟、退缩或偏离。此状态的特点是：

第一，不协调性。心理活动的外在表现与其生理年龄不相称或反应方式与常人不同。如：成人表现出幼稚状态，儿童出现成人行为，对外界刺激的反应方式异常(偏离)，等等。

第二，针对性。处于此类状态的人往往对障碍对象(如敏感的事物、人及环境等)有强烈的心理反应，而对非障碍对象可能表现很正常。

第三，损害较大。可能使当事人不能按常人的标准完成生活或工作事务，如社交焦虑者不能完成社交活动，锐器恐怖者不敢使用刀、剪等。

第四，需求助于心理咨询师或心理医生。此状态者大部分不能通过自我调整和非专业人员的帮助而解决问题，需要通过心理医生的指导来应对心理障碍。

4. 四级状态：心理疾病

心理疾病是由于个人及外界因素引起个体强烈的心理反应(思维、情感、意志)并伴有明显的躯体不适感。其特点是：

第一，强烈的心理反应。如出现思维判断上的失误，思维敏捷性下降，记忆力下降，头脑粘滞感、空白感，强烈自卑感及痛苦感，缺乏精力，情绪低落忧

第九章 劳动与心理　197

郁，紧张焦虑，意志减退，有行为失常（如重复动作、动作减少、退缩行为等）表现，等等。

第二，明显的躯体不适感。中枢控制系统功能失调可引起人体各个系统功能失调，如影响消化系统，出现食欲不振、腹部胀满、便秘或腹泻（或便秘—腹泻交替）等症状；影响心脑血管系统，出现心慌、胸闷、头晕等症状；影响内分泌系统，出现女性月经周期改变、男性性功能障碍；等等。

第三，损害大。此状态下的人不能或只能勉强完成其社会功能，缺乏轻松、愉快的体验，痛苦感极为强烈。"哪里都不舒服""活着不如死了好"是他们真实的内心体验。

第四，需要心理医生的治疗。处于此状态的患者一般不能通过自身调整和非心理科专业医生的治疗而康复。心理医生对此类患者的治疗一般采用心理治疗和药物治疗相结合的综合治疗手段。

（二）劳动中的心理健康工作

劳动情境中的职业心理状态，包括职业压力感、职业倦怠感、职业方向感、组织归属感、人际亲和感五个方面。职场的各种"心病"对应着职业状态后面的深层心理原因。通过科学的方法和治疗手段，帮助职工从职业心理问题中解脱出来，缓解各种压力带来的心理伤害，可以维护职工的心理健康。

现在职工心理健康工作的外延已经不仅仅局限于职业内部，还扩展到职工生活的各个层面。职工心理健康工作就是根据不同类型的职工生理和心理发展特点，运用心理学的相关方法和手段，培养职工良好的心理素质，促进职工在工作、家庭及社会等不同层面的身心和谐发展。

职工心理健康工作的功能包括：①微观功能：促进职工身心健康和全面发展。开展心理健康工作，有利于促进职工身心健康，有利于维护职工人格健全，有利于提高职工心理弹性。②宏观功能：推进企业的全面发展。企业开展心理健康管理的目的是：第一，减少人才流失。培养职工归属感和工作热情，吸引更多的优秀职工，保护企业的核心资源。第二，提高劳动生产率。职工身心状态处于最佳水平，可提高企业的劳动生产率，增强企业的核心竞争力。③应激功能;预防危机事件发生。通过职工心理健康管理的实施,对劳动群体的压力水平进行即时监控和干预,预防职工心理危机事件的发生。

职工心理健康工作的目标包括:①总目标:提高全体职工的心理素质,充分开发他们的职业潜能,培养职工积极、乐观、健康的心理品质,促进职工人格的健全发展。②具体目标:普及心理健康的相关知识;使职工不断正确认识自我,增强自我调控,增强压力耐受力,积极应对挫折和困难,学会进行有效的心理调适;培养职工健全的人格和良好的个性心理品质,对少数有心理行为问题和心理障碍的职工,给予科学的心理咨询和辅导,使他们尽快摆脱障碍,提高心理健康水平。

(三)员工援助计划

员工援助计划又称员工心理援助项目、全员心理管理技术,英文为Employee Assistant Program,简称EAP。2009年,中国员工心理健康工程启动,这项工程由中国保健协会主办,是一项由心理学专家团队深入企事业组织,根据企事业组织的具体情况,为其管理者提供帮助,解决员工心理健康问题的工程。

EAP的内容包括压力管理、职业心理健康、裁员心理危机、灾难性事件、职业生涯发展、健康生活方式、家庭问题、情感问题、法律纠纷、理财问题、饮食习惯、减肥等各个方面,全面帮助员工解决个人问题。

员工援助计划提供以下七类服务:

第一类:管理员工问题、改进工作环境、提供咨询、帮助员工改进业绩、为员工提供培训和帮助、将反馈信息传递给组织领导者、对员工和其家属进行有关EAP的服务。

第二类:建立专业的员工职业心理健康问题评估体系。对员工问题保密并提供及时的筛查和评估服务,以保证员工的个人问题不会对他们的业绩表现产生负面影响。

第三类:针对存在问题以致影响业绩表现的员工展开个人咨询,运用科学有效的干涉方法,帮助其解决相应问题,并使其及时恢复到正常轨道。

第四类:为职工提供医学咨询、治疗、帮助、转介和跟踪等服务。

第五类：为企业提供组织咨询，帮助企业之间建立和保持有效的工作关系。

第六类：在组织中进行咨询，协助组织针对有关不良现象和行为制定相关政策。

第七类：确保员工援助计划在组织中的顺利实行。

（四）积极开发劳动者心理资本

20世纪90年代末，美国心理学家塞利格曼发起了积极心理学运动，并首次提出心理资本的概念，提倡对促进个体积极行为和心理健康的因素进行深入研究。人的发展、成功和幸福不仅需要环境和社会文化等，更需要充分认识和发掘个人内在的积极心理品质。

心理资本是企业除了财力、人力、社会三大资本以外的第四大资本，它是指个体在成长和发展过程中表现出来的一种积极心理状态，具体表现为四个方面：

第一，自我效能。自我效能感也称自我效能信念，由美国著名心理学家班杜拉提出，也是成功心理学研究的重要心理变量。所谓自我效能信念，是指相信自己具有达到特定成就能力的信念。班杜拉认为，在动因的各种机制中，没有一种比个人自我效能信念处于更核心的地位、更具普遍意义。一个人除非相信自己能通过自身行动产生所期待的效果，否则他很难具备行动的动机。

第二，乐观。指一种归因模式，用个体的、永久的、普遍性的原因来解释积极的事件，用外部的、临时的、与情境关联的原因来解释消极的事件。

第三，希望。指对目标锲而不舍，并在必要时能调整实现目标的途径。美国心理学家里克·斯奈德认为，希望是在成功的动因（指向目标的能量水平）与路径（实现目标的计划）交叉所产生体验的基础上，形成的一种积极的动机状态。换言之，希望的内涵是一种认知或"思考"状态，在这种状态中，个体能够设定现实而又有挑战性的目标和希望，然后通过自我引导的决心、能量和内控的知觉来达到这些目的。

第四，韧性。心理学的"韧性"，也称"弹性"。人的生命具有主动应对、调节和适应外部压力的心理能力，不同于生物体受外力后仅仅表现为被动恢复的属性。美国心理学会把韧性定义为：个人面对生活逆境、创伤、悲剧、威胁或其他生活重大压力时的良好适应与应对。心理韧性具有以下三种心理能力：克服逆境、化解危机的能力；耐受压力、良好适应的能力；从创伤中复原的能力。

在个人层面上，提升个体的心理资本可以促进个人成长、提高劳动绩效和心理健康水平。在组织层面上，与人力资本和社会资本类似，心理资本通过改善劳动者的绩效最终实现组织的投资回报和竞争优势。心理资本具有独特性，能有效地测量和管理。组织通过投资与开发劳动者心理资本，能改善劳动者的绩效，促进劳动者的心理健康，形成组织竞争优势。

【核心概念】

劳动者心理健康　在劳动过程中有一种高效而满意的、持续良好的心理状态，且心理的各个层面都是积极均衡的。

员工援助计划（EAP）　由企业为员工设置的一套系统的、长期的福利与支持项目。通过专业人员对组织的诊断、建议和对员工及其直系亲属提供专业指导、培训和咨询，帮助解决员工及其家庭成员的各种心理和行为问题，提高员工在企业中的工作绩效。

心理资本　个体在成长和发展过程中表现出来的一种积极心理状态，是超越人力资本和社会资本的一种核心心理要素，是促进个人成长和绩效提升的心理资源。

【延伸思考题】

1. 结合成长经历，分析自己在劳动过程中的性格优势与不足，尝试通过测评寻找与自己匹配的职业类型。

2. 对自己的心理健康状态进行评估，讨论什么是健康成熟的应对压力的方式。

MBTI职业性格测试

【拓展阅读】

1. 沈志义：《劳动心理学原理》，江西人民出版社2006年版。
2. 李红主编：《实用劳动心理学》，暨南大学出版社2008年版。
3. 张杉杉编著：《劳动心理学》，中国劳动社会保障出版社2011年版。
4. 中国就业培训技术指导中心、中国心理卫生协会组织编写：《国家职业资格培训教程心理咨询师（三级）》（2012修订版），民族出版社2012年版。
5. 陆雄文主编：《管理学大辞典》，上海辞书出版社2013年版。
6. ［美］理查德·格里格、菲利普·津巴多：《心理学与生活》，王垒、王甦等译，人民邮电出版社2003年版。
7. ［美］戴维·迈尔斯：《社会心理学》，侯玉波等译，人民邮电出版社2006年版。
8. ［美］路桑斯：《心理资本》，李超平译，中国轻工业出版社2008年版。

第十章
劳动与劳动关系

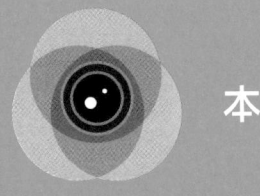

本章导读

劳动关系纠纷仲裁

2016年5月13日,某高校大四学生寻某通过校园招聘进入某公司,与公司签订实习协议,约定实习期1个月,从2016年5月13日起至6月14日,并明确实习期不得超过寻某取得毕业证的时间;实习期月工资为3 000元,转正之后月工资为3 500元。当年6月15日,寻某取得高校颁发的毕业证。实习期满,公司继续用工,但未与寻某签订书面的劳动合同,也未依法为寻某办理社会保险。2016年6月28日,寻某因工外出时受伤,需住院40天,经劳动能力鉴定机构鉴定为八级伤残。2016年8月,在寻某住院休养期间,该公司单方面终止与寻某的实习协议。寻某认为公司的做法不合理,于2016年12月提起仲裁申请,要求确定双方存在劳动关系,由公司支付单方面解除劳动关系的赔偿金。

双方是否建立了劳动关系?公司是否应该支付寻某赔偿金?

一、劳动与劳动关系概述

（一）劳动关系的概念

劳动关系是生产关系的重要组成部分，是最基本、最重要的社会关系之一。劳动关系是否和谐，事关企业及广大职工的切身利益，事关经济发展与社会和谐。微观的劳动关系主要指劳企双方在工作场所形成的用工关系，因此其核心主体是企业和劳动者。劳动者为企业提供劳动进而使企业实现盈利，企业为劳动者支付报酬进而使劳动者得以生存发展。宏观的劳动关系是指劳动者与用人单位以及双方的代表组织，在生产、劳动和社会事务的交往过程中结成的一种社会关系，包含国家、社会、行业、产业等不同层面劳动者与企业及双方代表组织之间的社会关系，以及对这一关系有直接影响的其他社会关系。[1]因此，宏观的劳动关系主体还包含代表企业的企业组织、代表劳动者的工会以及平衡双方力量的政府机构。

劳动关系具有平等性、隶属性以及国家意志和当事人意志相结合的属性。平等性主要指在法律面前企业和劳动者享有平等的权利；在建立劳动关系时，双方基于双向选择、遵循自愿协商的原则订立劳动合同；在终止劳动关系时，任何一方都有权遵循法律规定，单方决定解除劳动关系。隶属性指劳动者在和企业建立劳动关系之后，在实现劳动的过程中应当遵守企业的规章制度，服从企业的约束管理，双方形成领导与被领导的隶属关系。国家意志和当事人意志相结合的属性是指劳动关系的建立、维系、终止过程既有基于劳企双方协商的共同意志的体现，也有遵循法律规范规定的国家意志的体现。

劳动关系的实质是冲突与合作。由于企业和劳动者都追求自身利益最大化，前者希望以更低的工资成本获得更高的劳动投入，后者希望以更低的劳动投入获取更高的工资报酬，因此劳动关系中存在着根本性的冲突。而企业和劳动者为了各自的可持续发展，又必须选择合作共赢，因为如果企业不支付劳动者合理报酬，劳动者可以通过消极怠工（降低劳动投入）、辞职（终止劳

---

[1] 参见刘向兵主编：《劳动的名义》，中国工人出版社2018年版。

动关系）等多种方式保护自身利益不受损害，而如果劳动者不为企业提供其所需劳动，则面临着被降薪（减少工资成本）甚至解雇（终止劳动关系）的结局。因此，劳动关系的本质属性是在冲突与合作中寻求平衡。当合作大于冲突，即企业和劳动者更多地关注如何将蛋糕做大而不是如何分得更多蛋糕时，劳动关系可以积极有效运行，最终实现双赢。当冲突大于合作，即企业和劳动者更多地关注如何分得更多蛋糕而不是如何将蛋糕做大时，劳动关系可能面临终止（即劳动者辞职或企业解雇劳动者），冲突过大时，甚至演变为劳动争议。

（二）劳动与劳动关系

劳动指劳动者对自身劳动力的使用，劳动力依附于劳动者人身而存在。在农业经济文明时期，劳动力的所有者和使用者是合一的，例如农民通过辛勤耕耘来获取生活所需的粮食。进入工业经济文明时期，出现了购买他人劳动力从事大规模生产的资本家以及出卖自身劳动力以获取相应报酬的产业工人。劳动力所有权和使用权的分离，推动了劳动关系的出现，即劳动力的买者和卖者在工作场所形成用工关系。

马克思主义劳动观认为，生产是指劳动者运用劳动资料，改造劳动对象，使之适合自己需要的有目的的活动。劳动者进行劳动是生产的基石，所以是劳动创造了世界、劳动创造了历史、劳动创造了人本身。而劳动关系是生产关系的重要组成部分，规定着物质资料生产过程中生产资料所有者与劳动者之间的经济利益关系，它的产生和演变归根结底是由生产力的发展变化决定的，这也就在很大程度上受劳动者提供劳动的影响。

微观上，良好的劳动关系促使劳动者进行更多劳动投入，为企业带来更高的利润，而企业基于此愿意在劳动者身上投入更多成本（包括支付薪酬、提供培训等），这又进一步推动劳动关系的持续改善，进而形成良性循环。宏观上，整个社会和谐劳动关系的构建，可以提高劳动者的就业意愿，促使更多劳动者就业，进而带动整个社会生产力的提升。

（三）中国特色和谐劳动关系

努力构建中国特色和谐劳动关系，是坚持中国特色社会主义道路、贯彻中国特色社会主义理论体系、完善中国特色社会主义制度的重要组成部分，其经济、政治和社会意义十分重大而深远。党和国家高度重视构建和谐劳动关系，制定了一系列法律法规和政策措施并作出工作部署，取得了明显成效。2015年，中共中央、国务院印发《关于构建和谐劳动关系的意见》（下文简称《意见》），系统阐述了构建中国特色和谐劳动关系的重大意义、指导思想、基本原则、目标任务和政策措施，明确提出要建立规范有序、公正合理、互利共赢、和谐稳定的劳动关系，是指导劳动关系工作的纲领性文件。

《意见》将劳动关系纳入经济发展、国民收入分配的大格局中，着力构建劳动者与企业利益平衡与协调发展的宏观与微观机制，摆脱了传统劳动关系研究与实践中的将劳企双方对立化和冲突化的思维，从做大蛋糕实现双赢、建立劳动关系中的社会伙伴关系的角度，提出了构建中国特色和谐劳动关系这一伟大课题。中国特色和谐劳动关系的构建是宏观的劳动关系治理机制和微观的劳动关系管理的有机结合。[1]

中国特色和谐劳动关系治理，即国家层面的和谐劳动关系治理，一是坚持中国共产党的领导，坚持中国特色社会主义道路，把遵循劳动关系一般规律与适应我国根本政治制度、基本经济制度等具体国情结合起来[2]。二是充分发挥政府、工会和企业组织在约束雇主、引导职工和调解矛盾方面的独特作用。三是健全劳动领域的相关法律法规，把劳动关系的建立、运行、监督、调处的全过程纳入法治化轨道。四是制定促进"劳企两利"的劳动关系政策和制度，构建有效的劳动关系协商协调机制和矛盾调处机制。

中国特色和谐劳动关系的管理，即企业层面的和谐劳动关系管理，一是抓住劳动合同管理这一关键重点，确保劳动合同订立、履行、变更、解除、终止和续订全过程的合法合规。二是遵循共建共享的整体原则，调动企业和劳动者双方的积极性、主动性，推动企业和劳动者协商共事、机制共建、效益共创、利益共

---

[1] 参见唐鑛、刘兰主编：《企业劳动关系管理》（第2版），中国人民大学出版社2017年版。
[2] 参见尹蔚民：《致力推进中国特色和谐劳动关系的构建》，《求是》2015年第9期。

享。① 三是推动员工民主参与这一重要实践，让劳动者可以通过职工代表大会、厂务公开、劳企协商等方式介入管理决策的制定和实施，通过与管理层的交互作用参与和影响管理行为。中国特色和谐劳动关系构建图解如下（见图10-1）。

习近平相关讲话节选

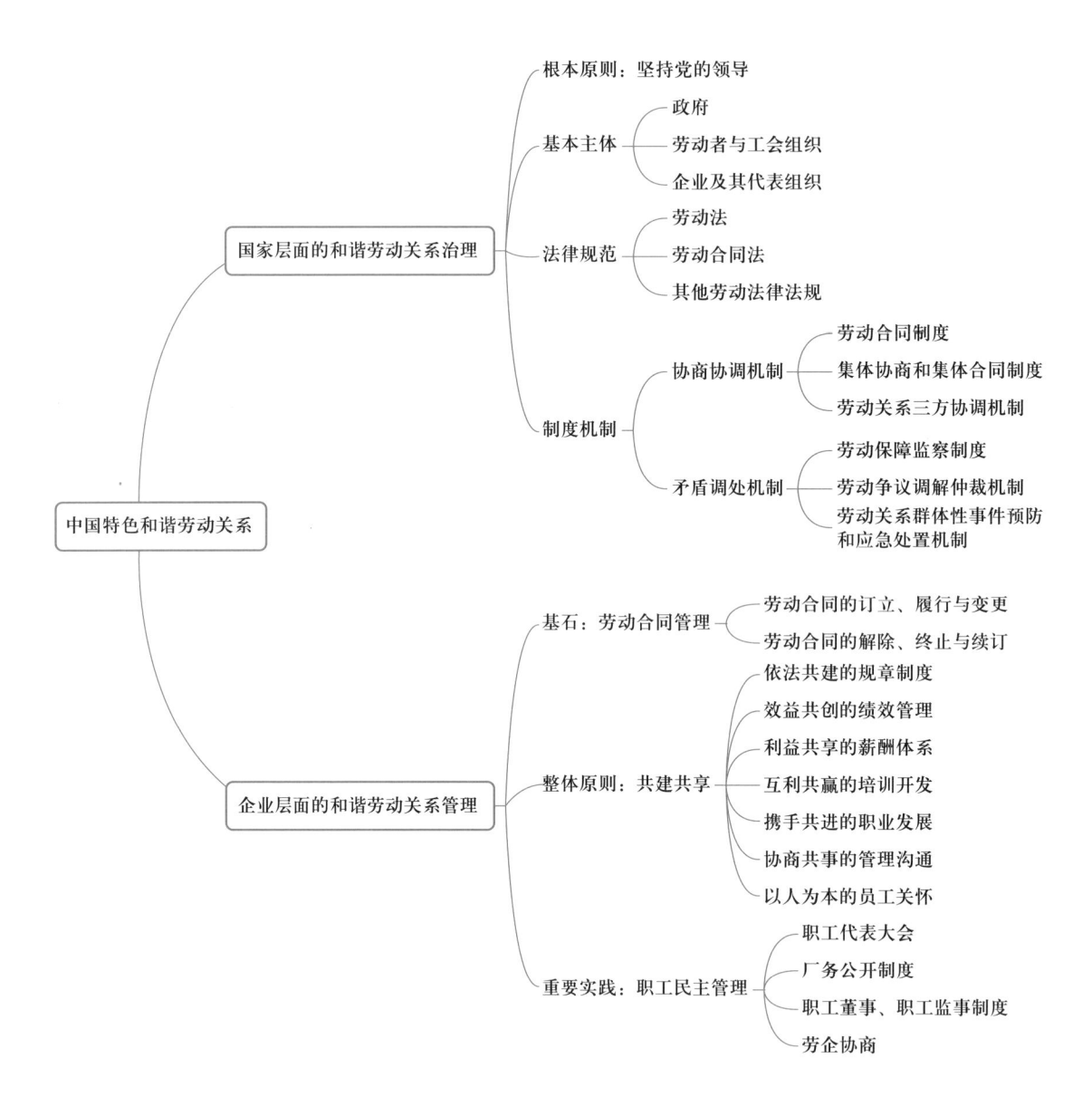

```
中国特色和谐劳动关系
├── 国家层面的和谐劳动关系治理
│   ├── 根本原则：坚持党的领导
│   ├── 基本主体
│   │   ├── 政府
│   │   ├── 劳动者与工会组织
│   │   └── 企业及其代表组织
│   ├── 法律规范
│   │   ├── 劳动法
│   │   ├── 劳动合同法
│   │   └── 其他劳动法律法规
│   └── 制度机制
│       ├── 协商协调机制
│       │   ├── 劳动合同制度
│       │   ├── 集体协商和集体合同制度
│       │   └── 劳动关系三方协调机制
│       └── 矛盾调处机制
│           ├── 劳动保障监察制度
│           ├── 劳动争议调解仲裁机制
│           └── 劳动关系群体性事件预防和应急处置机制
└── 企业层面的和谐劳动关系管理
    ├── 基石：劳动合同管理
    │   ├── 劳动合同的订立、履行与变更
    │   └── 劳动合同的解除、终止与续订
    ├── 整体原则：共建共享
    │   ├── 依法共建的规章制度
    │   ├── 效益共创的绩效管理
    │   ├── 利益共享的薪酬体系
    │   ├── 互利共赢的培训开发
    │   ├── 携手共进的职业发展
    │   ├── 协商共事的管理沟通
    │   └── 以人为本的员工关怀
    └── 重要实践：职工民主管理
        ├── 职工代表大会
        ├── 厂务公开制度
        ├── 职工董事、职工监事制度
        └── 劳企协商
```

图10-1 中国特色和谐劳动关系构建图解

---

① 《中共中央 国务院关于构建和谐劳动关系的意见》（2015年3月21日），中国政府网2015年4月8日。

（四）大学生学习劳动关系的必要性

2018年9月10日，习近平在全国教育大会上的重要讲话提出了培育德智体美劳全面发展的社会主义建设者和接班人的总要求，这一提法进一步凸显了劳动教育的重要性。学习劳动关系是劳动教育的重要组成部分，高校学生毕业后如果步入职场或自主创业，就将成为劳动关系中的劳方或企业方，因此学习掌握劳动关系基本知识对于高校学生具有特殊重要性。

从个人层面看，经过劳动关系的系统学习，学生将明确劳动关系在整个社会关系系统中的地位，[①]掌握劳动关系的基本内涵、性质和本质，认识劳企双方的权责利，今后无论作为劳方还是企业方，都能在合法维护自身权益的同时积极承担自己的劳动责任，在尊重劳动、热爱劳动、崇尚劳动的基础上，做到辛勤劳动、诚实劳动、创造性劳动。

从国家社会层面看，学生系统学习劳动关系，可以从社会分工的角度正确认识劳企双方的相互依存关系，具备分析和解决劳动问题的基本能力和本领，深刻理解构建中国特色和谐劳动关系的重大意义等，那么劳动关系领域的冲突和矛盾必然极大减少，中国特色和谐劳动关系和社会主义和谐社会的构建将具有长治久安的内在基础。

【核心概念】

劳动关系 有微观和宏观之分。微观的劳动关系主要指劳企双方在工作场所形成的用工关系，因此其核心主体是企业和劳动者，劳动者为企业提供劳动进而使企业实现盈利，企业为劳动者支付报酬进而使劳动者得以生存发展。宏观的劳动关系是指劳动者与用人单位以及双方的代表组织，在生产、劳动和社会事务的交往过程中结成的一种社会关系，包含国家、社会、行业、产业等不同层面劳

[①] 刘向兵编著：《新时代高校劳动教育论纲》，社会科学文献出版社2019年版，第89页。

动者与企业及双方代表组织之间的社会关系，以及对这一关系有直接影响的其他社会关系。

二、国家层面的和谐劳动关系治理

（一）根本原则：坚持党的领导

中国特色社会主义最本质的特征是中国共产党领导，中国特色社会主义制度的最大优势是中国共产党领导，党是最高政治领导力量。党的十九大报告基于"中国特色社会主义进入新时代"的重大政治判断，明确提出了"完善政府、工会、企业共同参与的协商协调机制，构建和谐劳动关系"的目标要求。中国特色和谐劳动关系治理的根本原则是坚持党的领导，坚持以习近平新时代中国特色社会主义思想为指导，贯彻落实党中央和国务院的决策部署，坚持促进企业发展、维护职工权益，坚持正确处理改革发展稳定关系，推动中国特色和谐劳动关系的建设和发展，最大限度增加劳动关系和谐因素，最大限度减少不和谐因素，促进经济持续健康发展和社会和谐稳定，凝聚广大职工为实现"两个一百年"奋斗目标、实现中华民族伟大复兴的中国梦贡献力量。

（二）劳动关系治理的基本主体

1. 政府

在处理劳动关系事务中，我国政府通过立法建制、健全组织领导体系、加强对话协商、强化劳动监察、突出权益保障等措施，从不同的向度对劳动关系进行调控。另外，政府还通过强化和谐劳动关系的宣传普及，充分利用报纸、电视、网络等信息传播载体，大力弘扬爱岗敬业、诚实守信、守法经营等理念，加强正面典型宣传，为建设和谐劳动关系营造良好社会氛围。我国代表政府实施劳动关系宏观治理的机构主要是劳动行政部门。劳动行政部门包括人力资源和社会保障部及其下属的地方各级劳动行政部门。劳动行政部门的职责主要包括：参与国家和地方的劳动立法及对劳动法律法规、劳动政策、劳动标准的实施进行落实、组织协调和监督检查；为企业、劳动者及其各自代表组织提供服务，促进政府与企业、企业组织、劳动者、工会之间的有效协商与合作；根据企业、劳动者及其各自代表组织的要求，提供物质支持和技术帮助；主导劳动关系三方协商机制，协调劳动关系双方代表组织之间的关系，对危及社会公共利益的劳动纠纷和突发事件采取应急措施，推进劳动法制化建设，健全完善各项劳动法律制度；参与劳动争议仲裁工作，对重大劳动争议案件进行调解，为劳动关系双方提供法律服务和援助；规范劳动力市场的运作，形成城乡之间劳动力的有序流动，促进劳动者平等就业；等等。

2. 劳动者与工会组织

劳动者是劳动关系中的主体之一，工会是劳动者的代表。劳动者在劳动过程中依法享有知情权、建议与参与权、审核与否决权、共决权等基本权益。[①]"中国工会是中国共产党领导的职工自愿结合的工人阶级群众组织。"(《中国工会章程》)现阶段，我国工会具有维护、建设、参与和教育四个基本社会职能。工会的维护职能是指工会要在维护全国人民整体利益的同时，更好地代表和维护职工的合法权益。《劳动合同法》第六条规定："工会应当帮助、指导劳动者与用人单位依法订立和履行劳动合同，并与用人单位建立集体协商机制，维护劳动者的合法权益。"这是工会的首要职能，也是工会与生俱来的最基本职能。工会的建设职能是指工会动员和组织广大职工群众积极参加社会主义经济建设和改革，努力完成经济建设和社会发展任务。工会的参与职能是指工会要发挥职工群众参政议政的民主渠道作用，代表和组织职工参与国家和社会事务管理，参与企业的民主管理，实现对国家和企业的民主参与、社会监督。工会的教育职能是工会的一项传统职能，是指工会帮助职工不断提高思想政治觉悟和科学文化技术素养。工会的作用见图10—2。

[①] 常凯主编：《劳动关系学》，中国劳动社会保障出版社2009年版。

图10-2 工会的作用

3. 企业及其代表组织

企业是劳动关系管理中的直接主体之一。在中国特色和谐劳动关系宏观治理中，企业往往由企业代表组织来参与国家或地方、行业劳动政策法规的讨论制定。企业代表组织的主要职能包括维护企业、企业家的合法权益，代表企业、企业家协调劳动关系；推动建立健全"三方机制"，参加劳动关系协调工作；向政府及有关部门反映企业、企业家的意见和要求，为国家制定与企业相关的法律、法规和政策提供建议；引导企业、企业家遵纪守法，规范自身行为，维护市场经济秩序；提倡诚信经营，推动节能环保，积极承担社会责任，自觉维护企业职工的合法权益。我国的企业代表组织主要有中国企业联合会，中华全国工商业联合会，地方、行业协会（商会），企业家协会等。

（三）劳动关系治理的法律规范

构建中国特色和谐劳动关系，需要劳动关系市场化使其灵活高效，也需要劳动关系法制化使其规范合理、公平有序。[①]国家通过制定和执行劳动标准、劳动合同、工资集体协商和集体合同、劳动争议处理、劳动保障监察、协调劳动关系三方机制、企业职工民主参与等方面的法律法规，促进劳企博弈力量平衡与利益

---

① 张鸣起：《为和谐劳动关系构建注入法治新动力》，《中国人大》2016年第21期。

共生和谐。目前，我国已经形成了以《劳动法》为基础，以《劳动合同法》《劳动争议调解仲裁法》《就业促进法》等为支撑，以部委规章和地方法规为补充的中国特色劳动法律体系。这些法律法规主要涉及促进就业、劳动合同和集体合同、工作时间和休息休假、工资、劳动安全卫生、女职工和未成年工特殊保护、职业培训、社会保险和福利、劳动争议、监督检查等内容。长期以来，我国劳动关系总体呈现平稳和谐的态势，企业运行中产生的一些劳动关系矛盾，包括集体劳动争议等矛盾基本都能在法治框架内得以调处。但随着改革的深入、共享经济的发展，劳动力市场环境愈发复杂，发展和谐劳动关系面临更多的问题和挑战，因此，需要及时修订和出台新的劳动法律法规以匹配新的劳动用工环境。

案例10-1

小李是一名刚毕业的大学生，受新冠疫情的影响，当年就业非常困难，几经周折终于找到一份工作。签订劳动合同当天，公司人事主管告诉小李，小李每月工资4 000元左右，还需扣除将近500元的社会保险费用。为提高小李的实际收入，公司建议小李签署一份自愿放弃社会保险权利的申请书，公司可将公司应该缴纳的社会保险的一半折现发放给小李。小李认为自己刚毕业，缴纳社保没什么意义，只是增加了自己的经济压力。于是小李接受了人事主管的建议，并签署了相关协议。请问小李和公司是否可以采取这种做法？

（四）劳动关系治理的制度机制

劳动关系的宏观治理离不开完善的制度和高效的机制，构建中国特色和谐劳动关系是一项开创性的事业，它有别于传统劳动关系治理，是不断破除劳动关系中的体制机制障碍，准确把握社会主义市场经济条件下劳动关系的性质和定位，探究和把握劳动关系运行规律的过程。目前，中国特色和谐劳动关系宏观治理的制度机制主要包括劳动关系协商协调机制和劳动关系矛盾调处机制。

1. 劳动关系协商协调机制

劳动关系协商协调机制包括劳动合同制度、集体协商和集体合同制度、劳动关系三方协调机制。

（1）劳动合同制度。劳动合同是市场经济体制下用人单位与劳动者进行双向选择的结果，是确定劳动者与用人单位劳动关系的基本前提，也是调整劳动关系的基本法律形式和保护劳动者合法权益的重要依据。劳动合同制度是以《劳动合同法》的实施为基础，依法规范劳企双方劳动合同订立、履行、变更、解除、终止等行为，明确劳企双方在雇佣过程中的权利和义务的制度。用合同形式明确劳动者与用人单位的劳动关系，是我国劳动法律进步的标志，对实现劳动关系调整从行政手段向市场手段转变具有重大意义。

（2）集体协商和集体合同制度。集体协商是指劳动者一方的代表与企业方面的代表，就签订集体合同或专项集体合同或其他劳动关系的事项，依法进行商谈的行为。[1]劳动与社会保障部2004年颁布的《集体合同规定》将集体合同定义为："集体合同，是指用人单位与本单位职工根据法律、法规、规章的规定，就劳动报酬、工作时间、休息休假、劳动安全卫生、职业培训、保险福利等事项，通过集体协商签订的书面协议。"集体协商是签订集体合同的前提和过程，没有集体协商也就不会有集体合同的签订。集体合同是集体协商的结果，签订集体合同是进行集体协商所要实现的目的，集体协商的水平直接影响着集体合同的质量及其可行性，二者是不可分离的。集体协商和集体合同都可分为企业级、行业性和区域性三种主要类型。企业级集体协商时常面临"资强劳弱"的困境，而区域性、行业性的集体协商可以真正达到劳企之间平等对话的目的，可以有效维权、确定劳动标准、协调劳动关系。因此，区域性、行业性集体协商的制度优越性更大。

（3）劳动关系三方协调机制。根据国际劳工组织1976年144号《三方协商促进履行国际劳工标准公约》规定，三方协调机制是指政府（通常以劳动部门为代表）、雇主和工人之间，就制定和实施经济与社会政策而进行的所有交往和活动，即由政府、雇主组织和工会通过一定的组织机构和运作机制共同处理所有涉及劳动关系的问题，如劳动立法、经济与社会政策的制定、就业与劳动条件、工

---

[1] 中华全国总工会组织部、中华全国总工会集体合同部编：《全国工会工资集体协商培训教材》，中国工人出版社2011年版。

资水平、劳动标准、职业培训、社会保障、职业安全与卫生、劳动争议处理以及对产业行为的规范与防范等。三方协调机制的本质是在市场经济条件下，协调与平衡不同利益主体之间不同的利益需求。三方尽管大目标是一致的，即促进经济发展，推进社会进步，但还有着不同的利益要求和价值取向。企业关心的是利益最大化，因此，强调降低生产成本，提高生产效率，取得企业的长足发展。而工人组织则强调职工权益的保护，特别是希望职工能分享企业发展的成果，保证收入的稳定增长。政府最关心的是经济的持续发展、社会文化生活的改善和社会的稳定。因此，三方对于涉及劳动关系的重大问题难免出现分歧。为了保证三方的利益，就需要一种制度和机制来解决分歧，通过协商、对话和合作达到各方基本满意的目标。①

2. 劳动关系矛盾调处机制

劳动关系矛盾调处机制包括劳动保障监察制度、劳动争议调解仲裁机制、劳动关系群体性事件预防和应急处置机制。

（1）劳动保障监察制度。在社会主义市场经济条件下，发挥政府对劳动法律法规执行的监督检查的主导作用，对于依法规范劳动关系行为尤为重要。这是因为：一方面，由于我国劳动法律制度体系仍处于初级阶段，尚难以从整体上适应劳动关系愈益多样化、复杂化和市场化的发展变化，这就要求政府必须加大对劳动法律法规执行情况的监督力度，并将对劳动法律法规执行情况的监督检查纳入劳动法律制度体系的构建之中。另一方面，在市场竞争机制和经济利益与风险机制的驱使下，劳动关系双方的权利与义务纠纷难免会显现化，加之一些经营者由于法制意识淡漠、法律素质缺乏，漠视或侵犯职工合法权益的现象时有发生，以致影响劳动关系及企业与社会发展的和谐稳定，这就要求政府必须加大监察力度，确保我国社会主义市场经济尤其是劳动力市场法制化建设有效推进。

（2）劳动争议调解仲裁机制。我国建立了独具特色的"一商一调一仲二审"劳动争议处理机制，分别是指协商、调解、仲裁、诉讼四种处理方式。协商指争议发生之后，雇主或雇主组织和雇员或工会本着平等、合作的原则，自主协商，

---

① 参见张彦宁主编：《雇主组织在中国》，企业管理出版社2002年版。

平等交流，尽快解决双方的纠纷。调解指在劳动争议调解机构的主持下，依照法律、法规、政策和道德规范，在查明事实、分清是非的基础上，通过疏导、说服、劝导，促使争议双方进行协商，自愿达成协议，从而消除争议。在实践中，随着劳动者法律意识的提高，争议诉求不断增多，争议处理难度也在不断加大，协商调解被认为是处理劳动争议的最佳方式。仲裁指仲裁机构根据当事人的请求解决争议，是依法居中公断的执法行为，包括对争议进行调解、依法审理并作出裁决的一系列活动。仲裁是处理劳动争议诉讼的前置程序。劳动争议案件必须经过仲裁才能提起诉讼。诉讼是指当事人就争议依法向法院起诉，法院根据相关法律法规审议案件的活动，是法院通过司法程序解决劳动争议的手段。

（3）劳动关系群体性事件预防和应急处置机制。劳动关系群体性事件预防和应急处置机制是防范群体性事件发生，及时处理劳动争议的制度保障。劳动关系群体性事件预防是指政府、企业或工会通过劳动关系群体性纠纷的经常性排查和动态监测预警制度，及时发现和积极解决劳动关系领域的苗头性、倾向性问题，有效防范群体性事件。应急处置机制是政府有关部门和工会、企业代表组织共同参与的群体性事件应急联动处置机制，通过形成快速反应和处置的工作合力，督促指导企业落实主体责任，及时妥善处置群体性事件。

三、企业层面的和谐劳动关系管理

（一）劳动关系管理的基石——劳动合同管理

1. 劳动合同的订立、履行与变更

（1）订立劳动合同前的准备工作。招聘是企业与员工建立劳动关系的起始，是订立劳动合同的前提。签订劳动合同、建立劳动关系的过程，实际是劳企双方双向选择的过程。在这个过程中，企业招聘合适的劳动者到合适的岗位工作；劳动者应聘自己满意的企业到喜欢的岗位工作。劳动者在应聘过程中，需要做以下工作。第一，了解用工方式。不同的用工方式决定了劳企双方享有和履行不同的权利与义务。我国用人单位以使用劳动合同工为主，辅以劳务派遣用工、非全

日制用工，并且零星使用内退人员、返聘离退休职工。根据用人单位和劳动者签订的劳动合同期限长短，又可以将劳动合同工分为无固定期限劳动合同工、固定期限劳动合同工和以完成一定工作任务为期限的劳动合同用工。第二，了解招聘条件。求职者选择应聘岗位时，需根据用人单位公示的招聘条件，自我评估是否符合该岗位的任职要求，是否能够胜任该岗位工作，从而选择合适的岗位投递简历。第三，掌握企业情况。求职者在应聘前，需要收集用人单位的各项信息，了解用人单位的主营业务、发展状况、工作环境、收入水平、员工职业发展等；应聘过程中，针对不同的企业、不同的岗位，准备相应的材料和应对策略。

（2）签订劳动合同。用人单位经过一系列甄选环节，筛选出符合岗位要求的求职者，在征得求职者同意之后进入背景调查、体检等程序，然后依据录用条件作出是否录用的决策。拟录用者确定无异议后，用人单位可以和拟录用者签订劳动合同，约定试用期，开始进入彼此了解、考察的过程。经过一定时间的试用期，考核合格，录用者正式成为岗位的任职人员，招聘和雇用的工作基本完成。在雇用过程中，劳企双方一旦发生事实用工，其劳动关系即建立，需要企业和劳动者共同遵守相关法规。劳动合同的内容包括必备条款和约定条款两部分。《劳动合同法》第17条规定，劳动合同应当具备以下条款：用人单位的名称、住所和法定代表人或者主要负责人；劳动者的姓名、住址和居民身份证或者其他有效身份证件号码；劳动合同期限；工作内容和工作地点；工作时间和休息休假；劳动报酬；社会保险；劳动保护、劳动条件和职业危害防护；法律、法规规定应当纳入劳动合同的其他事项。除以上条款外，用人单位与劳动者可以约定试用期、培训、保守秘密、补充保险和福利待遇等其他事项。

案例点评

案例10-2

小东来公司工作已经两个月了，但公司一直迟迟不与小东签劳动合同。小东去人事部了解情况，人事主管告诉他，因为小东试用期是三个月，需要试用期满后公司才能和小东签订劳动合同。既然是公司制度，小东也没有办法，只能忍受。请问人事主管的说法正确吗？小东是否可以维护自己的权益？

（3）劳动合同履行与变更。劳动合同的履行是指合同当事人双方按照劳动合同的约定，全面履行各自的义务，即劳动者和用人单位按照劳动合同的要求，共同实现劳动过程和各自合法权益。劳动合同依法订立就必须履行，这既是劳动法赋予合同当事人双方的义务，也是劳动合同对合同当事人双方具有法律约束力的主要表现。劳动合同履行过程中用人单位应当及时足额支付劳动报酬、严格执行劳动定额标准、保护劳动者生命安全和身体健康。如用人单位未合法履行劳动合同，劳动者有权对用人单位提出批评、检举和控告。

劳动合同的变更是指合同当事人双方或单方依法修改或补充劳动合同内容的法律行为，是在原合同基础上对部分条款进行修改、增加或者删减，而不是签订新的劳动合同。客观情况发生变化或者劳企双方通过协商形成合意，均可以变更劳动合同的内容。

2. 劳动合同的解除、终止与续订

（1）劳动合同的解除。劳企双方协商一致解除劳动合同。只要不违背法律的规定，不损害国家、社会和他人的合法权益，经劳动合同双方当事人协商一致，即可以解除劳动合同。

劳动者单方解除劳动合同又称辞职。根据劳动者辞职前是否提前告知企业，辞职可分为预告辞职和即时辞职。预告辞职是劳动者单方面的意思表示，不受企业的制约，无需企业同意，是其依法享有的权利，但须经过一个程序，即提前三十日以书面形式通知企业（试用期内提前三天通知企业）。即时辞职是劳动者无需提前向企业预告，而可以在任何时候辞职的行为。但是劳动者行使该权利受到一定的限制，一般是在企业有重大过错的情况下[①]，劳动者才可即时辞职。

---

① 《劳动合同法》第三十八条规定，用人单位有下列情形之一的，劳动者可以解除劳动合同：（一）未按照劳动合同约定提供劳动保护或者劳动条件的；（二）未及时足额支付劳动报酬的；（三）未依法为劳动者缴纳社会保险费的；（四）用人单位的规章制度违反法律、法规的规定，损害劳动者权益的；（五）因本法第二十六条第一款规定的情形致使劳动合同无效的；（六）法律、行政法规规定劳动者可以解除劳动合同的其他情形。用人单位以暴力、威胁或者非法限制人身自由的手段强迫劳动者劳动的，或者用人单位违章指挥、强令冒险作业危及劳动者人身安全的，劳动者可以立即解除劳动合同，不需事先告知用人单位。

用人单位单方解除劳动合同又称解雇。企业解雇员工也可分为预告解雇和即时解雇。预告解雇是在法律规定的几种情形下[①]，企业须向员工预告后才能将其解雇，终止劳动关系。预告的形式是企业提前三十日以书面形式通知劳动者本人，或者额外支付劳动者一个月的工资。即时解雇是指劳动者有重大过错时[②]，企业无需向对方预告就可随时通知其解除劳动合同，终止劳动关系。用人单位采用解雇的方式单方解除劳动合同时，均需要向劳动者支付相应的经济补偿。裁员是一种特殊的企业单方解除劳动合同的方式，主要指因企业单方面的原因，例如经营状况恶化、调整内部结构以保证人力资源的合理配置等，而集中辞退员工的行为。

（2）劳动合同的终止。与民事合同不同，劳动合同中禁止约定终止条件。劳动合同的终止，只能是法律规定的情形导致的。这些情形包括：第一，劳动合同到期，劳企双方劳动关系自动终止。第二，劳动者退休或者开始领取社会养老保险。退休是劳动者因为年老或者因工、因病致残而完全丧失劳动能力进而退出工作岗位。第三，劳企双方有一方主体不存在了，劳动合同无法正常履行。如劳动者死亡，或者被人民法院宣告死亡或宣告失踪；企业被依法宣告破产，被吊销营业执照、责令关闭、撤销或决定解散等。

（3）劳动合同的续订。为增强劳动者工作的主动性，用人单位应在劳动合同期限满前主动了解劳动者的意向，对有续订劳动合同意向的劳动者，而且用人单位也同样具有续订意向的，用人单位要提前向劳动者发续订意向通知书。用人单位与劳动者在续订劳动合同时应该注意，无论劳动者的岗位是否发生变化，都不可以再约定试用期。如果劳动者具备了订立无固定期限劳动合同的条件，又提出了订立请求，用人单位则应当与劳动者订立无固定期限劳动合同。否则，自应当

哪些情形下的劳动属于事实劳动关系？

[①]《劳动合同法》第四十条规定，有下列情形之一的，用人单位提前三十日以书面形式通知劳动者本人或者额外支付劳动者一个月工资后，可以解除劳动合同：（一）劳动者患病或者非因工负伤，在规定的医疗期满后不能从事原工作，也不能从事由用人单位另行安排工作的；（二）劳动者不能胜任工作，经过培训或者调整工作岗位，仍不能胜任工作的；（三）劳动合同订立时所依据的客观情况发生重大变化，致使劳动合同无法履行，经用人单位与劳动者协商，未能就变更劳动合同内容达成协议的。

[②]《劳动合同法》第三十九条规定，劳动者有下列情形之一的，用人单位可以解除劳动合同：（一）在试用期间被证明不符合录用条件的；（二）严重违反用人单位的规章制度的；（三）严重失职，营私舞弊，给用人单位造成重大损害的；（四）劳动者同时与其他用人单位建立劳动关系，对完成本单位的工作任务造成严重影响，或者经用人单位提出，拒不改正的；（五）因本法第二十六条第一项规定的情形致使劳动合同无效的；（六）被依法追究刑事责任的。

订立无固定期限劳动合同之日起,用人单位需要向劳动者支付双倍的工资进行赔偿。

(二)劳动关系管理的整体原则——共建共享

1. 依法共建的规章制度

企业劳动规章制度是指"用人单位依法制定的、仅在本单位内部实施的、关于如何组织劳动过程和进行劳动管理的规则"[①]。企业制定劳动规章制度的基本目的在于规范劳动过程中的行为,包括劳动者的劳动行为与企业自身的劳动管理行为,保障劳动过程的有序进行和劳动目的的实现。制定劳动规章制度需要以合法性为前提,表现为规章制度的内容合法和制定的程序合法。程序合法主要指制定过程必须有与职工平等协商和公示的过程。

依法共建的规章制度指劳动规章制度并不是由企业单方制定的,而是由企业与劳动者双方平等协商确定。一方面,员工参与劳动规章制度的制定,可以提高对制度的认同,更有利于员工自觉遵守。另一方面,这也是国家法律的要求。我国《公司法》第十八条第三款规定:"公司研究决定改制以及经营方面的重大问题、制定重要的规章制度时,应当听取公司工会的意见,并通过职工代表大会或者其他形式听取职工的意见和建议。"我国《劳动合同法》第四条第二款规定:"用人单位在制定、修改或者决定有关劳动报酬、工作时间、休息休假、劳动安全卫生、保险福利、职工培训、劳动纪律以及劳动定额管理等直接涉及劳动者切身利益的规章制度或者重大事项时,应当经职工代表大会或者全体职工讨论,提出方案和意见,与工会或者职工代表平等协商确定。"

2. 效益共创的绩效管理

绩效指劳动者通过符合组织要求的行为实现组织目标的综合体现,它包含劳动者的能力、行为和结果。劳动者必须完成企业制定的绩效目标才能保证企业整体目标的最终实现。绩效管理是指通过帮助、引导和激励员工持续改进和提升绩

[①] 王全兴:《劳动法》,法律出版社2004年版,第180页。

效以实现组织目标的过程。有效的绩效管理是一个循环系统，即由绩效目标与计划、绩效辅导与执行、绩效评估与反馈以及绩效激励与改进形成的闭环。

效益共创的绩效管理，摒除企业单方面的主导，而是强调在改进提升、实现组织目标的过程中，企业和劳动者同样发挥着不可或缺的作用。具体表现在绩效管理系统中双方的共同参与，特别是劳动者的积极参与。在绩效目标和计划的制定过程中，企业逐级分解组织目标，基于劳动者的实际能力分析绩效目标的可行性，与劳动者进行反复的双向沟通，最终使双方对绩效目标形成共识，作出共同承诺。劳动者通过合理方式向企业表达自己的想法和诉求，参与到工作目标的制定中，而不是被动地听取接受。在绩效辅导与执行的过程中，劳动者通过自身努力完成承诺的绩效目标。而企业，一方面观察劳动者行为，在发现偏差后及时纠正；另一方面，在劳动者寻求指导和帮助时，积极回应，给予必要的辅导与支持。在绩效评估与反馈过程中，企业考核劳动者绩效目标的完成情况，向劳动者反馈，帮助未完成绩效目标的劳动者分析原因、寻找解决对策。未完成绩效目标的劳动者要开诚布公地向企业陈述限制绩效目标实现的客观和主观原因，而不是消极对抗。在绩效激励和改进过程中，企业对绩效优秀者通过升职加薪等手段进行激励，同时帮助未达标者制定绩效改进计划。劳动者积极执行绩效改进计划，确保下一阶段的绩效目标可以顺利达成。

3. 利益共享的薪酬体系

薪酬指劳动者因为雇佣关系的存在而从雇主那里获得的所有各种形式的经济收入以及有形的服务和福利，包括薪资（直接经济报酬）和福利（间接经济报酬）。[1] 其中直接经济报酬又可以分为基本薪酬（固定不变）和可变薪酬（随绩效结果变化）。一方面，劳动者出卖劳动力给企业，企业应该为此合理付酬；另一方面，企业绩效由劳动者和企业共同创造，劳动者应该通过获取报酬的方式分享企业盈利和其他发展成果。

利益共享的薪酬体系是指薪酬体系的设计和执行能有效促成企业与劳动者共同享有企业发展成果，甚至使双方形成紧密团结的利益共同体。第一，基本薪酬

---

[1] ［美］加里·德斯勒：《人力资源管理》（第9版），吴雯芳、刘昕译，中国人民大学出版社2005年版，第411页。

能保证劳动者的体面生活。第二，通过利益共享计划，使可变薪酬与绩效指标产生联动，有效激励劳动者足额甚至超额完成企业设定的目标。第三，创新自选福利，提供个性化服务，满足劳动者归属需要，从而在雇佣关系中增加一种类似家庭关系的情感成分，提高劳动者满意度和忠诚度。第四，执行员工持股计划，劳动者持有企业股权，可激发劳动者和企业共同关注企业的经营和发展，形成真正意义上的利益共同体。第五，薪酬沟通可以帮助劳动者深入理解薪酬体系设计，并在薪酬问题上与企业形成共识。

4. 互利共赢的培训开发

培训与开发是两个既相互联系又有区别的概念，前者指企业向劳动者提供工作所必需的知识和技能的过程，后者是依据员工需求与组织发展要求对员工的潜能进行开发，两者的最终目的都是通过提升员工的能力实现员工和企业的共同成长、共同进步。根据企业培训所针对的能力素质是否具有较普遍的适用性，企业培训可分为一般培训和特殊培训。一般培训指培训的技能对劳动者所在企业以外的企业具有同样的适用性，如职业资格培训、沟通能力培训等。特殊培训指培训的技能只对所在企业具有适用性，或者对所在企业影响更显著，如企业财务系统使用培训等。

互利共赢的培训开发是指培训开发能够在促进企业人力资本增长和劳动者个人能力提升的双赢上产生最大效果。首先，企业要转变理念，将培训开发的费用视为一种战略性投资，而不是成本。培训开发一方面有效提高企业人力资本；另一方面，不断向劳动者传递组织价值观和文化，强化员工的组织认同感，从而自觉与组织要求保持一致。其次，既为劳动者提供基于当前现实需要的培训，也为劳动者提供基于未来战略需要的开发；既为劳动者提供使企业获益的特殊培训，也为劳动者提供使双方共同获益的一般培训。再次，培训内容的设计和培训方式的选择，要建立在对劳动者培训需求进行充分调研分析的基础上，而不是基于企业管理层的主观臆断。最后，劳动者应该认识到培训开发对个人职业发展的重要意义，积极参加培训，提升个人的竞争力。

5. 携手共进的职业发展

职业生涯是指劳动者从职业学习伊始至职业劳动结束的整个人生职业工作历程，包含着职业发展、变更的经历和过程，包括从事何种职业、职业发展的阶段，以及由一种职业向另一种职业的转换等具体内容。[1]个人层面的职业生涯管理是指一个人对自己所要从事的职业、要去工作的组织、在职业发展上要达到的高度等作出规划和设计，并为实现自己的职业目标而开发技能的过程。它一般通过选择职业、选择工作组织、选择工作岗位，在工作中技能得到提高、职位得到晋升、才干得到发挥等来实现。组织层面的职业生涯管理集中表现为，帮助员工制定职业生涯规划，建立各种适合员工发展的职业通道，针对员工职业发展的需求进行适时的培训，给予员工必要的职业指导，以及促使员工的职业生涯获得成功。

携手共进的职业发展，指企业在最大限度利用劳动者能力的同时，为每位劳动者进行职业生涯设计并通过挖掘劳动者的潜力，帮助其实现职业成功，以此达到人岗匹配、人尽其才、减少离职等目的。第一，企业为劳动者提供职业咨询，帮助劳动者根据自身特点确定适合自己的职业目标和职业发展路线。第二，企业为劳动者提供富有挑战性的岗位锻炼和岗位轮换。第三，企业为劳动者设置合理通畅的职业发展通道。第四，劳动者要配合企业的职业规划，合理表达诉求，积极实现个人职业发展规划。

6. 协商共事的管理沟通

现代管理由计划、组织、指挥、协调、控制五大职能构成，在管理进程中，沟通是必不可少的一个环节与工具。沟通是为了实现所设定的目标，让信息、思想和情感在个人或群体之间传递，并达成共同协议的一种过程。要让管理沟通有效，必须具备目标明确、达成结论、传递信息三大要素。[2]管理沟通包括一对一的绩效面谈、薪酬沟通、工作指导，多人参与的会议、座谈和多方对话，团体沟通层面的报告、授课等。

---

[1] 孙健敏：《人力资源管理》，科学出版社2009年版，第194页。
[2] 唐鑛等：《人力资源与劳动关系管理》，东北财经大学出版社2014年版，第59页。

协商共事的管理沟通,强调将沟通作为一种重要手段,贯穿劳动关系管理全过程、各方面,将协商共事作为重要工作理念,贯穿企业重大事项决定特别是涉及劳动者切身利益的决定,并且建立常态化的沟通机制,使劳动者表达诉求、提出建议的渠道畅通无阻。第一,企业遵循劳动法律法规,在管理实践中确保和维护员工的知情权、参与权和发言权。第二,企业在与劳动者沟通中,更多采取倾听、征询等鼓励劳动者表达想法的方式,而不是以叙述、说服、告知等单向传递信息的方式。第三,对企业管理者进行培训,使其掌握有效沟通的技巧方法,具备良好的沟通能力。第四,劳动者在认识到劳动关系的隶属性时,也要看到劳动关系的平等性,与企业沟通时敢于表达自己的真实想法。

7. 以人为本的员工关怀

员工关怀是由组织为员工提供的系统的、长期的关怀项目,是维护劳企双赢的和谐劳动关系的有效手段,通过专业人员对组织的诊断、建议以及对员工及其家属的专业指导、培训等多种方式,帮助解决组织成员及其家属的身心和行为问题,维护员工的身心健康,提高员工的工作、生活质量,从而提升组织效率,达到劳企双赢的目的。我国企业实践中的员工关怀借鉴了国外EAP(员工援助计划)的部分内容,但同时具有鲜明的中国特色。

以人为本的员工关怀,强调出于人本理念,将劳动者作为一个完整的人看待,在关注劳动者工作表现的同时,关心劳动者的身心健康、家庭生活、兴趣爱好等各个方面,对劳动者遇到的实际困难给予足够关怀和力所能及的帮助。首先,营造团结和谐的团队氛围,构建舒适的工作环境,为劳动者舒心工作提供软件和硬件支撑。其次,关注劳动者的心理健康状况,必要时提供心理辅导和干预,同时采取有效方式帮助劳动者进行压力管理。最后,关注劳动者背后家庭的诉求,将关怀延伸至劳动者家属,一定程度上帮助劳动者解决后顾之忧,增强劳动者对企业的归属感。

(三)劳动关系管理的重要实践——职工民主管理

职工民主管理是指企事业单位的职工依据一定法律与制度,通过一定的组织形式，直接或者间接地参与影响组织成员利益决策的活动。[1]根据民主参与的程度与制度不同，员工民主参与所享有的权利也存在差异，可以分为四种：知情权、建议与参与权、审核与否决权、共决权。随着经济和社会的发展，以及劳动者素质的普遍提高，企业在生产和经营中越来越强调员工的民主参与，国家也从法律上对员工的民主参与权进行了保障。《劳动合同法》第四条明确强调了员工民主参与的权利："用人单位应当将直接涉及劳动者切身利益的规章制度和重大事项决定公示，或者告知劳动者"，保障了员工的知情权；"用人单位在制定、修改或者决定有关劳动报酬、工作时间、休息休假、劳动安全卫生、保险福利、职工培训、劳动纪律以及劳动定额管理等直接涉及劳动者切身利益的规章制度或者重大事项时，应当经职工代表大会或者全体职工讨论，提出方案和意见，与工会或者职工代表平等协商确定"，保障了员工的建议与参与权、共决权；"在规章制度和重大事项决定实施过程中，工会或者职工认为不适当的，有权向用人单位提出，通过协商予以修改完善"，保障了员工的审核与否决权。

中国特色职工民主管理制度在我国的劳动法律体系中已有所体现。《企业民主管理规定》第三条规定，职工代表大会是职工行使民主管理权利的机构，是企业民主管理的基本形式。企业应当按照合法、有序、公开、公正的原则，建立以职工代表大会为基本形式的民主管理制度，实行厂务公开，推行民主管理。公司制企业应当依法建立职工董事和职工监事制度。

1. 职工代表大会

职工代表大会由职工代表组成，而职工代表又是按一定的民主程序和一定的比例，由职工群众直接选举产生的。其产生的过程，也是职工行使民主权利的过程。职工代表不仅要受所在部门职工的委托，代表他们的意志，在职工代表大会上进行表达，而且受所在部门职工的监督，要定期向本部门职工汇报工作。这就保证了职工代表能够始终代表本部门职工的利益，真正发挥代表的作用。职工代表大会的代表由工人、技术人员、管理人员、企业领导人员和其他方面的职工组成，几乎包括了各个方面的代表人物。其中，企业中层以上管理人员和领导人员

---

[1] 刘元文：《新编职工民主管理实务培训教程》，中央文献出版社2012年版，第1页。

一般不得超过职工代表总人数的20%。这保证了职工代表大会的职工主体性、代表性。职工代表大会各项活动的开展、议案的提出和决议的作出，都要经过讨论、意见征求、决议表决等一系列的民主程序，使决议充分体现全体职工的共同愿望和意志。这种程序保证了职工代表大会活动的民主性。

2. 厂务公开制度

厂务公开制度是企业管理一方通过职工代表大会和其他形式将企业生产经营管理的重大事项、涉及职工切身利益的规章制度和经营管理人员廉洁从业相关情况，按照一定程序向职工公开，听取职工意见，接受职工监督的民主管理制度。《企业民主管理规定》对企业应当向职工公开的事项规定如下：经营管理的基本情况；招用职工及签订劳动合同的情况；集体合同文本和劳动规章制度的内容；奖励处罚职工、单方解除劳动合同的情况以及裁员的方案和结果，评选劳动模范和优秀职工的条件、名额和结果；劳动安全卫生标准、安全事故发生情况及处理结果；社会保险以及企业年金的缴费情况；职工教育经费提取、使用和职工培训计划及执行的情况；劳动争议及处理结果情况；法律法规规定的其他事项。

厂务公开的日常形式包括厂务公开栏、厂情发布会、党政工联席会和企业内部信息网络、广播、电视、厂报、墙报等，并可根据实际情况不断创新。厂务公开后应注意通过意见箱、接待日、职工座谈会、举报电话等形式，了解职工反映的情况，不断改进工作。

3. 职工董事、职工监事制度

职工董事、职工监事制度是依照法律规定，通过职工代表大会选举产生职工代表作为董事会、监事会成员参与公司决策、管理和监督，代表和维护职工合法权益，促进企业健康发展的制度。凡依法设立董事会、监事会的公司都应建立职工董事、职工监事制度。职工董事、监事是相对于产权所有者的代表而言的，他们是由职工选举产生而不是由出资人委派产生的。因此，他们虽然被称为"职工董事""职工监事"，并享有与资方董事和监事相同的权利，但他们的代表性非常明确，即在董事会和监事会上代表职工的利益。当然这种代表并不意味着与企业方代表必然会形成利益的对立，而是意在通过参与高层次的决策，协调劳企双方的利益，促成企业利益共同体的实现。

4. 劳企协商

劳企协商指在集体协商和集体合同制度以外，由用人单位的工会、职工代表或劳动者个人，与用人单位的雇主代表，就涉及劳动者集体或个人合法的或法律未加以规定的权益事项和程序规范，以及工会组织自身的权利义务进行商谈的行为，是集体协商和集体合同制度的重要补充。协商的内容主要包括用人单位涉及职工切身利益的重要改革方案和规章制度的制定，用人单位各岗位的工作定额和劳动标准，劳动合同的签订、变更、解除和终止，以及工会组织、工会会员和工会工作人员权益保护的实体和程序规范。劳企协商的方式有劳企恳谈会，公司总经理、公司工会主席定期会晤制度，劳动管理情况通报协商会制度等，有时也采取正式与非正式协商相结合、个别与集体协商（并非为达成集体合同）相结合的形式进行。

劳企协商旨在依照法律所规定的程序和事项，采取"先民主、后集中"与定期、不定期的协商方式，使用人单位的改革和发展战略、规章制度、劳动标准的制定和修改能够建立在劳企协商和职工参与的基础上，使劳动合同的签订、变更、解除和终止能够反映劳动者的意愿和要求，使劳企协商的机制能够渗透到用人单位任何层次和领域的决策过程中。

我国现阶段劳动关系的突出矛盾

【延伸思考题】

1. 中国特色和谐劳动关系的主要内容包括哪些？
2. 构建中国特色和谐劳动关系，政府、企业、工会、劳动者应承担的角色是什么？
3. 和谐劳动关系治理的法律规范中包括哪些法律法规？
4. 在和谐劳动关系构建中实现共建共享有哪些好的做法？
5. 和谐劳动关系管理的重要实践有哪些做法？

【拓展阅读】

1. 常凯:《劳动关系学》,中国劳动社会保障出版社2009年版。

2.《中共中央 国务院关于构建和谐劳动关系的意见》(2015年3月21日),中国政府网2015年4月8日。

3. 唐鑛、汪鑫:《企业劳动关系管理》,东北财经大学出版社2015年版。

4. 程延园:《劳动关系》第4版,中国人民大学出版社2016年版。

第十一章
劳动与管理

本章导读

一名初入职场的新人

一位著名高校的毕业生，毕业后入职国内一家知名企业。工作不久后，他根据所见所想，针对公司的经营战略，写了一篇洋洋洒洒的万言书发给总裁。结果总裁的批复是：此人建议辞退。

……

我们以普通人的思维来看，总裁或许有点小题大做。即便实践经验有不足之处，或许还有一些有价值的观点。总裁的做法是否过于武断？

作为一名初入职场的新人，我们需要对组织和组织管理有一定的认知。

首先，企业是分层运作的。总裁下面有部门经理，部门经理下面又有很多业务团队，业务团队也按一定层级划分。这样的组织方式是为了方便各层级管理。当员工有了想法和建议，应该先和直属上级领导进行探讨，一些很低级的错误在这一层就过滤掉了。如果每一个人都直接跨级联系老总，组织如何运行？

其次，员工应适应企业的管理流程。任正非对员工如何适应管理流程有很好的建议："先僵化，后优化，再固化。"也就是开始是先无条件执行，等熟悉了、理解透了，再提出深层次的改进意见，持续优化流程。而这位新员工可能都尚未真正理解管理流程，就开始直接面向总裁高谈阔论，自然得不到管理者的认可。

最后，管理有着自己独特的功能，有着自己独特的使命，即提升个人的劳动效率，实现个人的劳动价值。大学毕业后，职场是我们实施劳动、实现劳动价值和获得劳动回报的场所。个人与企业组织的互动效果决定了个人劳动价值的大小。预先理解组织管理，能使个体在未来的职业生涯中有更充分的发展。

一、劳动与管理概述

（一）管理的重要性

一个组织的运营模式和组织的管理密切相关。管理是社会组织为了实现预期的目标，以人为中心进行的协调活动。管理的重要性主要体现在以下两个方面：

第一，管理是组织正常运营的前提。管理对于一个组织来说是至关重要的，使组织的活动有目的、有方向，而且在组织中起着协调作用，使组织能够与外界环境相适应。

第二，管理是分工与协作的必然要求。对一个组织的管理要求是根据组织的规模来确定的。一般来说劳动规模越大，所需要的分工越精细，便越体现出管理工作的重要性。

近年来随着我国工业化进程的不断推进，工业技术水平越来越高，对专业化分工和社会协作的要求也越来越高，从而对管理水平的要求也变得越来越高。一个组织要是没有有效的管理，就很难生存，必将造成无法运行的局面。

（二）管理提升劳动效率

劳动效率是劳动者在单位时间内创造的使用价值和价值或完成的工作量，也可以指劳动者创造一定使用价值和价值或完成一定工作量所需要的时间。一个劳动者在一定时间内创造的使用价值和价值越多、完成的工作量越多，或者用越少的时间创造同等的使用价值和价值、完成同等的工作量，都表明其劳动效率越高。反之，劳动效率越低。

研究管理思想史，我们会发现，科学管理产生的主要动因是企业对管理效率现状不满，产生了提高管理效率的要求和愿望。科学管理的奠基人泰罗，首次提出科学管理理论的直接原因，就是他对工厂的管理现状不满，认为很多工人工作时"磨洋工"，在工作时间内远未尽其所能；管理人员没有科学管理的规划，仅凭经验行事，纪律涣散；工厂中劳动关系紧张，充满敌对情绪，相互不协作，归根结底，工厂管理效率低下，急需寻找一种每个工人从事劳动的"最佳方式"和工厂管理的最有效率的方法。哈林顿·埃默森进一步明确提出管理效率是科学管理的核心，并对管理效率进行了深入研究，提出了12项效率原则。法约尔在对管理过程研究后认为，管理人员如想保持较高的管理效率，必须在工作中遵循经过验证行之有效的管理原则，他列出了实行分工和专业化、给管理人员权力等14项管理原则。现代管理科学为提高管理效率把最新的科研成果应用于管理活动，特别是统计学和计算机技术的应用，使管理活动最大限度地数学化和模型化，增强了管理活动的客观性、规律性、必然性，极大地提高了管理的效率。

管理效率可分为组织运营效率和个人劳动效率。因为个人劳动效率需要支付条件，而支付条件是需要组织给出的，如果没有组织运营效率就不可能有个人劳动效率。管理就是让组织目标与个人目标合二为一从而提升效率。

（三）管理提升个体的劳动价值

管理的目的是通过群体的力量实现组织目标。但是随着社会的发展，组织群体中个体的诉求正在向自由劳动者的方向接近，他们越来越关心个人发展的前景，个人兴趣、爱好、感情及自我实现程度都会成为他们是否愿意在组织中工作或积极工作的原因。所以管理不再单纯是为了实现组织目标，同时也要十分关注实现组织中每个人的发展目标。

管理的核心价值是激活人，让人与事、人与资源组合的时候，产出利益最大化。组织的绩效来自个体的劳动效率。他们通过劳动完成工作任务，保障产品质量，并直接与顾客沟通推广产品。如果没有他们，就不会有组织的绩效，也就不可能产生管理的价值。只有激发个体的潜力，并配给相应的资源，人们才可以通过劳动胜任岗位、产生绩效，实现劳动价值和获得劳动回报。

【核心概念】

管理　在特定的环境条件下，以人为中心通过计划、组织、指挥、协调、控制及创新等手段，对组织所拥有的人力、物力、财力、信息等资源进行有效的决策、计划、组织、领导、控制，以期高效地达到既定组织目标的过程。

二、劳动与组织文化管理

管理学上一个有趣的定律叫"酒与污水定律"，意思是一匙酒倒进一桶污水里，得到的是一桶污水；把一匙污水倒进一桶酒里，得到的还是一桶污水。显而易见，污水和酒的比例并不能决定这桶东西的性质，真正起决定作用的就是那一勺污水，只要有它，再多的酒都成了污水。

组织文化经由团体成员学习而得，并运用其解决问题，是组织与成员共享的信念与价值观。由于组织文化是组织成员共同的意识形态与规范，因此不同的组织就会有不同的组织文化。这对职场新人的启示是，在找工作的过程中，要注意公司和平台的选择，不能忽视一家公司的企业文化以及团队中的工作氛围。

【核心概念】

组织文化 一种价值、信念及基本假定，指引成员行为的准则、态度与期望、思考与知觉，以增进组织的发展，并形成与其他组织不同的独特现象。

（一）组织文化层次

霍金斯以睡莲图直观地解释组织文化的层级与内涵。他用花、叶、茎及根四个部分，分别代表组织文化的四个层级概念。

睡莲花：指组织可见的人工物品，表现在组织物理环境中，如组织规章、成员穿着、建筑物、办公设施及精神标语等。睡莲叶：指组织的行为方式，具有可观察性，如成员处事方式、言行态度、典礼或仪式等。睡莲茎：指组织的心灵集合，无法直接观察到，透过对物理环境、人工物品或员工行为，推知组织的信念、价值观及意识形态等。睡莲根：指组织成员默认的规范。

睡莲的花与叶在水面上，可被他人观察，具有可变性，文化深度浅。睡莲的茎位于水中，难以直接观察，需经由语言、行为才能认知，该层级具有客观性及理性，称为组织主动意识文化。睡莲的根埋于泥土中，无法直接观察得知，无法透过意识得知或借由语言来表达，具有主观性、非理性及无意识性，称为组织潜意识文化。

睡莲图说明组织文化的发展历程，组织文化的核心为基本假设，是成员视为理所当然的信仰及感觉，这些假设是成员所共有的，反映在组织的价值观与信念上，通过组织行为表现出来。

（二）组织文化要点

案例 11-1

华为人都知道，任正非跟下属吃饭，都是他请客，每次吃完饭都开发票，然后把发票撕掉。为什么要撕掉发票？就是避免以公费名义报销因私就餐费用。有一年，任正非去日本出差，回来报销时，误将百余元的洗衣费混入差旅费发票中，后来被审计部查出，他不仅退还了多报的费用，还签发文件，在全公司通报批评自己。

案例点评

组织文化特征主要由以下要素体现：

1. 组织标志

组织标志是指以标志性的外化形态，来表示本组织的组织文化特色，并且和其他组织明显地区别开来的内容。进入组织，需要了解组织标志的历史和内涵，增加对组织的自豪感和忠诚度。

2. 规章制度

企业的规章制度是对历史的一种间接阐述，是从对过去的反思中积累来的，它告诉你应该做什么。

规章制度是需要学习与遵守的，学习了制度的形成、发展，才能判断其优劣，才会懂得应该从哪里开始改善。职场生涯的发展过程也是熟悉制度的过程。当你认同制度的时候，就能够自觉遵守制度；当发现制度的不足时，就要学会用正确的方式提出建议并完善制度。

3. 价值观念

价值观念是指人们对客观事物和事件进行的评价在头脑中的反映，是对客观事物和个人是否具有价值以及价值大小的总的看法和根本观点，包括组织存在的意义和目的、组织的各项规章制度的价值和作用、组织中个人的各种行为和组织利益的关系等。

4. 组织精神

组织精神是指组织群体的共同心理定式和价值取向。它是组织哲学、价值观念、道德观念的综合体现和高度概括，反映了全体职工的共同追求和共同认识。组织精神是职工在长期的生产经营活动中，在组织哲学、价值观念和道德规范的影响下形成的。

（三）劳动与奉献

案例11-2

"我犯过什么错吗？"小张沮丧地问经理，"为什么选择把我裁掉？我知道为了精简编制，公司需要裁员。如果真的是我表现不好，请经理指点，我希望有改进的机会，至少在下一步工作中我不会再犯一样的错误。"

　　经理听完小张的话，愣了一下，露出惋惜的眼神："如果在过去的这一年你能如此及时反思，今天被裁的人肯定不会是你。你的工作能力很好，你的专业知识算是数一数二的，也没犯过什么重大过失，唯一的缺点就是主观意识太重。团队中本来每个人能力不一，但只要积极合作，三个臭皮匠就能胜过一个诸葛亮。但如果团队中某个人不懂得主动奉献，团队总是需要为了他特别费心协调，就算那个人能力再好，也会变成团队的阻力。"经理反问他："如果你是我，你会怎么办？"

　　奉献关系所产生的基本现象是：每个处于流程上的人更关心他能够为下一个工序作出什么贡献；每个部门都关心自己如何调整才能够与其他部门有和谐的接口；下级会关注自己怎样配合才能够为上级提供支持，而上级会要求自己为下级解决问题或提供帮助。

　　奉献的前提是做好本职工作。本职工作是一个人每天必须要完成的基本工作和任务，在本职岗位上恪尽职守、爱岗敬业、持之以恒、埋头苦干，这是奉献的前提。

　　奉献就是在处理好本职工作之外做力所能及的事情。可以说，奉献无所不在，无时不有。每个人不论职位高低，不论在什么岗位，都可以尽自己的所能作出奉献。一名优秀的员工在做好自己本职工作的基础上，仍然会做一些力所能及的事情，不会因为这是所谓"他人瓦上霜"——别人的工作而袖手旁观。这就是我们说的奉献精神。

　　大力倡导奉献精神，讲求无私奉献，并不是否定和漠视个人利益。我们不能一说奉献就不要个人利益，一提个人利益就不讲奉献。提倡奉献精神，并不是无视员工的个人利益，不尊重个人合法权益，也不是要求大家完全放弃和无谓地牺牲个人利益，而是强调个人利益服从组织整体利益，要求员工自觉地把组织利益放在首位，把个人利益融于集体利益之中，努力为集体利益多作奉献，在保障集体利益的同时也实现了个人利益。

三、劳动与工作效率管理

案例11-3

现象一：在企业中，我们常常会听到这样一些说法："我没有功劳，但也有苦劳""我没有什么动人的业绩，但是我也竭尽全力了呀"……这些说法合理吗？

现象二：小张在企业中任劳任怨、勤勤恳恳，每天都早来晚走，经常加班加点。小王是一个准时上班、准时下班，从不加班的员工。谁会获得企业的认可？

人是组织系统中最主要的因素，管理归根结底是对人以及人的行为的管理。人是生产力和整个组织系统中最活跃、最能动、最积极的因素，组织活力的源泉在于劳动者的积极性、能动性和创造性。所以，管理的首要任务是对人的管理，通过对人的组织、指导和调节，充分调动人的主动性、积极性和创造性，提升个人的劳动效率。

提高工作效率可以增加两个方面的好处：有利于组织劳动生产率和经济效益的提高，增加活力；有利于员工个人增加收入。提高工作效率以后，就有可能缩短工作时间，从而让员工有更多的时间自行支配，用于学习、娱乐、旅游、社交和休息。提高工作效率以后，可以克服企业单位机构臃肿、人浮于事、浪费时间的现象。提高工作效率之后，在优化劳动组合中，企业单位具有更大的竞争优势。

【核心概念】

工作效率　一般指工作投入与产出之比，通俗地讲就是在进行某任务时，取得的成绩与所用时间、精力、金钱等的比值。产出大于投入，就是正效率；产出小于投入，就是负效率。工作效率是评定工作能力的重要指标。提高工作效率

第十一章　劳动与管理

就是要求正效率值不断增大。一个人的工作能力如何，很大程度上看其工作效率的高低。

（一）提升工作效率的方法

优胜劣汰是大自然的生存法则，这在职场也同样适用。我们只有提高工作效率，用心工作，才能在职场中站稳脚跟，更好地生存。没有一家公司会重视办事拖拉、效率低下的员工。高效率工作是每一位优秀职场人必须具备的能力，也是提高劳动回报的关键。

如何提高工作效率？

1. 专注

每一项工作都有时间限制，也有先后顺序。在有限的时间里，我们不可能同时完成多项任务，就好像沙漏里的沙不可能同时漏出，只能通过那个细孔逐渐流出一样。在一段时间内专注做一件事，可以更加高效地工作。

2. 学会利用现有的资源

致力于提高管理效率的麦肯锡方法中有一句话经常被大家提到，那就是：不要重复造轮子。这句话的意思是，在工作中，我们要善于总结经验，学会利用现有的资源和已经取得的成果，避免时间与精力上的浪费，这样能大大提高工作效率。

3. 培养主动积极的工作态度

很多人会在工作中抱着得过且过的心态，这种心态不仅是对工作的懈怠，更是对自己的不负责。懒惰和懈怠是天生的劣性，需要我们努力去克服，所以主动积极是一种相对稀有的工作态度。公司需要的是能够主动、积极、高效地完成工作的人才，只有这样的人才，上级才能够放心将工作交给他，其本人也不至于因为懈怠等主观因素，影响工作效率，同时也会收获更多的工作机会。

一个人的工作能力很大程度上取决于他的工作效率。卓越的员工之所以卓越，就在于他们的业绩卓越，在于他们可以有效地安排、利用自己的时间，高效率地工作，创造出更高的劳动价值。

（二）目标管理法

目标管理（Management by Objectives，MBO）作为一种科学的管理方法，是德鲁克于1954年在《管理的实践》一书中提出的。德鲁克认为，并不是有了工作才有目标，而是有了目标才能确定每个人的工作。企业的使命和任务，必须转化为目标。如果一个领域没有目标，那么这个领域的工作必然被忽视。关于实现目标管理，德鲁克给出了三步法：制定—分解—考核。

首先，制定目标。高层管理者确定组织目标，这样的目标往往不止一个，管理者需要对目标之间的关联性、目标本身的阶段性、目标实现的过程与结果作出预判，除此之外，还需要采集数据、检查与分析差距、提供及时激励制度支撑。

其次，分解目标。任务、时间和考核要具体。德鲁克将分解目标视为管理者的工作，也就是说，管理者不仅要制定目标、告知下属，还必须清楚地分解目标。事实上，这是管理者管理水平的具体体现，他们在分解和分配任务的时候，会对员工提出细化的执行建议和要求，明确期望和方法。这是管理者切实帮助员工提高工作效率的表现。

有效分解目标就是将企业目标转变成各个部门及各个人的分目标，使大目标变成小目标，小目标变成执行细则。进行目标分解时，管理者必须注意三点。第一，目标应"够得着"。过大、过高的目标不仅不能激发员工的动力，反而会削弱员工的信心。让员工乐于实现目标的重要因素有两个，一个是挑战性，一个是可实现性。挑战激发干劲，但前提是可实现。第二，目标必须有时间限制。也就是告诉员工未来某一段时间的核心业务，并在规定时间里让团队看到员工的工作成绩。第三，目标必须具体。比如，"提高单位产量"这个目标就不具体，如果换成"每月提高10吨产量"就具体清楚多了。其实"具体性"本身对于管理者的帮助更大，目标越是具体，就越具有可衡量性和可实现性。

最后，考核目标，奖惩得当。在客观的考核、评价过后，对实现目标的过程进行复查，对取得成绩的员工进行奖励，激励他们未来更好地实现更多的目标。相反，目标没有完成，也要给予惩罚。

【核心概念】

目标管理 源于美国管理学家德鲁克，他首先提出了"目标管理和自我控制的主张"，认为企业的目的和任务必须转化为目标。企业如果无总目标及与总目标相一致的分目标来指导职工的生产和管理活动，则企业规模越大，人员越多，发生内耗和浪费的可能性越大。概括来说目标管理也就是让企业的管理人员和员工亲自参加工作目标的制定，在工作中实行"自我控制"，并努力完成工作目标的一种管理制度。

（三）GTD（Getting Things Done）工作法

时间，是这个世界上最为宝贵的资源。对时间的管理水平，决定了我们每个人工作效率的高低。一般而言，时间管理有两个方向：一是提高做事的效率，二是做更有价值的事。同样的时间里，一个人能够完成三项工作任务，另一个人只能完成一项工作任务，无疑前者的时间效率更高。同样，关注效率的同时，更需要关注价值。时间管理＝事件的价值×做事的效率。想要有效管理时间，我们可以利用GTD工作法。

【核心概念】

GTD 中文意思是"把事情做完"。这个方法是美国戴维·艾伦在《搞定》

一书中提出来的，GTD工作法就是把自己要做的事情记录下来，然后再根据设定的路线一一执行。它主要包含五个核心的原则：收集、整理、组织、回顾、执行。

第一步：清空大脑。我们每天处理事务的时候，会受到很多信息的干扰，进而分散了注意力，以至于没有集中精力去关注更重要的问题。所以，当有突发情况时，我们要判断能否快速解决，如果可以，就立刻解决，不拖延，否则就放入我们的"收集箱"。

第二步：今日待办。我们每天晚上都要思考明天需要完成的任务，放入第二天时间管理的"今日待办"箱子里，可以把这些任务分为固定的和不固定的两类，以进行有效的区分。比如，全职太太每天下午4点要去接孩子回家，就是固定的待办事项。

第三步：今日完成。每个人的时间和精力都是有限的，在有限的生命里创造出更多的生命价值，对于每个人来说都很有意义。对每天的事项进行整理和收集，也是提升自己的好方法。每天，我们都要尽可能问自己三个问题："我现在有多少时间""我现在有多少精力""什么事情比较重要"。这样，我们就会有一份当日记录，有机会让自己复盘总结。

第四步：本周总结。除日清日结、不断收获外，每周也要进行总结盘点。一方面，能够让自己清楚知道一周的事项安排和规划；另一方面，能够知道自己的时间效率和价值。总结的目的，就是为了让我们不断地完善、修正自己的时间管理方式，最终实现时间的价值和效率的双赢。

四、劳动与激励管理

案例11-4

有七个人住在一起，每天共喝一桶粥。一开始，他们抓阄决定谁来分粥。于是一周下来，他们只有一天是饱的,就是自己分粥的那一天。后来他们推选出一个道德高尚的人来分粥。权力集中就会产生腐败,大家开始挖空心思去讨好他、贿赂他,搞得整个小团体乌烟瘴气。之后大家开始组成三人的分粥委员会及四人的评议监督委员会,互相攻击扯皮下来,粥吃到嘴里全是凉的。最后他们想出来一个方法:轮流分粥,但分粥的人分好全部七碗粥后,要等其他人都先挑,然后拿剩下的最后一碗。为了不让自己吃到最少的粥,每人都会尽量分得平均,就算不平均,也只能认了。于是大家快快乐乐,和和气气,日子越过越好。

案例点评

激励的出发点是满足组织成员的各种需要,即通过系统设计外部奖酬形式和工作环境,来满足企业员工的外在需要和内在需要。科学的激励工作需要奖励和惩罚并举,既要对员工表现出来的符合企业期望的行为进行奖励,又要对不符合企业期望的行为进行惩罚。激励的最终目的是在实现组织预期目标的同时,也能让组织成员实现其个人目标,即达到组织目标和员工个人目标的统一。

【核心概念】

激励 组织通过设计适当的外部奖酬形式和工作环境,以一定的行为规范和惩罚性措施,借助信息沟通,来激发、引导、保持和归化组织成员的行为,以有效地实现组织及其成员目标的系统活动。

(一)人为什么工作

人为什么要工作?有关这个问题的回答是激励的关键。我们首先了解一下马斯洛需求理论,他把需求由低到高分成生理需求、安全需求、归属需求、尊重需求和自我实现需求五个层次。在自我实现需求之后,还有自我超越需求,但它通常不作为马斯洛需求理论中必要的层次,大多数情况下会将自我超越合并至自我实现需求当中。

结合马斯洛的需求理论,我们把人为什么要工作的理由归类整理,可以分为以下四种。

第一,满足生理需求。人们工作是为了赚钱,通过赚钱获取食物等生存所需物质来满足基本生理需求。这是一个非常明确的工作原因,也是最直接的一个工作原因。当然,现实当中的确也存在这样的现象,一些人并不是为了金钱工作。但是从普遍的意义上看,赚钱的确是大多数人工作的原因,所以会有人仅仅因为很少量的金钱的调整,就出现职业的变化和波动。

第二,满足归属需求。工作可以使人们在社会中的生活不再孤独,可以通过职业与他人进行交流。人喜好群居,天性中就需要交流和沟通,如果仅仅局限于血缘的亲属关系,我们可以交往的范围有限,但是对于普通大众而言,彼此之间又太疏远,所以职业所形成的人际交往应该是人际关系中特别普遍和重要的交往关系。人们通过职业接触社会,交流信息。

第三,满足尊重需求。人的社会地位是在工作中获得的,只有被社会认可的人,才会获得社会地位。在新中国成立初期,为了能够投身到社会主义建设当中,不管什么行业、什么领域,只要是为社会主义建设添砖加瓦,青年人都会去选择。毛泽东亲自接见环卫工人,把这些普通岗位的工人提升到全国人民尊重的地位,提升到全国人民学习的榜样的地位上。于是很多年轻人都争相去当普通工人,中国传统中"万般皆下品,唯有读书高"以及"学而优则仕"的观念彻底被打破。

第四,满足自我实现需求。工作会使人真正获得成就感,帮助他人、实现某个目标、完成一个作品等,都可以给人以成就感。工作和成就感之间是互为主体的,工作会获得成就,成就感会让工作具有价值。成就感也往往是在工作成果中体现的。

（二）工作报酬与满足感

许多人认为涨工资一定会带来满足感,从而激励员工获得更高的工作绩效,但是赫茨伯格的双因素理论给我们相反的结论。赫茨伯格最大的贡献,就是把提供给人们的工作条件细分为激励因素和保健因素。在他之前，给员工的所有工作条件，都被认为是激励因素，提供这些工作条件，人们就会好好工作。但是赫茨伯格发现事实并不是这样，工资、工作岗位、福利、奖金、晋升、尊重等所发挥的作用并不一样，一部分工作条件能促使人们更好地工作，他把这些称为激励因素；一部分工作条件不能促使人们更好地工作，他把这些称为保健因素。

保健因素类似于卫生保健。卫生保健不能直接提高健康水平，但有预防疾病的作用；它不是治疗性的，而是预防性的。工作中的保健因素包括公司政策、管理措施、监督、人际关系、物质工作条件、工资、福利等。当这些因素恶化到人们的接受水平以下时，人们就会对工作不满意。但是，当人们认为这些因素很好时，它只是消除了不满意，并不会导致积极的态度，这就形成了某种既不是满意、又不是不满意的中性状态。例如，涨工资不会带来激励的效用，因为工资是保健因素，涨工资只会让不满降低，但不会带来满足感。

激励因素是指那些能带来积极态度、满足感和有激励作用的因素，是那些能满足个人自我实现需要的因素，包括成就、赏识、挑战性的工作、增加的工作责任以及成长和发展的机会。这些因素能对人们产生更大的激励作用。从这个意义出发，赫茨伯格认为传统的激励假设，如工资刺激、人际关系的改善、提供良好的工作条件等，都不会产生更大的激励；它们能消除不满意，防止产生问题。按照赫茨伯格的观点，管理者应该认识到保健因素是必需的，不过它一旦使不满意中和以后，就不能产生更积极的效果。只有激励因素才能激励人们争取更好的工作成绩。

（三）激励与工作热情

通常情况下，激励总是会发挥作用，但是，在某些情况下，不管采用何种激励措施，都无法达到效果。了解和掌握这些情况，可以让我们更好地了解激励的作用，同时也能够针对问题作出调整和应对。以下情况，激励无法发挥作用：

第一，工作超量所造成的疲惫。当一个人工作能力很强的时候，往往承担非常重的工作量，当然也会相应获得高度的肯定。但是当工作量到了引发疲惫的时候，就会导致这个人离开这项工作，虽然这是他喜欢并出色胜任的工作。很多管理者都是不断地鼓励大家拼命地做事，这会导致员工产生疲劳，哪怕他非常热爱这项工作，也会离开的，管理者应该作出调整。

第二，角色不清，任务冲突。工作分工对于每一个人来说都是至关重要的，没有明确的分工，人们就无法体现自己的工作成效，也无法发挥作用。所以对每一个人来说，清晰的职责和分工，是他们获得工作绩效的前提。然而，我们也常常发现，无法获得清晰分工甚至角色不清的现象同样存在，员工不知道直接汇报线路是什么，也不清楚有什么样的工作标准可以参照，更加不知道应该倾听哪些人的意见，以及如何得到肯定和认可。他们承担着多种任务、多种角色，甚至很多任务和角色之间是冲突的。在这种情况下，无论使用何种激励措施，都无法使员工提高工作绩效。

第三，不公平的待遇。当人们感觉被不公平对待时，任何激励措施都是无效的。公平对于每一个员工来说都是非常重要的，因为在人们的心目中，只有保证公平，所有的考核和奖励才会真正有效，如果没有公平，那么考核和奖励只是形式上的，而不是真正意义上的。因此，只要人们觉得不公平，激励就不会有效果。

综上所述，如果不满来自工作超量所造成的疲惫、角色不清、任务冲突和不公平的待遇，就不要从激励角度去进行管理，在这些情况下，要切实地改变人们所处的工作状态，就要设计合理的工作量、清晰的职责、明确的任务以及公平的待遇，在此基础上，增加激励措施，才会实现更高的工作绩效目标。

【延伸思考题】

1. 为什么同样的资源和人，交给不同的管理者进行管理，结果却相去甚远？
2. 为什么许多人会陷入无效甚至无意义的工作中？
3. 为什么许多人感觉组织没有让他们发挥作用？

【拓展阅读】

1. 陈春花：《激活个体：互联时代的组织管理新范式》，机械工业出版社2016年版。

2. 陈春花：《管理的常识：让管理发挥绩效的8个基本概念》，机械工业出版社2016年版。

3. 李泽文编著：《和时间做朋友：你一定要学的高效时间管理术》，北京联合出版公司2017年版。

4. ［美］斯蒂芬·罗宾斯、玛丽·库尔特：《管理学》（第13版），刘刚、程熙镕、梁晗等译，中国人民大学出版社2017年版。

5. ［美］彼得·德鲁克：《卓有成效的管理者》，许是祥译，机械工业出版社2019年版。

6. ［美］彼得·德鲁克：《管理的实践》，齐若兰译，机械工业出版社2019年版。

第十二章
劳动与社会保障

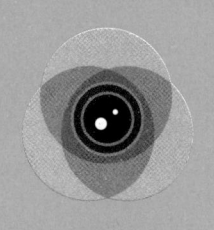

本章导读

"五险一金"的保障作用

小明是深圳某高校通信工程专业的一名学生。经过本科四年勤奋努力的学习与实践，他以优异的学习成绩、多次主持大学生"三创项目"的经历和若干个发明专利，在毕业季同时斩获了五份offer，让同龄人羡慕不已。

面对各方向他伸出的橄榄枝，小明一时之间有些拿不定主意：A 公司的老板看中了他就读期间主持若干发明创新项目的经历，想邀请他作为主要合伙人组建一个创业团队，每月的工资为23 000 元（税前），待条件成熟时成立子公司，由小明担任CTO（首席技术官），但暂时无法为其缴纳"五险一金"；B 公司则是一家历史悠久的国有企业，愿意招聘他为管理培训生，起薪12 000元（税前），并按国家规定为其缴纳"五险一金"，此外还将提供职业年金、补充医疗保险等一系列福利。

小明的叔叔建议他接受A 公司的offer，因该公司的薪水比较高。"再说了，"小明的叔叔说道，"年轻人刚参加工作，正是需要花钱的时候，缴纳'五险一金'反而会让到手的钱变少：税前12 000，到手的工资还不到一万。"小明的婶婶则认为，大企业更有保障，"五险一金"不仅能保障其在深圳就医、租房等日常消费支出，对于未来在深圳积分落户也有一定作用。

作为社会保障体系的有机组成部分,"五险一金"到底是什么,它对于即将进入劳动力市场的大学生又有何意义呢?

一、劳动者为什么需要社会保障

中国的社会保障体系是一个包含了社会救助、社会保险、社会福利、优抚安置四大法定保障体系以及慈善事业、商业保险等保障机制在内的庞大制度体系。[1]其中,社会保险、社会救助、社会福利是该体系的基础;分别覆盖城镇职工和城市居民两大主要群体的基本养老保险、基本医疗保险制度,以及最低生活保障制度,这三项制度为该体系的重点;慈善事业、商业保险为该体系的补充。[2]党的十九届四中全会提出,坚持完善、统筹城乡的民生保障制度,其中包括七个方面:"幼有所育、学有所教、劳有所得、病有所医、老有所养、住有所居、弱有所扶。"它们与社会保障各个项目都有着密不可分的关系,例如,幼有所育、学有所教与儿童福利、教育福利有关,劳有所得、老有所养与养老保险和养老服务有关,住有所居与住房公积金、廉租房和公租房等住房保障政策有关,弱有所扶与社会救助、社会福利等有关。总之,社会保障是一个庞大的制度体系,它影响着包括广大劳动者在内的全体国民,为大家的生产、生活保驾护航。所以,作为即将加入劳动力大军的大学生,一定要学习与社会保障相关的知识,正确理解和认识社会保障与大学生生活、未来工作之间的关系。

从本质上看,社会保障体系是一种以社会化的方式应对特定风险的、具有经济福利性的基础性制度安排。对劳动者而言,社会保障是一种必不可少的保护机制。"保障(security)"对应的概念首先是"风险(risk)",若无"风险","保障""保险"则无从谈起。因此,全面认识社会保障对劳动者的必要性,应当首先从其应对的风险谈起。下面,我们以社会保险、社会救助和社会福利为例,分析劳动者与社会保障体系之间的关系。

---

[1] 参见郑功成:《全面理解党的十九大报告与中国特色社会保障体系建设》,《国家行政学院学报》2017年第6期。
[2] 参见鲁全:《中国共产党对社会保障认识的变迁与发展(1997—2017)》,《国家行政学院学报》2017年第6期。

【核心概念】

社会保障 以社会保险、社会救助、社会福利为基础,以基本养老、基本医疗、最低生活保障制度为重点,以慈善事业、商业保险为补充,是保障人民生活、调节收入分配的一项基本制度。

(一)社会保障能够应对劳动者的特定风险,化解社会问题

自古以来,劳动者在劳动过程中都面临着危害程度、性质、范围不同的工作风险。进入工业社会,在社会大分工和机械化大生产的共同作用下,劳动者所面临的主要风险逐渐从偶发性自然灾害向系统性风险转变。依靠个人、家庭或营利组织,已经很难有效应对这些社会问题。例如,失业风险源于经济不景气现象在资本主义生产关系中周期性出现,而绝大多数商业保险公司并不承保失业风险。社会保险的出现,是对一系列工业化社会风险的回应:起源于德国的社会保险制度,在当时有效地缓解了资本主义生产关系下的一系列社会问题,使得因年老、疾病、意外伤害、经济不景气、怀孕等风险事件而永久性或暂时性退出劳动力市场的劳动者,仍然能够得到一些经济支持,防止其劳动收入发生剧烈波动,引发生存困境,影响社会稳定。

社会救助旨在帮助那些陷入赤贫者免于生存困境。在市场竞争中暂时落于下风、无法找到工作的劳动者,在参加失业保险后往往可以享受一定时期的失业保险待遇;超过该期限后,如果家庭收入符合规定条件,还可以根据最低生活保障制度获得基本生活保障。对于最低生活保障家庭中有劳动能力并处于失业状态的成员,国家通过贷款贴息、社会保险补贴、岗位补贴、培训补贴、费用减免、公益性岗位安置等办法,给予就业救助,确保该家庭至少有一人就业。[①]此外,由于自然灾害等原因暂时丧失住所的劳动者及其家庭,也可以享受灾害救助等。总

---

① 国务院颁布的《社会救助暂行办法》中专章设立了"就业救助"。

之，社会救助是守护劳动者及其家庭最低限度生活水平的制度安排。

在中国现有的政策以及规范性文件中，社会福利属于社会保障的范畴，多指面向老年人、妇女、儿童、残疾人等特定群体的社会照顾、社会服务等。例如，教育福利可以帮助劳动者或潜在劳动者提升其劳动技能与文化素质，老年福利可为职工提供退休后的生活保障，残疾人福利可帮助有特殊情况的劳动者提升社会参与能力。[①]

总之，从社会保障所应对的社会风险、所化解的社会问题来看，它具有明显的社会政策属性；它虽然以公共财政或由各方缴纳形成的基金为基础，主要以经济手段化解社会问题，但我们不能仅仅从经济层面去理解社会保障与劳动者之间的关系。

（二）社会保障应对风险的机制具有社会化的特征

社会保障作为一种社会化的风险应对机制，不仅表现为筹资机制的社会化，更表现为劳动者的一系列社会权利实现的社会化。这意味着，在初次分配注重效率的基础上，社会保障能够以国家、用人单位、劳动者等多种主体单独或共同筹资的方式进行转移支付、财富再分配，从而在一定程度上调节劳动关系，防止贫富差距过大。

以社会保险为例。一方面，社会保险由劳资双方共同出资形成基金，并以此作为社会保险制度得以顺利运转的物质保障。当出现资金缺口时，各级财政亦予以补贴、调剂或转移支付；此外，包括中国在内的许多国家和地区还建立了社会保障战略储备基金（如中国的"社保基金理事会"管理着的"全国社会保障基金"），用于填补因人口老龄化而出现的资金缺口，保障制度的长效有序运行。由劳资双方共同缴费，国家、用人单位和劳动者共同承担筹资责任，是这一风险应对机制社会化的首要表现。但是，正因为"五险一金"的有序运转主要基于正式劳动关系，在近年来新产业、新业态、新商业模式的快速发展下，社会保险如何更加有效地保障劳动者权益、化解社会风险，成为一个亟待各方共同解决的问题，应适时总结部分省市的相关经验。

[①] 以无障碍设施为例，不仅身患残疾的劳动者可受益，怀孕、暂时性受伤或持重物的劳动者有时候也能受益。

第十二章　劳动与社会保障

案例12-1

近年来,成都市"三新"经济发展突飞猛进。据统计,全市新经济从业人员已达120万人,就业层次和就业形态各异,包括互联网与IT从业者、网约车司机、网店店主、网络主播等。为促进新经济从业人员参加社会保险,2019年7月12日,《成都市人民政府办公厅关于促进新经济新业态从业人员参加社会保险的试行实施意见》(成办函〔2019〕80号)印发。该《意见》支持和鼓励相关企业根据不同用工形态,灵活选择、优化组合参保方式,为员工缴纳社会保险(见表12-1),依法保障相关从业人员社会保险权益,进而推动实现企业降成本、员工有保障,新经济活力被持续激发。

表12-1 成都市促进新经济新业态从业人员参加社会保险的新做法

用工形态	规范劳动关系	参保促进机制
全日制	新经济组织与从业人员订立书面劳动合同;未订立书面劳动合同,但事实劳动关系成立的,应补订书面劳动合同	单位和个人按企业参保办法参加社会保险
非全日制	新经济组织与从业人员订立书面用工协议	按灵活就业人员参保办法参加城镇职工基本养老保险和基本医疗保险,同时,新经济组织应为其缴纳工伤保险
劳务派遣	新经济组织与劳务派遣单位签订劳务派遣协议,约定派遣岗位和人数、派遣期限、社会保险、劳动报酬及支付方式等事项	劳务派遣单位和从业人员按企业参保办法参加社会保险
劳务外包	新经济组织通过签订外包协议,将所属业务外包的,承揽该业务的单位(组织)应与从业人员订立书面劳动合同或用工协议	承揽单位和从业人员按企业参保办法参加社会保险
民事协议	新经济组织依据《合同法》与从业人员签订民事协议,约定双方的责、权、利	从业人员按灵活就业人员参保办法参加城镇职工基本养老保险和基本医疗保险

另一方面，虽然社会保险能够从经济保障的层面促进劳动者养老、就医、生育、居住等一系列社会权利的实现，但也离不开养老服务机构、医疗服务机构、儿童福利服务机构、医药供应商等一系列相关组织所提供的服务和商品。说到底，"五险一金"待遇只是为劳动者提供了现金补贴、贷款等，或者减少了相关消费的支出；而相关领域的服务或商品的质量、价格，亦极大地影响劳动者社会权利的实现。因此，我们还需要持续关注养老服务政策、人口政策、劳动力市场政策、三医联动政策、住房政策等，特别是有关基金、资金在其中的功能与作用。

在医疗保险基金领域，目前，许多省、市、自治区已经建立了一个或多个医药集中采购平台。而医疗保险基金作为包括劳动者在内的广大参保人的利益代表，能够深入参与药品、耗材的生产、招标、质检、销售等各环节，使"带量采购"[①]等药品耗材生产流通领域的体制机制创新不断深入推进，使劳动者用上质优价廉的药品，从而促进了劳动者健康权的实现。

（三）社会保障是具有经济福利性的制度安排

所谓经济福利性即"所费小于所得"，这是劳动者与社会保障形成紧密关系的重要经济基础。首先，多数社会救助、社会福利项目无需劳动者缴费（或者说，已经包含在劳动者所缴税收中），满足条件时即可享受相关待遇。其次，社会保险原则上主要由建立了正式劳动关系的劳资双方共同出资缴费，形成社会保险制度的物质基础。最后，在需要由劳动者缴费的社会保险项目中，劳动者本人的缴费比例远远低于用人单位的缴费比例，部分险种甚至无需劳动者缴费。

以养老保险为例，用人单位的费率约为16%，劳动者个人的缴费比例为8%，[②]缴满15年后，劳动者退休时可以获得一笔退休金，且定期（例如每年）进行调整，从而能够在一定程度上应对通货膨胀。根据《关于2019年调整退休人员基本养老金的通知》（人社部发〔2019〕24号），2019年企业和机关事业单位退休人员基本养老金月人均养老金水平总体调整幅度为5%。以北京市的养老金待

---

① 关于"带量采购"的有关做法，参见《国家医保局表示将扩大带量采购规模，全面推开需兼顾多方利益》，人民网2019年6月17日。
② 此处指建立了正式劳动关系的劳动者。灵活就业人员自愿加入城镇职工基本养老保险，需要承担更高的缴费比例，多缴部分进入社会统筹账户，即个人额外承担了本应由资方承担的那部分费用。

遇为例，调整后，北京市企业退休人员基本养老金待遇平均每月提高220元，每月人均养老金待遇水平约为4 100元。[①]

通过观察养老金的计算公式[②]，可以发现，职工基本养老金的水平考虑了以下几点因素：① 缴费年限；② 退休时的社会平均工资；③ 职工本人的终身缴费基数与缴费时社会平均工资之间的比例关系。以上三点，都体现了多缴多得的原则，即缴费年限越长，退休时的社会平均工资越高，职工本人的终身缴费基数越高，则退休时的养老金越高。以上资金，主要以现收现付（Pay-as-you-go）的财务机制实现精算平衡，即收取正在参加工作的劳动者及其单位缴纳的保险费后，立即用于支付已经退休的劳动者的退休金。

城镇职工基本养老保险养老金待遇水平模拟测算

【核心概念】

现收现付制　以财务横向平衡原则为依据，将当期正在工作的所有劳动者的缴费用于支付符合待遇享受条件者的支出。以养老保险为例，现收现付制是指以同一个时期正在工作的一代人的缴费来支付已经退休的一代人的养老金的财务模式。它根据每年养老金的实际需要进行测算，从工资中提取相应比例的养老金，当期征收，当期使用，原则上不为以后的资金使用提供储备。

这种财务机制面临的最大挑战是人口老龄化。不难想象的是，对一个人口结构较"年轻"的国家或地区而言，劳动人口较多，退休人口相对较少（比如8∶1），此时可以很轻松地达成收支平衡，甚至产生大量结余。而当一个国家或社会的年轻劳动人口越来越少，退休人口越来越多时（比如2∶1），这种财务机制将逐渐失衡。为此，许多国家通过延长法定退休年龄、促进人口生育、调整费

---

① 参见《本市集中上调2019年相关社保待遇，企退人员养老金人均月增220元》，《北京日报》2019年6月15日。
② 基本养老金＝基础养老金＋个人账户养老金。基础养老金＝(退休时上年度在岗职工月平均工资＋职工本人指数化月平均缴费工资)/2*职工本人缴费年限*1%。个人账户养老金即个人账户中累计资金除以预期生存月数。而"职工本人指数化月平均缴费工资"，大体上可以视为职工每年缴费工资对缴费时的社会平均工资作比后，再对每一年的比值取平均值，最后再乘以"退休时上年度在岗职工月平均工资"。

率和费基、收取社会保障专门税、提前建立社会保障战略储备基金等方式，应对人口老龄化对现收现付制养老保险的财务冲击。

综观社会救助、社会保险和社会福利三大体系，与劳动者关系最密切的是社会保险中的五大险种以及住房公积金制度（以下简称"五险一金"），它们主要覆盖那些与用人单位建立了正式劳动关系的劳动者。与此同时，灵活就业者、自雇佣者等群体，也可以以自愿的形式加入城镇职工基本养老保险和城镇职工基本医疗保险。"五险一金"与劳动关系有着高度的关联性，据此，本章将以"五险一金"制度为核心进行介绍。

二、"五险一金"概述

对于多数劳动者而言，在领取工资时会发现，每月的实发工资和应发工资有个较大的差额，感觉工资好像缩了水。其实，单位在发放劳动者的工资时，不仅会依法代扣代缴个人应该缴纳的个人所得税，还会依法扣除"五险一金"的费用。一些待遇较好的单位，除"五险一金"外，还给职工建立企业年金、补充医疗保险等，使"五险一金"变为"六险二金"（见表12-2）。

表12-2 以"五险一金"为核心的职工社会保障体系

职工社会保险体系								
制度性质	强制性						非强制性	
制度类别	职工基本养老保险	职工基本医疗保险	失业保险	工伤保险	生育保险	住房公积金	企业年金[1]	补充医疗保险
筹资	劳资双方		用人单位		劳资双方		自定	

---

[1] 与企业年金类似的还有职业年金，它是指机关事业单位及其工作人员在参加机关事业单位基本养老保险的基础上建立的补充养老保险制度。其制度结构与企业年金有所差别，但基本一致。详见《国务院关于机关事业单位工作人员养老保险制度改革的决定》（国发〔2015〕2号）中的有关规定。

"五险一金"是用人单位给予劳动者的若干种保障性待遇的统称,"五险"包括职工基本养老保险、职工基本医疗保险、失业保险、工伤保险、生育保险,"一金"是指住房公积金。"五险一金"构成了与劳动者关系最密切的社会保障项目,它们与社会救助、社会福利以及其他补充性保障项目共同构成了中国特色的社会保障体系。

这里要注意的是"五险"的法律依据是《社会保险法》,强制性明显;"一金"是以《住房公积金管理条例》作为依据,其强制性相对较弱。此外,2017年,部分试点地区合并生育保险和职工基本医疗保险,产检费用和普通医疗费用一同报销。2018年12月29日,《社会保险法》进行了修订,医疗保险和生育保险合并实施,但生育保险仍然作为一个单独险种存在。合并实施后,生育保险待遇包括生育医疗费用和生育津贴,所需资金从职工基本医疗保险基金中支付。生育津贴支付期限按照《女职工劳动保护特别规定》等法律法规规定的产假期限执行。

"五险一金"与劳动者权益密切相关,为劳动者提供了最基本的生活保障和住房保障,能够使劳动者共享社会发展成果,促进社会和谐稳定,其主要用途如下(见表12-3):

表12-3 "五险一金"的主要用途

类别	制度项目	基础用途	派生用途
五险	职工基本养老保险	① 退休后领取养老金 ② 参保个人因病或非因工致残、死亡时的病残津贴、丧葬补助费和抚恤金	买房、买车、子女上学、落户、商业贷款
	职工基本医疗保险	① 符合国家规定的医疗费用报销 ② 退休后享受医保待遇	
	工伤保险	工伤保险待遇(如工伤职工的治疗费用、生活护理费、工亡补偿金等),劳动能力鉴定,工伤预防的宣传、培训等	
	失业保险	失业后领取失业保险金、职业培训、职业介绍补贴等	
	生育保险	① 产假(98天) ② 生育医疗费用、生育津贴	
一金	住房公积金	买房、装修、租房都可以提取公积金	公积金贷款

三、"五险一金"的具体类型

社会保险制度中的五大险种分别应对的是劳动者因退休、患病、工伤、失业和生育而永久或暂时退出劳动力市场时面临收入中断或支出增加的风险。住房公积金则是全体参加者的互助基金，用于支持购房、租房、装修等情况下的资金支出和贷款。这些制度有着不尽相同的运行逻辑，为了进一步深化对以上六种制度与劳动者之间关系的认识，有必要进行分类讨论。

（一）职工基本养老保险

基本养老保险是国家和社会依法为解决劳动者在达到国家规定的解除劳动义务的年龄，或因年老丧失劳动能力而退出劳动岗位后的基本生活而建立的一种社会保险制度。我国的基本养老保险由城镇职工基本养老保险、城乡居民基本养老保险和机关事业单位养老保险构成。

与城乡居民基本养老保险相比，城镇职工基本养老保险的待遇要高得多，城镇职工基本养老保险主要覆盖那些与用人单位建立了劳动关系的劳动者，与广大劳动者的切身利益密切相关。根据《2018年度人力资源与社会保障事业发展统计公报》，2018年年末参加基本养老保险的人数为9.43亿人，其中参加城镇职工基本养老保险的人数为4.20亿人。

城镇职工基本养老保险原则上由用人单位和参保职工共同缴纳保险费。城镇职工基本养老保险实行社会统筹与个人账户相结合的筹资机制，其中，单位缴费只进入社会统筹账户，而职工的个人缴费则进入个人账户。一段时间以来，个人账户的记账利率未能实现全国统一，且利率较低，年平均收益率徘徊在2%～3%。自2017年起，根据人力资源和社会保障部《统一和规范职工养老保险个人账户记账利率办法》的规定，每年6月份由国家公布记账利率。以2018年为例，2018年1月至12月，企业职工基本养老保险个人账户记账利率调整为8.29%，远高于银行定期储蓄的利率。无雇工的个体工商户、未在用人单位参加基本养老保险的非全日制从业人员以及其他灵活就业人员，可以自愿参加基本养老保险，但因为只由个人缴纳基本养老保险费，因此其承担的费率比那些已与用人单位建立劳动关系的职工要高。

长期以来，我国基本养老保险的缴费一般为：用人单位按照缴费基数20%的比例缴纳，缴纳金额存入社保基础养老金账户；劳动者按照缴费基数的8%缴纳，缴纳金额存入个人账户，但存入个人账户的养老金不得提前支取。但是，在实践中，各统筹地区的缴费基数和费率标准并不完全统一。2019年4月1日，《降低社会保险费率综合方案》（以下简称《方案》）发布。《方案》明确，自2019年5月1日起，降低城镇职工基本养老保险的单位缴费比例，目前单位缴费比例高于16%的省份可降至16%。《方案》提出了调整社保缴费基数政策。各省应以本省城镇非私营单位就业人员平均工资和城镇私营单位就业人员平均工资加权计算的全口径城镇单位就业人员平均工资，核定社保个人缴费基数上下限，合理降低部分参保人员和企业的社保缴费基数。个体工商户和灵活就业人员参加企业职工基本养老保险，可在一定范围内自愿选择适当的缴费基数。

参加城镇职工基本养老保险的个人，达到法定退休年龄时累计缴费满15年的，按月领取基本养老金。参加基本养老保险的个人，达到法定退休年龄时累计缴费不足15年的，可以逐年补缴至满15年后，按月领取基本养老金；也可以转入城乡居民社会养老保险，按照国务院规定享受相应的养老保险待遇。此外，因病或者非因工死亡的，其遗属可以领取丧葬补助金和抚恤金；在未达到法定退休年龄时因病或者非因工致残完全丧失劳动能力的，可以领取病残津贴。所需资金从基本养老保险基金中支付。

国家建立基本养老金正常调整机制，根据职工平均工资增长、物价上涨情况，适时提高基本养老保险待遇水平。个人跨统筹地区就业的，其基本养老保险关系随本人转移，缴费年限可累计。个人达到法定退休年龄时，基本养老金分段计算、统一支付。具体办法由国务院规定。

（二）职工基本医疗保险

基本医疗保险，是为了补偿劳动者因疾病风险造成的经济损失而建立的一项社会保险制度。与基本养老保险类似，我国基本医疗保险由城镇职工基本医疗保险、城乡居民基本医疗保险和机关事业单位医疗保险、公费医疗构成。

职工应当参加职工基本医疗保险，由用人单位和职工按照国家规定共同缴纳基本医疗保险费。无雇工的个体工商户、未在用人单位参加职工基本医疗保险的非全日制从业人员以及其他灵活就业人员可以参加职工基本医疗保险，由个人按照国家规定缴纳基本医疗保险费。

基本医疗保险费的缴费政策各统筹地区并不统一。如北京市规定，劳动者按照缴费基数的2%缴纳，缴纳金额存入个人医疗保险账户；用人单位按照缴费基数的9%缴纳，缴纳金额部分存入社保医疗统筹基金账户，部分存入个人账户。职工自批准法定退休的次月起，个人不再缴纳基本医疗保险费。

参保人员符合基本医疗保险药品目录、诊疗项目、医疗服务设施标准以及急诊、抢救的医疗费用，按照国家规定从基本医疗保险基金中支付。参保人员医疗费用中应当由基本医疗保险基金支付的部分，由社会保险经办机构与医疗机构、药品经营单位直接结算。

（三）生育保险

生育保险是通过国家立法规定，在劳动者因生育子女而导致劳动能力暂时中断时，由国家和社会及时给予物质帮助的一项社会保险制度。生育保险制度的功能和宗旨在于通过向职业妇女提供生育医疗费用、生育津贴和产假，帮助她们恢复劳动能力，重返工作岗位。

职工应当参加生育保险，由用人单位按照国家规定缴纳生育保险费（一般是按用人单位缴费总基数的0.8%），职工不缴纳生育保险费。生育保险待遇包括生育医疗费用和生育津贴。用人单位已经缴纳生育保险费的，其职工享受生育保险待遇；职工配偶未就业的按照国家规定享受生育医疗费用待遇。所需资金从生育保险基金中支付。

（四）工伤保险

工伤保险即职业伤害保险，是指劳动者在工作中或在规定的特殊情况下，遭受意外伤害或患职业病导致暂时或永久丧失劳动能力以及死亡时，劳动者或其遗属从国家和社会获得物质帮助的一种社会保险制度。职工应当参加工伤保险，由用人单位缴纳工伤保险费，职工不缴纳工伤保险费。国家根据不同行业的工伤风险程度确定行业的差别费率，并根据使用工伤保险基金、工伤发生率等情况在每个行业内确定费率档次。行业差别费率和行业内费率档次由国务院社会保险行政部门制定，报国务院批准后公布施行。社会保险经办机构根据用人单位使用工伤保险基金、工伤发生率和所属行业费率档次等情况，确定用人单位缴费费率。

用人单位应当按照本单位职工工资总额，根据社会保险经办机构确定的费率缴纳工伤保险费。工伤保险费的缴纳比率各地也不相同，例如，北京市规定，企业每月按照其缴费总基数的0.2%～2%缴纳工伤保险费，职工个人不缴纳工伤保险费。2015年7月底，人社部和财政部联合印发《关于调整工伤保险费率政策的通知》，明确了单位费率确定与浮动办法。各统筹地区社保经办机构根据用人单位工伤保险费使用、工伤发生率、职业病危害程度等因素，确定其工伤保险费率，并可依据上述因素变化情况，每一年至三年确定其在所属行业的费率档次是否浮动。

【核心概念】

工伤　职工在工作过程中因工作原因受到事故伤害或者患职业病。根据《工伤保险条例》第十四条的规定，职工有下列情形之一的，应当认定为工伤：（1）在工作时间和工作场所内，因工作原因受到事故伤害的；（2）工作时间前后在工作场所内，从事与工作有关的预备性或者收尾性工作受到事故伤害的；（3）在工作时间和工作场所内，因履行工作职责受到暴力等意外伤害的；（4）患职业病的；（5）因工外出期间，由于工作原因受到伤害或者发生事故下落不明的；（6）在上下班途中，受到非本人主要责任的交通事故或者城市轨道交通、客运轮渡、火车事故伤害的；（7）法律、行政法规规定应当认定为工伤的其他情形。同时，根据《工伤保险条例》第十五条的规定，职工有下列情形之一的，视同工伤：（1）在工作时间和工作岗位，突发疾病死亡或者在48小时之内经抢救无效死亡的;(2)在抢险救灾等维护国家利益、公共利益活动中受到伤害的;(3)职工原在军队服役,因战、因公负伤致残,已取得革命伤残军人证,到用人单位后旧伤复发的。

工伤认定也有排除性规定,即职工因下列情形之一导致本人在工作中伤亡的,不认定为工伤:(1)故意犯罪;(2)醉酒或者吸毒;(3)自残或者自杀;(4)法律、行政法规规定的其他情形。

案例12-2

在已经履行参保义务的前提下,因自然灾害等原因,在上下班途中意外死亡,可以享受工伤保险吗?

梁某是海口某餐厅的员工。2014年7月18日,海口遭遇16级"威马逊"超级台风。当天傍晚,梁某正步行去餐厅上晚班,在途经解放西路时,被台风吹折的树枝砸中头部,送至医院后经抢救无效死亡。

2014年11月17日,梁某母亲陈某向海口市人社局申请对梁某进行工伤认定。2015年3月16日,人社局出具工伤决定书,以"梁某在上班途中被台风吹折的树枝砸伤死亡,不符合《工伤保险条例》第十四、十五条规定的情形",决定不予认定为工伤或者视同工伤。

陈某不服,向省人社厅申请复议。省人社厅受理后,依复议程序向市人社局作出《行政复议答复通知书》,并通知公司参加行政复议。省人社厅经审理后于2015年6月9日作出复议决定,决定维持市人社局作出的决定。陈某不服,遂向法院提起行政诉讼。她的诉求能够得到法院的支持吗?

职工在发生工伤,经治疗伤情相对稳定后存在残疾、影响劳动能力的,应当依法进行劳动功能障碍程度和生活自理障碍程度的等级鉴定,以及劳动能力鉴定。其中劳动功能障碍分为十个伤残等级,最重的为一级,最轻的为十级。生活自理障碍分为三个伤残等级:生活完全不能自理、生活大部分不能自理和生活部分不能自理。工伤职工应依照劳动能力鉴定部门出具的伤残鉴定,享受相应等级

第十二章 劳动与社会保障

的工伤待遇。职工因工死亡，其直系亲属按照规定从工伤保险基金领取丧葬补助金、供养亲属抚恤金和一次性工亡补助金。

（五）失业保险

失业保险是指国家依法强制实行的，由用人单位、职工个人缴费及国家财政补贴等渠道筹集资金建立失业保险基金，对因失业而暂时中断生活来源的劳动者提供物质帮助以保障其基本生活，并通过就业培训、职业介绍等手段为其再就业创造条件的制度。失业保险费由用人单位和职工按照国家规定共同缴纳。依据1999年颁布的《失业保险条例》的规定，城镇企业事业单位按照本单位工资总额的2%缴纳失业保险费。城镇企业事业单位职工按照本人工资的1%缴纳失业保险费。从2016年5月1日起，失业保险总费率在2015年已降低1个百分点基础上可以阶段性降至1%～1.5%，其中个人费率不超过0.5%，降低费率的期限暂按两年执行。

即使已经履行了缴费义务，劳动者如果想享受失业保险待遇，必须满足一定的条件。首先，失业前用人单位和本人已经缴纳失业保险费满一年，这很大程度上是为了防止在临近失业前突击参保，骗取保险金。其次，非因本人意愿中断就业，这是为了防止劳动者滥用失业保险金。最后，劳动者需要进行失业登记，并且有求职要求，这一点体现了失业保险的重要功能，即通过一定期限的经济保障，维持劳动者的就业能力与意愿。正因为如此，无正当理由，拒不接受当地人民政府指定部门或者机构介绍的适当工作或者提供的培训的，将被取消失业保险金待遇。

为了体现社会保险权利与义务相结合的原则，失业人员能够享受的失业保险金待遇和期限，取决于失业前用人单位和本人累计缴费时间。例如，累计缴费满1年不足5年的，领取失业保险金的期限最长为12个月；累计缴费满5年不足10年的，领取失业保险金的期限最长为18个月；累计缴费10年以上的，领取失业保险金的期限最长为24个月。重新就业后，再次失业的，缴费时间重新计算，领取失业保险金的期限与前次失业应当领取而尚未领取的失业保险金的期限合并计算，最长不超过24个月。

失业保险金的标准,由省、自治区、直辖市人民政府确定,不得低于城市居民最低生活保障标准。

(六)住房公积金

住房公积金,是指国家机关、国有企业、城镇集体企业、外商投资企业、城镇私营企业及其他城镇企业、事业单位、民办非企业单位、社会团体及其在职职工缴存的长期住房存储金。建立住房公积金制度的单位,单位和职工个人都有缴存费用的义务。职工个人缴存部分由单位代扣后,连同单位缴存部分一并存到住房公积金个人账户内,属于职工个人所有,职工个人享有住房公积金存储利息。2016年2月,中国人民银行、住房和城乡建设部、财政部颁布的《关于完善职工住房公积金账户存款利率形成机制的通知》规定,自2016年2月21日起,职工住房公积金账户存款利率调整为统一按一年期定期存款基准利率执行。

住房公积金是我国法定的住房社会保障制度,具有强制性、互助性和保障性等特点。依据目前的制度,只有在职职工才实行住房公积金制度。无工作的城镇居民、离退休职工不实行住房公积金制度。具体而言,国家机关、国有企业、城镇集体企业、外商投资企业、城镇私营企业及其他城镇企业、事业单位、民办非企业单位、社会团体等均实行住房公积金制度。上述单位逾期不缴或者少缴住房公积金的,由住房公积金管理中心责令限期缴存;逾期仍不缴存的,可以申请人民法院强制执行。2005年建设部、财政部和中国人民银行等联合颁布的《关于住房公积金管理若干具体问题的指导意见》(建金管〔2005〕5号)规定,有条件的地方,城镇单位聘用进城务工人员,单位和职工可缴存住房公积金;城镇个体工商户、自由职业人员可申请缴存住房公积金,扩大了住房公积金的覆盖范围。

住房公积金由职工个人缴存和职工所在单位缴存两部分组成。职工住房公积金月缴存额为职工本人住房公积金缴存基数乘以职工住房公积金缴存比例,并由所在单位每月从其工资中代扣代缴。单位为职工缴存的住房公积金月缴存额为职工本人住房公积金缴存基数乘以单位缴存比例。住房公积金缴存基数按职工本人上一年度月平均工资计算。月平均工资按国家统计局规定列入工资总额统计的项目计算。按照最新政策,住房公积金缴存比例下限为5%,上限由各地区按照

《住房公积金管理条例》规定的程序确定,最高不得超过12%。

住房公积金制度一经建立,职工在职期间必须不间断地按规定缴存,除职工离职退休或发生《住房公积金管理条例》规定的其他情形外,不得中止和中断。住房公积金应当用于职工购买、建造、翻建、大修自住住房,任何单位和个人不得挪作他用。

职工有下列情形之一的,可以提取职工住房公积金账户内的存储余额:① 购买、建造、翻建、大修自住住房的;② 离休、退休的;③ 完全丧失劳动能力,并与单位终止劳动关系的;④ 出境定居的;⑤ 偿还购房贷款本息的;⑥ 房租超出家庭工资收入的规定比例的。[①]职工死亡或者被宣告死亡的,职工的继承人、受遗赠人可以提取职工住房公积金账户内的存储余额。

【延伸思考题】

1. "五险一金"制度对即将进入劳动力市场的大学生而言,有哪些重要意义?

2. 请查阅有关政策法规,回答以下问题:

(1) 未与用人单位建立正式劳动关系的劳动者,可以通过哪些方式参加社会保险?

(2) 异地转移社会保险关系的流程如何?请画出异地转移社会保险关系的流程图。

3. 如果某职工在某地参加城镇职工基本养老保险不满10年,就一定无法享受社会保险待遇吗?请结合《城乡养老保险制度衔接暂行办法》的有关规定进行分析。

---

① 2013年部分城市出台办法,允许患有重大疾病的职工或其直系亲属提取公积金救急。

【拓展阅读】

1. 郭静安：《五险一金——理论·制度·实践》，经济科学出版社2013年版。

2. 林义主编：《社会保险基金管理》（第三版），中国劳动社会保障出版社2015年版。

3. 杨翠迎主编：《社会保障学》，复旦大学出版社2015年版。

4. 郑功成主编：《中国社会保障发展报告2018》，中国劳动社会保障出版社2019年版。

5. 郑功成：《多层次社会保障体系建设：现状评估与政策思路》，《社会保障评论》2019年第1期。

第十三章
劳动与安全

本章导读

企业安全管理混乱导致火灾发生

某服装厂发生火灾事故。起火初期火势不大,有员工试图使用灭火器灭火,但不会操作,火势迅速蔓延至二、三层。当时,正在二层办公的厂长发现火灾后立即逃离现场;二至六层的401名员工在无人指挥的情况下慌乱逃生,多人跳楼逃生摔伤。

该起火灾事故造成67人死亡,51人受伤,直接经济损失3 600万元。事故调查发现,起火原因是一层库房内电线短路产生高温熔珠,引燃堆在下面的木料,整个火灾过程中无人报警,事故发生前该厂曾收到当地消防机构关于该厂存在火险隐患的"责令限期改正通知书",但未整改;厂内仅有一名电工,且无特种作业人员操作证。

由于事故企业安全管理混乱,消防安全教育培训落实不到位,员工不会正确使用灭火器材、缺乏应急救援常识,在无人指挥的情况下慌乱逃生,造成重大人员伤亡和财产损失。

安全是一个永恒的话题，报纸上、互联网上、电视上以及其他传媒上，我们时时处处都可以看到有关安全的信息。饮食安全、信息安全、网络安全、煤矿安全、交通安全等，无不关乎我们的身体健康，乃至生命。劳动与安全虽已是老生常谈的话题，但与我们的生产生活、生命财产息息相关。多少人因为一时粗心大意，疏忽了安全的重要性，不但自己受到严重的伤害，也给别人带来无法弥补的伤害。血淋淋、惨不忍睹的安全事故造成了许许多多家庭的不幸。虽说"天有不测风云，人有旦夕祸福"，但安全是1，其他是0。所有工作做得再好，如若发生事故，便会出现"10 000-1=0"。为了减少悲剧的发生，在劳动中注意安全非常重要，因此学习劳动安全意义重大。

来自国际劳工组织（ILO）的统计数据显示，目前全世界就业总人数为27亿人，各类工作场所每年大约发生3亿起伤亡事故和1.6亿例与工作相关的疾病，大约有230万人死于工作事故或与职业相关的疾病。此外，每天上下班途中发生的事故死亡人数达到约15.8万人。在我国，近十年平均每年发生各类事故70多万起，死亡13万多人，伤残70多万人，我国职业危害形势同样十分严峻。

社会主义民主的本质和核心，是人民当家作主，真正享有各项权利。维护劳动者的安全健康权益、确保他们的安全与健康，是我国劳动保护法制的基本原则。党的十九大提到健全公共安全体系。公共安全是每个人最关心、最直接的利益所在，涉及公众生命、健康、财产等方面。要从公共安全事故的预防体制建设、应急反应和安全事故的控制与善后处理等方面，加快建立和完善安全体系，完善安全生产责任制，坚决遏制重特大安全事故，提升防灾减灾救灾能力，为人民安居乐业、社会安定有序、国家长治久安编织全方位、立体化的安全网，建设平安中国。党的十九届五中全会进一步提出，统筹发展与安全，建设更高水平的平安中国。坚持总体国家安全观，实施国家安全战略，维护和塑造国家安全，统筹传统安全与非传统安全，把安全发展贯穿国家发展各领域和全过程，防范和化解影响我国现代化进程的各种风险，筑牢国家安全屏障。要加强国家安全体系和能力建设，确保国家经济安全，保障人民生命安全，维护社会稳定和安全。

当前，劳动教育和安全教育都已被国家及有关部门纳入大中小学校教育课程体系，安全是劳动的前提，劳动务求安全。

一、安全与危险

安全与危险是辩证统一的共生体。人们在劳动过程中，面临着很多危险。

什么是危险？危险是指生产系统中，有可能发生的事故超过了人们可承受的程度。我们也常说危险环境、危险物质、危险因素或者危险状态。例如触电，分为弱电触电与强电触电两种。1.5伏的电压，我们触碰后不会对人体造成任何伤害，但是220伏低压电或者2万伏高压电，人们触碰后会瞬间毙命。

什么是安全？无危则安，无缺则全，安全意味着不危险，这是人们传统的认识。按照安全系统工程观点，安全是指生产系统中人员免遭不可承受危险的伤害。在一个劳动作业过程中，如果它的安全性在60%，那么就意味着危险性占40%。安全永远是相对的，没有绝对的安全，100%的安全是不存在的。

为什么会存在危险？因为我们的劳动过程中存在危险源。危险源是指可能导致人员伤害、疾病、财产损失或者作业环境破坏的根源或状态。可分为第1类危险源和第2类危险源。第1类危险源通常指危险的物质或能量，第2类危险源通常指有危险物质或能量的载体。危险源一旦失控，就会变成事故隐患。

什么是事故隐患？事故隐患是生产系统中，存在导致事故发生的人的不安全行为、物的不安全状态或者环境上的缺陷以及管理上的漏洞。比如，某建筑施工企业，对员工进行了安全教育和培训，给员工配备了安全帽、安全带等防护用品。但员工未系安全带、不戴安全帽，结果在脚手架上作业时不幸踩滑，坠落到地面，导致身亡。此案例中，人的不安全行为就是事故隐患。再如，某建筑施工现场非常混乱，物品工具乱扔乱放，无序指挥，无序作业，也没有给员工发放劳动防护用品，员工也不知道哪儿有危险。员工在现场行走过程中，不慎被脚下物品绊倒，撞到锐器，导致身亡。此案例中的隐患则属于管理上的缺陷。隐患险于明火，防范胜于救灾，责任重于泰山，隐患一日不除，永无宁日。在劳动过程中事故隐患越多，发生事故的可能性就越大。

什么是事故？事故是指劳动过程中出现的导致人员伤亡、职业病、财产损失或者其他损失的意外事件。事故具有偶然性和突发性，一旦发生就会造成人员伤害和财产损失，而且这种损失往往是不可逆的。因此，我们在劳动过程中要千方百计地预防事故发生，把事故发生的风险降到最低或可承受的范围。

海因里希法则常用于分析事故的发生概率。海因里希法则是美国著名安全工程师海因里希提出的300∶29∶1法则，即330起隐患或违章意外事件中，有300起未产生人员伤害，29起造成人员轻伤，另外还有一起导致人员重伤或死亡。举个简单的例子，大家都知道，闯红灯是不安全的行为，可能会导致交通事故的发生，但是为什么还会有那么多人闯红灯呢？主要原因是闯红灯这个不安全行为，可以节约时间，可以提高效率。比如今天早晨，某人多睡了20分钟，闯了两个红灯，准时准点到了单位，没有发生交通事故，这意味着他的不安全行为落到了300大概率里面。大家都知道不安全行为有惯性，第一次尝试成功了，可能下一次还会闯红灯。也许某次就可能遇到马路上的五大杀手——超载、超速、疲劳驾驶、酒后驾驶和无证驾驶，碰到任何一个杀手，结果都是面临死亡或重伤的可能。所以，运用海因里希法则控制事故，应当从事故金字塔（见图13-1）的底部着手，从根本上消除隐患。因为劳动安全强调源头管理、过程控制，只有从事故金字塔的底部去全员、全过程、全方位地控制不安全行为，才能最大限度地消除轻伤、重伤甚至死亡等各种事故。

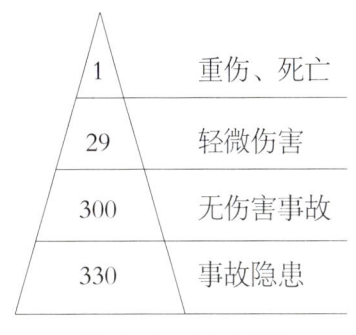

1	重伤、死亡
29	轻微伤害
300	无伤害事故
330	事故隐患

图13-1　事故金字塔

【核心概念】

安全与危险　安全是指生产系统中人员免遭不可承受危险的伤害。危险是指生产系统中有可能发生的事故超过了人们可承受的程度。安全与危险是辩证统一的共生体，安全永远是相对的。

二、常用劳动安全法律

案例13-1

2018年12月2日，北京市某区发生一起塔吊倾覆事故。总包单位河北某集团股份有限公司发包，北京某建设劳务有限公司承接劳务分包，租赁北京某建筑机械租赁有限公司塔吊。劳务人员在使用塔吊时，由于吊运钢筋超过额定载荷，信号工违章指挥塔吊，吊装超载作业；塔吊司机违反"十不吊"原则斜拉斜拽，塔吊力矩限制器失效，引起了塔吊倾覆，造成1名塔吊司机死亡。

案例点评

劳动者在生产生活过程中，应熟悉法律法规赋予的权利和规定的义务，确保劳动过程中的人身和财产安全。

《宪法》第四十二条规定，中华人民共和国公民有劳动的权利和义务。国家通过各种途径，创造劳动就业条件，加强劳动保护，改善劳动条件，并在发展生产的基础上，提高劳动报酬和福利待遇。国家对就业前的公民进行必要的劳动就业训练。

劳动是一切有劳动能力的公民的光荣职责。国有企业和城乡集体经济组织的劳动者都应当以国家主人翁的态度对待自己的劳动。国家提倡社会主义劳动竞赛，奖励劳动模范和先进工作者。国家提倡公民从事义务劳动。

《劳动法》第五十六条规定，劳动者在劳动过程中必须严格遵守安全操作规程。劳动者对用人单位管理人员违章指挥、强令冒险作业，有权拒绝执行；对危害生命安全和身体健康的行为，有权提出批评、检举和控告。

《安全生产法》第二十五条规定，生产经营单位应当对从业人员进行安全生产教育和培训，保证从业人员具备必要的安全生产知识，熟悉有关的安全生产规章制度和安全操作规程，掌握本岗位的安全操作技能，了解事故应急处理措施，知悉自身在安全生产方面的权利和义务。未经安全生产教育和培训合格的从业人员，不得上岗作业。

《职业病防治法》规定，职业病防治工作坚持预防为主、防治结合的方针，实行分类管理、综合治理。劳动者享有的七项职业卫生保护权利是：获得职业卫生教育、培训；获得职业健康检查、职业病诊疗、康复等职业病防治服务；了解工作场所产生或者可能产生的职业病危害因素、危害后果和应当采取的职业病防护措施；要求用人单位提供符合防治职业病要求的职业病防护设施和个人使用的职业病防护用品，改善工作条件；对违反职业病防治法律、法规以及危及生命健康的行为提出批评、检举和控告；拒绝违章指挥和强令进行没有职业病防护措施的作业；参与用人单位职业卫生工作的民主管理，对职业病防治工作提出意见和建议。

根据上述有关法律，劳动者享有的权利包括：参加劳动，了解工作场所和工作岗位存在的危险因素、防范措施及事故应急措施的权利；拒绝违章作业，检举违章指挥的权利；发现直接危及人身安全的紧急情况时，停止作业或者在采取可能的应急措施后撤离工作场所的权利，以及获得卫生保护的各项权利。劳动者应熟悉法律法规赋予的权利，确保劳动过程中的人身安全。

【核心概念】

安全生产工作的目的　防止和减少生产安全事故，保障人民群众生命和财产安全，促进经济社会持续健康发展。劳动者应熟悉法律法规赋予的权利和规定的义务，确保劳动过程中的人身和财产安全。

三、劳动安全与职业健康

案例13-2

某啤酒厂新招聘一名女工，第一天人力资源部面试合格后，班组长便对她进行培训，班组长告诉她，第二天的工作是使用一台洗瓶机，即清洗啤酒瓶的机械设备。班组长介绍，首先是把啤酒瓶子摆到设备上面，合上电闸，启动设备，15分钟之后停机。班组长问是否学会了？女工表示已学会，于是去领了工作服。女工本应该穿尺码为165的工作服，结果错拿了一套尺码为180的工作服。第二天上岗的时候，女工碍于面子，不好意思去换工作服，就把尺码为180的工作服穿上了。衣服很肥大，裤袖都比较长。由于前一天的维修工在维修洗瓶机过程中发现设备的六角螺栓丢失了，他用8号铅丝代替了六角螺栓，留下了一个设备隐患。女工在操作过程中，刀具旋转，正好把她的裤脚缠住，由于没有应急方面的知识、经验和能力，女工直接推设备，结果设备一转，就把女工拉成倒立。衣帽偏大，女工倒立后帽子直接脱落，自然下垂的头发随着旋转的刀具被卷入设备内部，瞬间女工的身体也被卷入设备，现场工作台上的啤酒瓶子被女工的鲜血染红。

劳动者在作业过程或生产生活过程中可能会遇到各种各样的事故，为确保劳动者的安全，需要了解事故类型、预防措施及有关职业健康的知识。

（一）事故类型

按致损因素划分，事故的类型包括：物体打击、火灾、爆炸、车辆伤害、机械伤害、触电、高处坠落、起重伤害、淹溺、坍塌、灼烫、中毒和窒息、其他伤害等。

1. 物体打击

物体打击是指物体在外力作用下对人体造成的伤害，是劳动者在劳动过程中经常碰到的一种事故类型。一个4厘米长的铁钉从18楼抛下，能扎穿人的颅骨；一个空易拉罐从15楼抛下，能砸破人的头骨，从25楼抛下，可致人当场死亡；一个60克的鸡蛋从8楼抛下，能让人头皮破裂，从18楼抛下，能砸破头骨，从20楼抛下，会致人死亡。因此，在存在高空坠物危险的作业场所，一定要戴好安全帽，防止物体打击对人造成的伤害。

2. 火灾

火灾是指在时间和空间上失去控制的燃烧造成的灾害。燃烧是可燃物与氧化剂发生的一种氧化放热反应，通常伴有光、烟和火焰。可燃物、助燃物、着火源是燃烧的三要素。每年劳动者在作业过程中引起的火灾事故，不胜枚举。如2000年洛阳东都商厦火灾，造成309人死亡；2015年清华大学化学系何添楼实验用氢气瓶意外爆炸起火，造成1名博士后死亡；2018年北京交通大学某实验室爆炸起火，造成3人死亡。

3. 爆炸

爆炸是指由于人为、环境或管理等原因，物质发生急剧的物理、化学变化，瞬间释放出大量能量，并伴有强烈的冲击波、高温高压和地震效应等，造成财产损失、物体破坏或人身伤亡等的事故，可分为物理爆炸事故和化学爆炸事故。生产过程中常见的爆炸有煤气爆炸、加油站汽油爆炸、烟花爆竹爆炸等。近年来粉尘爆炸事故产生的影响也引起了人们的高度重视。除了我们常接触的沙土、水泥，95%的粉尘，如金属（如镁粉、铝粉）、煤炭、粮食（如小麦、淀粉）、饲料（如血粉、鱼粉）、农副产品（如棉花、烟草）、林产品（如纸粉、木粉）、合成材料（如塑料、染料）的粉尘均属于爆炸性粉尘。2014年8月2日，江苏昆山中荣金属制品公司发生铝粉尘爆炸，当天造成75人死亡、185人受伤，最终造成146人死亡，直接经济损失3.51亿元。

4. 车辆伤害

车辆伤害是指机动车辆引起的伤害事故。劳动者在上下班途中或者作业过程中由场地内机动车辆（如叉车）引起的伤害便属于车辆伤害。如苏州某物流园内，一名摩托车驾驶员无证驾车，还违规载人，在拐弯处超速行驶，结果导致车辆倾翻，当场将所载人员挤压身亡。可见，劳动者在厂区内驾驶机动车辆一定要持证上岗，注意车速，不要超速行驶，不要违规载人。

5. 机械伤害

机械伤害是指机械设备与工具引起的绞、辗、碰、割戳、切等伤害。如工件或刀具飞出伤人，切屑伤人，手或身体被卷入设备受伤，手或其他部位被刀具划伤、被转动的机器缠压等。机械设备安全防护措施要求：有轮必有罩，有轴必有套。我们操作机械设备时一定要正确穿戴防护服、工作服,其中女同志的长发一定要盘起放入安全帽里,从而最大限度地减少设备可能对人的伤害。

6. 触电

触电是指电流流经人体,造成生理伤害的事故,包括触电、雷击伤害。任何带电的设备都可能引起触电,如变电室、配电站、电源插座和插销,或带电设备的金属外壳、裸露的临时电线、漏电的手持电动手工工具等。触电可能导致人瞬间毙命。此外,雷电和静电也经常引发人身伤亡事故。雷电产生的冲击电压能达到数万伏,每年雷雨季节,雷电致死案例也很多。因此在雷雨天气时,我们不能在大树下、小溪边、山顶上多停留。静电产生的危害没有雷电产生的危害大,但是静电产生的火花会触发易燃易爆的场所发生爆炸。比如在加油站的作业环境中,工作人员要穿防静电工作服,加油站里禁止拨打手机。因为一旦产生静电,很可能引发加油站火灾或爆炸事故。

7. 高处坠落

高处坠落是指由危险重力势能差引起的伤害事故。高处坠落也是劳动者在作业过程中经常发生的一种事故。通常,我们把基准面高于两米以上的作业称为高处作业。高处作业必须系安全带,戴安全帽,穿软底防滑鞋。如果未落实防护措施,很可能发生高处坠落。如某电厂开展设备维修和检修,张某由于经常在这个设备上维修,认为可以不用系安全带,结果在高处作业过程中,突然手机铃响了,他拿出手机看,这个时候脚下一滑,从8米高处坠落,当场身亡。

8. 起重伤害

起重伤害是指从事起重作业时引起的伤害事故。例如,某建筑施工企业员工张某,在操作起重吊车过程中,发现工友的吊车不能复位,去帮助工友,但没有让自己的吊车停止作业,结果起重吊车掀翻大车,将周围的路人砸伤身亡。可见,操作起重设备,一定要遵守操作要求,如起重作业需要两人配合,一人操作,一人监护。另外,起重吊装作业需要办理许可,当遇到6级以上大风,应停止起吊作业,最大限度减少起重伤害的发生。

9. 淹溺

淹溺是指因大量的水经口鼻进入肺内，造成呼吸道阻塞，发生急性缺氧而窒息死亡的事故。在水域附近作业，一定要注意防止淹溺事故的发生。此外，劳动者也要注意，不要在不安全的水域，尤其是一些河水、暗道里游泳。

10. 坍塌

坍塌是指建筑物、堆置物等的倒塌以及土石塌方引起的事故。劳动者在作业过程中最常见的坍塌事故，就是土石塌方、堆积货物坍塌以及脚手架坍塌。比如，2016年11月发生的江西某电厂脚手架坍塌事故，就是施工过程中要求"抢抓晴好天气，加快施工进度"，但由于下过雨，比较潮湿，导致水泥未干而发生脚手架坍塌事故，造成70多人伤亡。

11. 灼烫

灼烫是指酸、碱、盐、高温物质对人体皮肤造成的灼伤。劳动者在从事焊接、锻造等工艺的作业中，一定要注意防止高温物质对人体皮肤造成的灼伤，尽量减少皮肤在外界的暴露。比如，焊接作业，要求电焊工佩戴防护镜，同时穿长袖工作服，减少皮肤在外界的暴露，最大限度减少灼烫事故的发生。

12. 中毒和窒息

中毒是指人接触有毒物质，如误吃有毒食物或呼吸有毒气体引起的人体急性中毒事故。窒息是指人处于不通风的场所，因为氧气缺乏，发生突然晕倒甚至死亡的事故。劳动者在作业过程中，若接触一氧化碳、硫化氢等有毒物质，要佩戴防毒面具或防毒口罩。例如，在下水道阴沟等受限空间内作业，应先通风再检测有害气体，并注意氧气含量不得低于19.5%。一旦低于19.5%，作业者必须佩戴正压式空气呼吸器，防止窒息身亡。

（二）职业健康

案例13-3

某公司从事工艺包装盒、塑料制品、木制工艺品制造、加工，使用的胶水黏合剂中存在苯、甲苯、二甲苯等职业病危害因素，未向卫生行政部门申报产生职业危害项目。对于接触职业病危害因素的职工，该公司未按规定为其配备符合职业病防护要求的个人防护用品，仅提供了普通的纱布口罩。市疾控中心对该公司车间空气中的职业病危害因素进行了检测，发现苯、甲苯等化学物质的浓度不符合国家职业卫生标准。后市卫生局接到疾病预防控制中心"关于王某某等人职业病诊断的报告"，该公司5名职工被诊断为苯中毒。

案例点评

职业病是企业、事业单位和个体经济组织（统称用人单位）的劳动者在职业活动中，因接触粉尘、放射性物质和其他有毒、有害物质等职业病危害因素而引起的疾病。职业病主要包括尘肺病、噪声聋、中暑、一氧化碳中毒、苯引起的白血病、甲醛中毒等共132种。

职业健康是防止职业病发生，对工作场所内产生或存在的职业性有害因素及其健康损害进行识别、评估、预测和控制的一门科学，其目的是预防和保护劳动者免受职业性有害因素所致的健康影响和危险，使工作适应劳动者，促进和保障劳动者在职业活动中的身心健康和社会福利。职业健康是职业卫生和职业医疗的统称。通常职业健康与职业卫生又是可以互通使用的概念。

劳动者在作业过程中，可能会遇到如粉尘、噪声、振动、辐射、中毒、高温等职业伤害问题，进而引发尘肺、中毒、职业性肿瘤等职业病。

1. 粉尘

劳动者工作过程中长时间接触粉尘可能会引起尘肺病。因此，粉尘环境作业过程中，应配备防尘口罩，进行湿式作业，或采取密闭、通风、除尘的作业方法，防止尘肺病和硅肺病以及粉尘爆炸事故。

2. 噪声

噪声可能会引发听力下降，引起噪声聋。工业上的噪声一般在85分贝以下，最高不超过115分贝。噪声的作业环境中，企业应通过改革工艺吸声消声，用隔声减震的方式减少噪声。如果上述工艺措施成本偏高，则应给劳动者配备耳塞或耳罩，最大限度地减少噪声对人体的伤害。

3. 振动

劳动者使用手持电动工具，如操作挖掘机、空气锤等设备，对手臂产生震动引发的手臂振动病属于法定的职业病。一旦患有手臂振动病，人的手臂会不停颤抖，失去功能。预防振动产生的职业危害，应配备防振手套、减振座椅等，限制作业时间和振动强度，定期监测振动工具的振动强度，采取减振、隔振等措施，改革工艺过程，控制振动源。

4. 中暑

劳动者在高温环境下作业，可能引发中暑。中暑属于法定的职业病。为防止中暑，可以配置防暑降温药品、饮品。如果劳动者在高温作业过程中突发中暑，可以使用现场配备的药品，如藿香正气水进行治疗，并把中暑的员工抬至通风处，解开衣扣，降低温度。

5. 辐射

辐射包括电离辐射和非电离辐射。一般人们经常提到的红外线、紫外线、微波和激光辐射均属于非电离辐射；X射线、γ射线辐射属于电离辐射。无论是哪种辐射对人体的伤害都非常大。比如劳动者在作业过程中接触红外线可能会引起白内障，接触紫外线可能会引起电光性眼炎，接触激光可能会引起眼灼伤，接触微波以及X射线和γ射线可能会破坏人体器官的功能，引起肿瘤、致癌。在辐射环境中工作，可以通过减少与辐射源接触的时间、拉大人与辐射源之间的距离、在人与辐射源之间设置屏蔽墙进行辐射防护和控制，减少辐射对人体的伤害。

6. 中毒

职业性化学中毒属于职业病,包括铅中毒、苯中毒、氯气中毒、氨中毒、汽油中毒、甲醛中毒和一氧化碳中毒等。长期接触苯的作业将会引起职业性肿瘤——白血病,治疗难度非常大。在工作过程中如果接触有毒物质,应将存放有毒物质的设备密闭,厂房通风,现场加强监测,并配置一些有毒物质的检测报警装置,尤其是作业人员要正确佩戴防毒面具和防毒口罩,预防中毒职业病的发生。

【核心概念】

生产安全事故 生产经营活动中发生的造成人身伤亡或者直接经济损失的事件。

职业健康 为防止职业病发生,对工作场所内产生或存在的职业性有害因素及其健康损害进行识别、评估、预测和控制的一门科学。为预防事故发生,确保劳动安全,劳动者应强化安全意识,掌握安全防护措施,防微杜渐,警钟长鸣。

四、安全应急逃生

案例13-4

2013年10月11日,北京市某区喜隆多购物中心麦当劳餐厅甜品操作间内的一个电动自行车蓄电池在充电过程中发生故障,引发火情,不到2分钟,整个餐厅已被浓烟笼罩。麦当劳餐厅店长和员工自顾逃命,购物中心消防中控室值班人员两次对警报消音后继续玩游戏,导致大火持续了8个多小时,过火面积共计3 800余平方米,火灾直接财产损失估算值为人民币1 308.42万元,灭火过程中2名消防警官牺牲。

凡事预则立,不预则废。有效的应急系统和应急预案,可以把事故损失降低。因此，劳动者掌握必要的安全应急管理知识和逃生手段，对于事故发生后最大限度地减少人员伤亡和财产损失，具有非常重要的意义。

（一）应急逃生

火灾是常见的事故类型，火灾发生后，很多人不是被烧死，而是因吸入大量浓烟窒息而亡。因此，配备防毒面具和防毒口罩十分必要。火灾发生的初期，要在最短的时间内利用一切有效的手段灭火，劳动者应学会正确使用灭火器、消火栓和喷淋装置等消防器材，积极参与火灾事故应急培训和演练，提高应急能力。

高层建筑发生的火灾尤为常见，当劳动者处于起火位置以下的楼层，应当向低楼层疏散；当劳动者处于起火位置以上的楼层，不要盲目往低楼层跑，更不可跳楼逃生。应当关紧门窗，堵死进烟孔洞，向窗外悬挂醒目标志或用手电筒向窗外照射，以表示室内有人，等待救援。如果有被火围困的危险情况，应当根据火情往高层逃生；如果门窗、通道、楼梯已被烟火封住，确实难以向外逃生时，可向头部、身上浇些冷水或用湿毛巾把头部包好，用湿棉被、湿毯子、湿被单将身体裹好，再次尝试逃离险区。如果浓烟太大，有窒息的危险应戴上防毒面具或防毒口罩；如果没有防毒面具或防毒口罩，可用湿毛巾捂住口鼻，身体尽量贴近墙边、地面，匍匐前进，穿过险区。

（二）事故应急管理

事故应急管理包括四个阶段，即预防、准备、响应和恢复。

1. 预防

在应急管理中预防有两层含义，一是事故的预防工作，即通过安全管理和安全技术等手段，尽可能地防止事故的发生，实现本质安全；二是在假定事故发生的前提下，通过采取的预防措施，降低事故的影响或减轻事故后果的严重程度，如加大建筑物的安全距离、减少危险物品的存量、设置防护墙以及开展公众教育等。从长远来看，低成本高效率的预防措施是减少事故损失的关键。

2. 准备

应急准备是应急管理过程中一个极其关键的阶段，它是针对可能发生的事故，为迅速有效地开展应急行动而预先所做的各种准备，包括应急机构的设立和职责的落实、预案的编制、应急队伍的建设、应急设备（施）及物资的准备和维护、预案的演习、与外部应急力量的衔接等，其目的是保持重大事故应急救援所需的应急能力。对劳动者来说，开展应急培训教育和演练，提升应急技能，正确使用应急救援器材，都是应急准备工作需要关注的重点。

3. 响应

应急响应是在事故发生后立即采取的应急与救援行动，包括事故的报警与通报、人员的紧急疏散、急救与医疗、消防和工程抢险措施、信息收集与应急决策和外部求援等，其目标是尽可能地抢救受害人员、保护可能受威胁的人群，并尽可能控制或消除事故的影响。劳动者应能够正确开展自救和互救，知道如何正确报警。比如，火警电话是119；维护治安、服务群众的报警电话是110；安全生产举报投诉特服电话是12350；医疗救助电话是120。正确地逃生和疏散也是应急响应中应具备的能力，例如，发生液氯、液氨或者煤气泄漏事故时，劳动者应切断电源，关闭阀门，戴上防毒面具或防毒口罩，站到上风向，进行堵漏。如果堵漏失败，要沿主导风向的上风向逃生。

4. 恢复

恢复工作应在事故发生后立即进行，它首先使事故影响区域恢复到相对安全的基本状态，然后逐步恢复到正常状态。要求立即进行的恢复工作包括事故损失评估、原因调查、清理废墟等。恢复分为短期恢复和长期恢复。短期恢复工作包括向受灾人员提供食品、避难所、安全保障和医疗卫生等基本服务。在短期恢复中应注意避免出现新的紧急情况。长期恢复包括厂区重建和受影响区域的重新规划和发展。在长期恢复工作中，应汲取事故和应急救援的经验教训，开展进一步的预防工作和减灾行动。

对劳动者来说，只有具备专业的应急处置能力和素养才能进行恢复工作。因为部分劳动过程中发生的突发事故是在事故恢复阶段出现的二次衍生事故。例如,珠海"6·16"特大火灾。事故企业电线短路,棉堆冒烟起火,由于员工不会使用消防器材,火灾迅速蔓延,救火失败后,员工报警。消防员接到报警后立即赶往现场,才发现现场的消火栓没有压力,消防水池也没有水,所以只能从3公里外取水,经过8个小时的抢救,大火终被扑灭。企业为了迅速恢复生产,自行组织员工进入火场,清理剩余火种,搬运残存棉包,突然厂房发生坍塌,导致93人死亡。此外,事故企业的一些氧气瓶随处乱放,又导致氧气瓶发生连锁性的爆炸,剩余的厂房被炸成一片废墟。可见,应急管理的恢复阶段极其关键,应请专业机构和专业部门进行,劳动者盲目恢复,很有可能导致非常严重的二次事故。

及时有效的应急救援和逃生行动是抵御事故或控制灾害蔓延、降低危害的关键,甚至是唯一手段。劳动者掌握必要的安全应急管理知识和逃生手段,是正确开展自救和互救的安全应急必备能力。

五、劳动安全事故责任

案例 13-5

某纸业有限责任公司进行生产前的检修清理工作时,1 名工人发现纸浆池内有垃圾,在清理过程中跌落池中,8 名工友发现该情况后,相继进场施救,因有毒气体浓度过高而中毒坠池。事故造成 7 人死亡,2 人受伤。

前车之鉴,后事之师。事故发生,留下经验教训的同时,需要认真仔细地分析事故的原因。只有分析清楚事故的原因,才能对症下药,预防同类事故再次发生。事故的原因主要有直接原因和间接原因两种。

(一)事故的直接原因

事故的直接原因是指直接加害于受害人的因素。由于事故现场包含着来自人和物两方面的多种隐患,因而事故的直接原因通常是指直接导致伤亡事故的人的不安全行为或机械、物质的不安全状态。

人的不安全行为的产生与人的心理、生理、技术及生产环境密切相关,常表现为:操作错误、忽视安全、忽视警告;人为造成安全装置失效;使用不安全设备;用手代替工具操作;成品、半成品、材料、工具等物品放置不当;冒险进入危险场所;攀、坐不安全位置;在起吊物下作业或停留;机器运转时做加油、修理、检查、调整、焊接、清扫等工作;有分散注意力的行为;在必须使用个人防护用品、用具的作业或场合中忽视使用;不安全装束;对易燃易爆等危险物品处理错误。

机械或物质的不安全状态常表现为:防护、保险、信号等装置缺少或有缺陷;设备、设施、工具、附件有缺陷;个人防护用品、用具缺少或有缺陷;生产(施工)场地环境不良等。

人的不安全行为和机械、物质的不安全状态有时是相互关联的。人的不安全行为可以造成物的不安全状态,而物的不安全状态又会在客观上促成人产生不安全行为的环境条件。因此,迅速、准确地调查人的不安全行为或物的不安全状态并判明二者间的关系,是分析事故原因及确定事故责任的重要内容。

(二)事故的间接原因

事故的间接原因是指直接原因得以产生和存在的原因。包括:技术和设计上有缺陷,如工业构件、建筑物、机械设备、仪器仪表、工艺过程、操作方法、检修检验等的设计、施工和材料使用等方面存在问题;教育培训不够,未经培训,缺乏或不懂安全操作技术知识;劳动组织不合理;对现场工作缺乏检查或指导错误;没有安全操作规程或规程不健全;没有或不认真实施施工预防措施,对施工隐患整改不力等。

事故的间接原因是事故的本质原因所在。只有针对事故的本质原因制定防范措施，才能最有效、最彻底地达到预防同类事故重现的目的。因此，在进行事故分析时，不应只就直接原因做头痛医头、脚痛医脚的表面文章，而应从直接原因入手，追究事故的间接原因即本质原因。

（三）事故责任

据统计，90%以上的事故都是责任事故，在分析事故原因的同时，还应分析事故的责任，目的在于划清责任，作出适当处理，使劳动者从中吸取教训，改进工作。

对于事故的责任划分，通常有直接责任、领导责任等。

1. 因下列情形之一造成伤亡事故的，应追究直接责任

（1）违章操作。

（2）违章指挥。

（3）玩忽职守，违反安全责任制和劳动纪律。

（4）擅自拆除、毁坏、挪用安全装置和设备。

例如，某火电厂工人张某，在8米高的设备平台上进行维修作业，作业完成后，如果从8米高的平台上使用梯子爬下来，需要用几分钟的时间。为图方便，张某想了一个办法，在地面摆几个草堆，这样直接从平台跳到草堆上可以节约时间、提高效率。但没有想到的是，事故发生的当天，东北风4~6级，张某跳的时候偏离了方向，直接落到了地面，地面上工具物品乱摆乱放，而且有一个下水井盖没盖好，张某直接扎进了下水井里，当场死亡。张某在这个事故的过程中承担直接责任，只是由于张某已坠落身亡，因此可以免追究他的事故责任。但是如果张某没有受到伤害，而他的违章行为，导致其他工友发生重大伤亡事故，就应追究其作为直接责任者的刑事责任，轻者可判3年以下有期徒刑；如果情节比较严重，则判3年到7年有期徒刑。

2. 有下列情形之一的，应当追究事故单位领导者的责任

（1）未按规定对职工进行安全教育和技术培训。

（2）设备超过检修期限或超负荷运行，或设备有缺陷。

（3）没有安全操作规程或规章制度不健全。

（4）作业环境不安全或安全装置不齐全。

（5）违反职业禁忌证的有关规定。

（6）设计有错误，或在施工中违反设计规定和削减安全卫生设施。

（7）对已发现的隐患未采取有效的防护措施，或在事故后仍未采取防护措施，致使同类事故重复发生。

党政同责，一岗双责，失职追责；事前揽责，事后无责；事前推责，事后有责。行政处罚包括警告、降级、撤职、开除等处分。严重的依照刑法，追究刑事责任。生产经营单位的主要负责人受刑事处罚或者撤职处分的，自刑罚执行完毕或者受处分之日起，五年内不得担任任何生产经营单位的主要负责人；对重大、特别重大生产安全事故负有责任的，终身不得担任本行业生产经营单位的主要负责人。

3. 对有下列情形之一的事故责任者或其他有关人员，应从重处罚

（1）利用职权对事故隐瞒不报、谎报、虚报或者故意拖延不报的。

（2）故意毁灭、伪造证据，伪造、破坏事故现场，干扰事故调查或嫁祸于人的，无正当理由拒绝接受调查以及拒绝提供有关情况资料的。

（3）事故发生后，不积极组织抢救或指挥抢救不力，造成更大伤亡的。

（4）接到相关《事故隐患整改意见书》后，逾期不消除隐患而发生伤亡事故的。

（5）屡次不服从管理、违反规章制度或者强令职工冒险作业的。

（6）对批评、制止违章行为和如实反映事故情况的人员进行打击报复的。

（7）故意拖延事故调查处理，不按时结案的。

（四）"四不放过"原则

第一，事故处理的"四不放过"原则是要求对安全生产工伤事故，必须进行严肃认真的调查处理，接受教训，防止同类事故重复发生。

第二,"四不放过"是指事故原因未查清不放过、责任人员未处理不放过、整改措施未落实不放过、有关人员未受到教育不放过。

第三,经验表明,事故不再发生说明坚持了"四不放过"原则;事故重复发生一定是没有坚持"四不放过"原则。为了杜绝事故重复发生,一定要坚持"四不放过"原则。

【核心概念】

事故责任分析　根据事故调查所确认的事实,通过对直接原因和间接原因的分析,确定事故中的直接责任者和领导责任者。其目的在于划清事故责任,作出适当处理,使企业领导和职工群众从中吸取教训,改进工作。

【延伸思考题】

1. 举例说明海因里希法则的内涵。
2. 举例说明劳动安全与职业健康包含的事故类别及职业危害因素有哪些。
3. 浅析火灾事故中的应急逃生方法。
4. 自选事故案例并分析该事故的原因和责任。

【拓展阅读】

1. 陆忠伟主编:《非传统安全论》,时事出版社2003年版。
2. [澳]杰夫·泰勒、凯丽·伊斯特、罗伊·亨格尼:《职业安全与健康》,樊运晓译,化学工业出版社2008年版。

第十四章
劳动与工会

本章导读

农民工有困难找工会

"3天时间就解决了我们多年的工资被拖欠问题,真得感谢山西工会!"湖北籍农民工熊某如此对《工人日报》记者感慨。

1月22日上午,熊某等50名农民工在多次讨要欠薪无果的情况下,看到了山西大同市总工会大门口悬挂的"农民工有困难找工会,拿不到工资找工会"横幅,急忙向工会求助。这些农民工自2013年以来一直在某建设集团公司在大同市的多个项目工地打工。他们没有直接跟公司签订劳动合同,由于种种原因,形成了连环拖欠。4年来,被拖欠的工人工资和工程款共计1 957.2万元。

当天已经是农历腊月二十五。大同市总工会两位副主席接待了他们,详细了解情况,安抚情绪激动的农民工,并向山西省总工会作了汇报。随后,市总工会班子成员与农民工代表座谈,市总工会保障部对承建单位拖欠农民工工资和工程款的相关情况分别进行了登记,搞清楚在近2 000万元的拖欠款中,农民工工资约为580万元。同时,市总工会与欠薪单位进行电话沟通,要求他们来市总工会协商解决,市人社局劳动监察大队也同步介入协调。

经过多次协商,1月24日下午,双方终于达成协议,欠薪的建设集团公司先拿出150万元作为农民工的返乡路费和春节生活费,其余款项分三期支付。1月25日上午,农民工们拿到了150万元返乡费。"终于可以安心回老家过年了!感谢工会!"他们如此感慨。

这是山西工会开展"农民工有困难找工会,拿不到工资找工会"专项行动的一个生动缩影。2013年,山西工会发起了这一专项行动,并协调各级政府共同设立了农民工欠薪应急周转金,在确认劳动关系清晰、劳动合同真实有效的情况下,动用周转金先行垫付部分被欠工资款,之后由工会组织代表农民工向欠薪单位追讨。经过几年的经验积累，制度化常态化建设已经初见成效。据了解，2017年的前两个月，山西各级工会共接待处理农民工欠薪来电、来信、来访事件200多件，涉及金额2.4亿元。其中，已解决25件、追回欠薪2 033.6万元；经协调达成协议36件；转有关部门处理42件；正在处理中114件。仅省总工会便直接接待处理88件，涉及6 225人、金额1.48亿元，已解决6件、追回欠薪734.9万元。

资料来源：《讨薪案"件件有回音"——山西工会开展"农民工有困难找工会、拿不到工资找工会"专项行动纪实》，《工人日报》2017年3月2日。

    近些年来，因各种原因导致拖欠工人工资的现象屡见不鲜，尤其是建筑行业，拖欠农民工工资在一段时期甚至成为一种较为普遍的现象，曾引起过一些较为严重的冲突或恶性讨薪事件，对社会的和谐稳定造成不良影响。因此，国家也一直在积极探索如何治理农民工工资拖欠问题。在上述案例中，非常值得关注的是，解决农民工工资拖欠问题的一个非常重要的参与主体是工会，为什么会有这样一个看起来似乎与农民工工资拖欠问题没有任何直接联系的组织参与进来，而且主动宣传让农民工有困难找工会？另外，为什么农民工难以解决的问题，在工会的参与下却能得到如此快速有效的解决呢？

    按照通常的理解，农民工工资遭到拖欠，应该是他们自己去与拖欠单位进行协商解决，如果无法解决，那么可以向政府劳动监管部门申请劳动仲裁，要是还无法解决，可以向法院上诉，通过司法判决的方式来获得最终解决。换言之，针对工资拖欠问题，其实是有一整套的制度安排的，那为什么农民工利用这套制度难以解决欠薪问题呢？这是因为这些制度的执行是需要成本的，有时由于过程复杂繁琐，致使成本很高昂，让农民工群体难以承受。这时，就需要有一个能够代表和维护他们利益的组织，而工会正是这样的组织。根据《中华人民共和国工会法》第二条和第六条的规定，"工会是职工自愿结合的工人阶级的群众组织"，"维护职工合法权益是工会的基本职责"。

    那么，为什么工会的参与就能够较为高效地解决这个问题呢？首先，工会是一种组织化的力量，具有较为丰富的资源（包括专业人员和资金），在一定程度上能够与用人单位的强势力量抗衡。相反，个体劳动者面对强势的用人单位时，往往是无力的。其次，在我国，工会工作是中国共产党治国理政的经常性、基础性工作的重要构成部分，因此我国工会具有政治优势，在参与协调劳资矛盾时，能够有效地借助党政部门的力量，让问题得到快速有效的解决。

一、工会的产生与发展

我们想要了解工会，就必须首先了解其产生和发展的历史，因为通过历史的考察最能揭示工会的本质以及它如何随着外部环境的变化而不断调整自身的结构和行动。

（一）工会的产生

工会是近代工业社会劳动关系矛盾的产物，而且是随着资本主义生产方式的出现而产生的。虽然我们难以确切地指出世界上最早的工会起源于何时何地，但正如马克思所指出的，英国是考察资本主义生产方式以及和它相适应的生产关系和交换关系的典型地点，因此，英国也是考察工会的发生与发展的典型地点。

在英国，最早的工会大致起源于17世纪后半叶，因为那时起，英国不仅出现了一场前所未有的工业革命，而且在这个过程中引发了生产关系的重大变革，即传统的手艺工人逐渐丧失了对生产资料的所有权而沦为雇佣工人，而握有生产资料的雇主，也逐渐成为只关注资本经营和资本利益最大化的资本主义企业家。二者之间的界限越来越清晰，并逐渐形成了一个鸿沟，致使前者已经难以像过去那样——通过自身的努力和勤奋而上升为小雇主——较为容易地跨过这个边界。于是，一种劳资分立的产业关系或阶级对立关系逐渐形成。

在这种处境下，雇佣工人只能到劳动力市场通过出卖自己的劳动力来谋生，从形式上看，似乎工人可以自由平等地与资本家讨价还价，并按照双方都合意的条件签订劳动合同。但实质上，个体的工人在面对资本家时是处于弱势地位的，因为由大量破产的农民和手工业者形成的庞大的产业工人后备军，让劳动力市场呈现出供大于求即劳动力过剩的局面。特别是随着科学技术的发展，资本有机构成在不断提高，出现了机器排挤人的现象，让这种劳动力过剩的局面变得更为严峻。所以，个体工人面对资本家时，根本不具有平等的谈判力量。马克思曾明确指出："资本是一种集中的社会力量，而工人只拥有自己的劳动力。因此，劳资之间永远不可能在公平的条件下缔结协定……工人的社会力量仅在于他们的数量。然而，数量上的优势被他们的分散状态所破坏。工人的分散状态之所以造成并继续存在，是由于他们之间的不可避免的竞争。"[1]

所以，资本家会利用劳动力市场中工人彼此间的竞争而不断压低工资，从而实现对工人剩余价值的最大化榨取。与此同时，英国政府在当时开始采取"行政虚无主义"立场，实施自由放任主义政策，即放弃了中世纪时期为维护普通工人"适当的生活"——这在中世纪时期被认为是国家应秉承的一种根本的正义原则——而进行的种种职业管理方法，比如由地方法官来厘定合理的工资水平，维护传统的学徒条款，甚至出台法令禁用机器等以保证工人的生计。[2]

在这种情况下，工人既不能通过公平的市场竞争方式，也不能通过合理的政府管制方式来谋求基本生计，因此，他们只能诉诸社会联合的方式来共同对抗资本家。事实上，当大工业把大批互不相识的工人聚集在一个地方时，虽然竞争使他们的利益分裂，"但是维护工资这一对付老板的共同利益，使他们在一个共同的思想（反抗、组织同盟）下联合起来"[3]。这种联合的结果，就是产生了工会，其目的就是"消灭竞争，而代之以工人的联合"[4]，以便同心协力地同资本家竞争和斗争，争取更好的劳动生活条件。

【核心概念】

工会 雇佣工人或以工资收入为主要来源的劳动者，为维持或改善其劳动

---

[1] 《马克思恩格斯全集》第16卷，人民出版社1964年版，第219—220页。
[2] ［英］韦伯夫妇：《英国工会运动史》，陈建民译，商务印书馆1959年版，第28—40页。
[3] 《马克思恩格斯选集》第1卷，人民出版社2012年版，第273页。
[4] 《马克思恩格斯全集》第6卷，人民出版社1961年版，第658页。

第十四章 劳动与工会

生活条件而自愿结合起来的工人团体[1]。

（二）工会的发展

工会的发展显然不会一帆风顺，自然会遭到统治阶级的敌视和压制。这些统治阶级对法国大革命时期平民暴动带来的恐怖景象记忆犹新，所以他们对一切平民结社都极为惊疑和警惕，特别是工会在产生之初，工人也的确会采取一些较为激进的方式对待一些不接受其条件的雇主，所以，在1799—1780年，英国政府出台了非常严厉的禁止结社的条例。当时，一些违反此条例的结社行为，都遭到了严厉的惩罚。

这种严厉的惩罚似乎并没有带来统治阶级希望看到的结果，反而引发了工人的各种抗争。另外，禁止结社虽然短时期内让雇主能够不断压低工资，但雇主之间的这种恶性竞争，其实反而是有损英国实业发展的，所以当时一些富有同情心和远见的雇主以及一些开明的知识分子和政界人士也纷纷为废止这种结社禁令而奔走呼吁，终于在1825年，禁止结社的法令被全部废止，各行各业的工会组织迅速发展起来。

不过，即便结社行为获得了认可，统治阶级仍然通过别的方式（如刑法和民法相关条例）来对工会进行压制。比如动用阴谋法对鼓动他人参与罢工、威胁罢工、组织罢工纠察等行为进行刑事惩戒，将之认定为危害社会秩序的阴谋行为，这样，罢工虽合法，但为罢工而采取的手段大都是非法的了；又如，如果工会运动者鼓动工人不为某些雇主工作，或鼓动工人参与罢工等给雇主造成经济损害，工会就会被要求作出经济补偿，甚至还必须为会员的行为承担民事责任。

当然，工会领袖们以及社会各界的一些开明人士，则通过积极参与一些重要的法律案件的审判过程而为工会进行强有力的辩护，并推动了相关法律的修订，从而彻底打破了雇主通过借助刑法和民法等方式来压制工会运动的企图。而随着工会地位的稳固和提升，工会也逐渐成为国家政治机关中的一个重要构成部分，

---

[1] ［英］韦伯夫妇：《英国工会运动史》，陈建民译，商务印书馆1959年版，第1页。

一些事关工人利益的委员会机构，都开始吸纳工会领袖作为成员。对于工会的这种地位，恩格斯总结道："六十年的斗争经验使资本家多少学乖了一些。工联现在已经成了公认的机构，它作为工资的调节者之一的作用，被认为同工厂法作为工作时间的调节者的作用完全一样。"[1]

不仅如此，经过此前的诸多斗争之后，工会领袖们也认识到了工会不能仅局限于谋求自身的经济利益或产业利益，还应积极参与政治活动，否则不仅这种经济利益不能实现，甚至连自身的生存发展也面临困难。在一开始，工会参与政治活动往往是依附于某一政党，但后来开始组建自己的政党。1900年，英国的工会以及一些社会主义团体，在伦敦成立了劳工代表委员会，1906年，该委员会改名为工党，此后工党成为英国政治中的一股重要政治力量，这反过来对英国工会的发展也具有巨大的推动作用。

经过不懈奋斗，工会逐渐得到了统治阶级的承认和接纳，这不仅表现在工会的法律地位和政治地位的提升上，而且表现在工会的覆盖面和会员规模的扩大上。传统的工会主要是男性手艺工人占主导地位，随着工会的不断发展和壮大，女工、童工、非熟练工或普通劳力苦工等也纷纷加入工会队伍中。此外，工会的发展还表现在各种联合工会、总工会或工会同盟的出现，因为工会领袖们在斗争中认识到，唯有不同工会之间联合起来才能共同对付资本家的攻击，否则就容易被逐个击破。

二、工会的性质与职能

在了解工会产生和发展的历史过程后，我们也就能够清楚地认识工会的性质了，而其性质相应地决定了工会的主要职能。

---

[1]《马克思恩格斯全集》第19卷，人民出版社1963年版，第282页。

（一）工会的性质

工会自诞生之日起，就面临着诸多争议，这其中就包括如何理解工会的性质。工会究竟是个什么样的组织呢？早在20世纪初就有学者指出，无论是研究者还是社会公众，对工会的性质大都持有不同的看法或想象，这些看法或想象甚至彼此针锋相对。

比如有的认为工会是个狭隘的群体组织，以牺牲他人利益为代价让部分人受益；有的认为工会是一个人为的劳动力垄断组织，企图通过垄断的方式来增加工资；也有的认为工会不过是一群自私的工人领袖为了自己的私利而创建出来的，因而是强加在不情愿的工人身上的，并会破坏劳资和谐；还有的认为工会只不过是一个商业机构，通过集体谈判的方式来对工资和雇佣条件进行规范；此外，还有的认为工会开启了一场伟大的革命运动，最终将会推翻资本主义制度及其法律与道德体系；或者稍微委婉地表达出类似看法，即工会是工人阶级理想的一种一般性表达，旨在给所有受苦者带来希望、尊严、启蒙以及合理的生活水平；等等。总之，在社会各界对工会的种种看法或想象中，诸如自私与利他、垄断与宽容、人为与自然、专制与民主、暴力与守法、革命与保守、狭隘经济性与广义社会性等相互矛盾的判断是并存的。[1]

其实，工会之所以会给社会各界留下如此复杂甚至相互矛盾的印象，是因为工会为了维护工人的利益，往往会根据不同的政治经济环境而主动或被动地采取不同的手段，以满足工人提出的具体诉求或解决其面临的具体问题。比如在工会出现的早期，其目的只是为了维持工人工资水平，所采取的手段主要是控制工人数量的供给或者垄断工作岗位，这让人感觉工会像是个垄断组织，且只关注纯粹的经济利益，而在实行这种控制或垄断的过程中，工会往往会采取暴力方式作为后盾或威胁；随着工会的发展和壮大，工会开始采取和平的方式，如集体谈判，来与雇主协商各种劳动条件，而且工会还进一步认识到，政治活动和社会活动的参与，能为工会带来更大的力量；此外，工会活动也给工人带来了更为宽广的视

---

[1] Hoxie, Robert F., "Trade Unionism in the United States: The Essence of Unionism and the Interpretation of Union Types", *The Journal of Political Economy*, 1914, vol.22, no.5, pp. 464-481.

野，让他们能够参与推动社会的民主和进步，并从狭隘的行业视野扩展到更为包容的工人阶级视野；等等。

也正因为这种权变的特点，工会在一定程度上具有实用主义取向，同时也表现出模式上的多元主义特点，但在根本上，所有工会都是代表和维护工人权益的社会组织，即是一种利益代表组织。不过，与其他利益代表组织（如政党、行会或商会）相比，工会具有两个重要的基础属性。

首先是阶级性。根据工会的定义，工会是以工资收入为主要收入来源的劳动者自愿结合的组织，这就意味着成为工会会员，必须是工资收入者，是工人阶级中的成员，而像私营企业主、个体工商业者以及农民等，就不能加入工会，换言之，工会的会员标准就决定了工会是工人阶级的组织，有着鲜明的阶级界限，而很多其他社会团体（比如妇女联合会、共青团）就不具有这种阶级属性，它们不对加入者提出阶级身份的要求。

其次是群众性。工会的定义也同样反映了工会的群众性特点，即凡是以工资收入为主要收入来源的劳动者，不分民族、种族、性别、职业、宗教信仰、教育程度等，都有权利组建或加入工会，这种成员来源的广泛性最直接地体现了工会的群众性。而且，在组建或加入工会时，都是基于自愿原则，不像加入政党那样需要经过严格的筛选、考察和考验，也不要求思想先进、觉悟水平高等，并且工人具有退出工会的自由。此外，工会的群众性还体现在工会是根据大多数会员的意见和要求来开展工作的，并且以会员的利益和要求为工作出发点。

（二）工会的职能

在不同的历史时期以及不同的政治经济环境下，工会的职能或作用也会有所不同，不过，在总体上，随着社会的不断发展，工会的职能也越来越多样化，以满足工人日益复杂的需求。

首先，工会具有经济职能，即帮助工人实现就业，并为其争取经济利益。这是工会最基本的职能。因为工人组建或参加工会的目的，首先就是为了维持或改善其雇佣条件，如果工会不能履行这一经济职能，那么工会也就失去了存在的意义。事实上，从工会产生之日起，经济职能就一直是工会的最主要职能，甚至曾一度出现过一些重要的工会拒斥经济职能以外的其他职能，特别是政治职能，认为工会就应该只关注工人的工资、工时和劳动条件等经济权益，至于其他的政治或社会运动，则尽量不参与。因为在他们看来，这些政治或社会目标过于抽象、遥远，还是应追求眼前的经济利益这种更为务实的目标。此外，他们还认为，参与各种政治或社会活动，容易让工会变成政客们的工具，最终偏离工人组建工会的初衷。这种强调工会经济职能的传统，直接表现在英国工会运动史上的一个著名口号上，即"做一天公平的工作，得一天公平的工资！"不过，这种只专注于经济职能的传统工会，在实际的经济斗争中逐渐认识到，如果工会只专注于经济职能，那么很可能反而难以实现这种经济职能，因为雇主完全可以通过政治和法律等手段来压制工会活动，所以，工会的职能也必须从经济领域扩展到政治领域。

案例14-1

2011年4月23日，武汉市总工会经过近3年动议酝酿、6个月准备、3个月攻坚，多次反复协商，成功签订了覆盖4万家企业、50万从业人员的全市餐饮行业工资专项集体合同。餐饮全行业最低工资比武汉市最低工资标准上浮30%，2011年餐饮行业职工工资涨幅不低于9%。94%的职工工资达到或高于最低工资标准。社保缴纳由"百日调查"前的21%提高到62%。以前餐饮行业职工流动率平均为8%，淡季时缺工3%～5%，旺季时缺工达15%，现在职工流动率下降至4%以下。

资料来源：钟研所：《"武汉样本"在续写》，《工人日报》2012年4月10日。

其次，工会具有政治职能。工会的政治职能主要是指工会通过组织和动员工人参与各种政治活动或社会运动，来积极推动社会制度的变革，让工人权益能够在国家的方针政策、法律法规和规章制度中得到体现或保障；同时，也组织工人积极参与国家、地方、行业或产业、企业等各层级的经济和社会事务的管理或监督工作，让工人享有充分的参与权和监督权。在工会发展的早期阶段，政治职能一直没能得到重视和发展，但工人在与雇主的不断斗争中逐渐发现，如果斗争不进入政治领域，那么经济领域中的斗争所取得的成绩始终是有限的，因为这种只为维护工资而进行的日常斗争"只是在反对结果，而不是在反对产生这种结果的原因；只是在阻挠这种下降的趋势，而不是改变这一趋势的方向；只是在用止痛剂，而不是在除病根"①。所以，虽然英国工会曾取得过一些成功，但也遭到很多失败，"它们遭到失败，部分是由于不正确地使用自己的力量。然而一般说来，它们遭到失败则是因为它们只限于进行游击式的斗争以反对现存制度所产生的结果，而不同时力求改变这个制度，不运用自己有组织的力量作为杠杆来最终解放工人阶级，也就是最终消灭雇佣劳动制度"②。所以，"不管工会的最初目的如何，现在它们必须学会作为工人阶级的组织中心而自觉地进行活动，把工人阶级的彻底解放作为自己的伟大任务。工会应当支持这方面的任何社会运动和政治运动"③。正是在这个意义上，工人组建工会并建立同盟的目的，从此前的消灭工人之间的竞争、维护工资，逐步转变为维护联盟本身，而且这比维护工资更为必要，所以在英国就出现了"使英国经济学家异常吃惊"的事实，即"工人们献出相当大一部分工资支援经济学家认为只是为了工资而建立的联盟。在这一斗争（真正的内战）中，未来战斗的一切必要的要素在聚集和发展着。一旦达到这一点，联盟就具有政治性质"④。

案例14-2

2005年至2015年的近十年时间里，中华全国总工会重点参与了《劳动合同法》《就业促进法》《劳动争议调解仲裁法》《社会保险法》《安全生产法》《职业病防治法》《公司法》《破产法》《工伤保险条例》《女职工劳动保护特别规定》等20余部涉及职工重大权益的法律、法规、规章的制定和修改，许多重要意见建议被采纳。地方工会参与立法工作也取得突出成效，全国省、地（市）级地方工会参与制定地方法规1 600多个，参与制定的地方性规范文件（除法规外）近4 800个，

---

① 《马克思恩格斯全集》第16卷，人民出版社1964年版，第169页。
② 《马克思恩格斯选集》第2卷，人民出版社2012年版，第69页。
③ 《马克思恩格斯全集》第16卷，人民出版社1964年版，第221页。
④ 《马克思恩格斯选集》第1卷，人民出版社2012年版，第274页。

内容涉及集体协商、企业民主管理、工资支付、工会权益保障、劳动法律监督等多个方面。

资料来源：全总新闻中心：《近年来工会运用法治思维和法治方式协调劳动关系成就一览》，《中国职工教育》2015年第1期。

再次，工会具有社会职能，即积极促进工人彼此之间的友爱、互助和团结，在工人出现疾病、年老或意外时，能够为其提供互助保障和关爱，让工人在现代城市生活中能够找到社会归属感和认同感，并提升其生活的尊严感和价值感。在传统社会，每个人都有特定的身份，从属于村落、社区、行会、家庭等传统群体，在这种组织状态下，每个人虽然受到各种关系连带的责任和义务的"束缚"，但也正是这种"束缚"让每个人都能找到自身的归属感和认同感，而且在出现生命历程中的某种危机或困难时（比如疾病、伤残、年老等），能够从这些传统的关系中获得帮助。而工业革命带来了前所未有的个体化革命，一切传统的关系或纽带都趋于瓦解，个人似乎获得了空前的自由，但传统纽带的瓦解其实也瓦解了传统关系所能提供的安全感和归属感。换言之，工业化革命导致了现代社会的原子化，一方面使人们变得自由、平等和独立，但也摧毁了使他们的生活得以编织起来的种种传统社会关系，从而使得他们容易陷入经济上无助、道德上漂浮不定以及整个生活充满不安全感和孤独感的状态。在这种情况下，工会的出现，让工人找到了一种新型的相互依赖关系，帮助化解这种原子化进程带来的不安全感和无归属感[1]。所以，工会对工人的意义，就不只是纯粹经济性的，也不局限于政治性的，而同时兼具社会性。而且，对于整个社会来说，工会也提供了一种对抗自由市场可能引发的社会道德衰落的机制。

案例14—3

1983年3月14日，中央书记处在听取全总党组工会工作汇报时明确指出，工会一定要从自己

---

[1] Tannenbaum, Frank, "The Social Function of Trade Unionism", *Political Science Quarterly*, 1947, vol.62, no.2(Jun.), pp. 161-194.

是党领导下的群众组织这个特点出发开展工作，工会组织和工会干部要真正成为"职工之家""工会之友"。为贯彻落实党中央的重要指示精神，全国总工会提出要把基层工会组织建设提到一个突出的位置，作出了整顿工会基层组织，开展建设职工之家活动的决定，拉开了在全国基层工会组织普遍开展建设职工之家活动的序幕。迄今为止，建设职工之家活动已走过了30年不平凡的历程。

资料来源：苏立清：《努力把工会建设成为深受职工信赖的职工之家》，《工人日报》2013年4月2日。

最后，工会具有文化或教育职能。这种职能首先表现在对工人的职业技术技能的培训上，包括对学徒工的培养，这是为了更好地提升工人的劳动力素质，提升其就业能力，从而间接地帮助其提高工资水平。工会的教育职能还表现在对工人文化知识水平的提升上，特别是在工业化早期，大量工人文化水平很低，甚至是文盲，所以工会通过工人夜校、文化宫等载体或渠道，对工人进行知识文化教育，提升其文化素养，同时也让工人在这种受教育过程中，提高自身的综合能力和视野，让他们有能力参与各种经济和社会事务的管理工作。此外，工会的教育职能还表现在对工人劳动伦理、职业精神、道德纪律以及工会意识的培养上，相比而言，这种教育更具复杂性和综合性，需要在日常的劳动过程和社会交往过程中进行传习和教化，但也最能提升工人群体乃至整个社会的道德水平。很显然，工会的文化职能对于工会的经济、政治和社会职能都有积极的促进作用。

案例14—4

如何形成"三百六十行，行行出状元"的制度机制？怎样为劳动者练就真本领、掌握新技术新知识搭建平台？这是摆在各级工会面前的重要课题。继实施《全国职工素质建设工程五年规划（2010—2014年）》后，工会培养高素质职工队伍的路径有了"升级版"——中华全国总工会印发了《全国职工素质建设工程五年规划（2015—2019年）》。"劳动者的知识和才能积累越多，创造能力就越大。"基于这一认识，《全国职工素质建设工程五年规划（2015—2019年）》提出了操作性更强的"提素"方案——到2019年，建立起资源集成、形式多样、贴近职工、务实有效的职工素质建设工程模式，培育形成一批职工素质建设工程品牌项目，建设起覆盖全体职工的内容丰富、高效便捷的信息化职工学习培训服务平台。

资料来源：郑莉、彭文卓：《工会助力职工"提素"路线图再升级》，《工人日报》2015年5月14日。

三、工会的组织类型与理论模式

就世界范围来说，因为意识形态、政治经济体制、社会结构、行业或产业类型等各种外在和内在因素的差异，各地的工会必然呈现多元化特点，这种多元化既表现在工会的组织类型上，也表现在工会的理论模式上。

（一）工会的组织类型

工会的组织类型指工会是按照什么样的方式组建起来的，通常有如下一些组织类型。

1. 行业工会

行业工会是以行业为组织依据或基础，将同一行业中的工人联合起来组建的工会，比如木工工会、泥水工工会、成衣工工会等，而且通常这种行业的划分会非常精细，比如木工里面还可以细分为船木工、细木工、家具木工、锯木工等，这些细类的木工也都可以成立各自的行业工会。行业工会是工会最原初的组织类型，因为从工会一词的英文表述 trade union 中就可以看到这个特点：工会是从事某种行业（trade）的工匠的联合会（union）。

2. 产业工会

与行业工会主要以某一具体行业为基础不同，产业工会则是以劳动者所从事的生产的目的为基础，将相关的职业或行业的工人组织起来，所以产业工会必然是综合性的，而且往往规模特别庞大，比如铁道工会、民航工会、金融工会等。在这些产业工会中，包含了不同行业的工人，但他们都服务于一个共同的产业目标。以铁道工会为例，其下有铁道司机、扳道工、清洁工、机车锻造工、铺路工等各种职业或行业，但他们有着共同的生产或服务目标，即为铁道交通运输服务。

3. 企业工会

企业工会是以企业中的工人为组织对象而组建起来的工会，并且会员资格仅限于该企业中的工人。一般来说，这种组织类型在西方国家相对较少，不过在我国，企业工会是最主要的工会组织类型。由于会员都在同一企业，工人在日常劳动过程以及业余时间的社会交往较为直接和频繁，所以容易形成较好的工会团结意识，管理也较为便利。不过，企业工会的规模完全取决于企业的规模，所以在力量上就会存在很大的差异，大型集团公司的工会会员众多，能够对企业产生较大的压力。

4. 联合工会

联合工会是指不同企业、职业或行业的工人联合组建的工会，因此是一种跨越不同边界或部类的工会组织类型。之所以会出现这种组织类型，可能是因为单独某类工人的规模较少，比如某些小微企业，无法单独组建企业工会，就可以联合几家企业工人组建一个联合工会，也可能是因为这些不同部类的工人彼此之间具有较为密切的关系，或者是空间上在一起，或者是岗位关系密切，从而便于联合，并且能增强其组织力量。

5. 工会联合会或总工会

虽然工会是一种组织化的力量，能够对雇主的力量形成重要的制衡，但是，当雇主特别强大时，特别是当雇主也有自己的协会或组织时，单独某一工会的力量就不足以有效制衡资方了。这时，不同工会之间就可以联合起来，建立工会联合会或者总工会。这既可以是相同或相类似的行业工会之间的联合，也可以是同一地域的不同行业工会之间的联合，当然，还可以是全国性的联合，组成某一行业或相关行业的全国性工会联合会或全国总工会。一般来说，这种工会联合会或总工会下属的各个工会，具有一定的独立性，但在它们之上会有一个领导机关，享有一定程度的领导权。显然，这是一种力量更为强大的工会组织类型。

6. 工会同盟

不同工会之间的联合还有一种形式，就是工会同盟，即不同工会之间建立联盟或同盟关系，在与雇主或雇主组织斗争时互相支援，共同进退。与前面的工会联合会或总工会相比，这种组织类型在结构上较为松散，各工会彼此之间高度独立，即便有一个类似领导机关的机构来协调和组织各工会之间的活动，它对各工会也没有太大的约束力。相反，工会联合会或总工会的领导机关则具有较大的领导权，而且其内部还存在一定的科层制特点。

（二）工会的理论模式

世界各国工会之间的差异也表现在指导思想、组织目标和手段、制度和机制等方面，而这也就产生了不同的工会理论模式。英国著名劳工和工会研究学者理查德·海曼围绕市场、阶级和社会这三个立足点，提出了工会的三种理想模式[①]，这对于我们从理论上认识工会的多元性特点具有重要的参考价值。

1. 集体谈判的经济代理机构

这种工会模式以劳动力市场为立足点，主要通过集体谈判的方式，来实现对劳动力市场的管制或调节。该模式具有一个内在预设，即产业关系是一个高度自我调控的领域，工会通过其运作技巧和决心，是可以在劳动力市场中取得最佳成效的。因此，该模式将集体谈判置于优先地位，并认为，工会应避免致力于或使自身从属于更为广泛的社会—政治目标，尤其要避免与政治发生纠缠，因为这不仅无助于工会经济目标的实现，反而很可能会使工会偏离其经济目标，并最终使工会成为政客们玩弄权术和阴谋的牺牲品。

---

① [英]理查德·海曼：《解析欧洲工会运动——在市场、阶级和社会之间》，吴建平译，中国工人出版社2015年版，第2页。

美国的商业工联主义（business trade unionism）最为接近这种模式，在这种模式下，工会在本质上代表行业意识而非阶级意识，主要关注为会员争取更多的眼前利益，而不会顾及工会外的绝大部分工人；同时也一般不会考虑政治和社会议题，除非这种考虑与其经济目标直接相关；它接受现行的资本主义产权制度和工资制度，认为它们如若不是正当的，也是不可避免的；此外，它将工联主义看作一种讨价还价制度，并主要通过集体谈判来达成目标。用美国劳工联盟的早期领袖阿道夫·斯特拉瑟的话说，"我们没有终极目标。我们在一天又一天地生活着，我们只为眼前目标而奋斗"[①]。所以，工会应小心谨慎地在"产业关系"与"政治"之间维持严格的界限，并专注对雇佣机会的集体控制。

2. 阶级斗争的动员载体

这种工会模式以阶级为立足点，认为工会应成为"学习斗争的学校"（schools of war），并在对立的阶级斗争中进行反资本主义的动员。这种模式与前一种模式针锋相对，它认为在资本主义生产体制下，纯粹的"经济主义"行动不能从根本上改善工人的处境，而且这种"经济主义"行动背后的行业或部门意识，容易造成工人间的分化和矛盾，这从根本上削弱了工人阶级的力量。因此，这种工会模式将斗争与社会—政治动员置于优先地位，以此来强化阶级利益。

马克思笔下的工会设想最为接近这种模式，他对商业工联主义进行了严厉的批评，认为它只是在与结果作斗争，而不是与造成这些结果的原因作斗争。因此，马克思认为，工会绝不能被因罢工和结社所带来的显然是微不足道的经济利益所蒙蔽，而要认识到它们所带来的道德的和政治的影响，这也就有了恩格斯对工会是"学习斗争的学校"的论断。所以，该模式不仅强调"产业关系"与"政治"之间的密切联系，而且让前者从属于后者。

3. 社会整合的中介组织

这种工会模式以社会为立足点，认为工会应致力于普遍提升工人的社会地位，并促进社会正义，从而帮助实现社会整合。前两种模式虽然存在着根本性的

[①] 转引自［英］理查德·海曼：《解析欧洲工会运动——在市场、阶级和社会之间》，吴建平译，中国工人出版社2015年版，第10页。

对立，但它们都重视劳资之间利益的多元性和冲突性；而这种模式则预设了劳资之间利益的一元性，即双方的利益是一致的，利益冲突被认为是一种病态，需要通过有效的管理来予以矫正。因此，这种模式将社会福利和社会凝聚力置于优先地位，而拒斥阶级冲突或斗争的理念。

一般来说，受天主教教义影响较大的基督教工会相对接近这种模式。而天主教教义对劳资关系的理解，在很大程度上恰恰与上述第二种工会模式针锋相对。教皇利奥十三世于1891年颁布的《新事》通谕中明确指出，资本和劳动应和谐相处，二者存在相互的责任和道义，即雇员应为雇主忠诚工作，雇主应尊重雇员的劳动和尊严。所以，基督教工会履行的似乎更像是互助会而非工会的职能。为了证明自己并非是雇主的工具，该模式后来在原则上不再反对罢工，并在某些情形下将罢工看作类似一场"正义的战争"。

当然，以上三种工会理论模式都是理想类型，现实中的工会往往是这些理想类型的混合物。比如，英国的工会是介于市场与阶级之间的自由集体谈判模式，德国的工会是介于市场与社会之间的社会市场模式，意大利的工会则是介于阶级与社会之间的历史妥协模式。

四、我国工会的发展历史及其独特性

在前面有关工会的历史和理论介绍中已经指出，就世界范围看，工会具有多元化特点，不同国家的工会有不同的发展道路，表现出不同的理论特性。因此，在掌握了工会的一般性理论和历史的基础上，我们还需要掌握我国工会的发展历史及其独特性。

（一）我国工会的发展历史

工会是近代工业化下劳动关系矛盾的产物，因此，工业化的模式不同，劳动关系的性质和矛盾特性就不同，相应地，工会的产生和发展轨迹也就不同。

虽然不少研究者认为，在明清晚期我国就已经出现过资本主义萌芽，但总体上，我国近代工业化进程主要还是在鸦片战争之后才开始的。帝国主义对我国的侵略，客观上加速了我国自给自足的自然经济的解体，并推动了我国近代工业化的发展，但也正是由于帝国主义的侵略，使得我国不能走资本主义发展道路，而是转变为半殖民地半封建社会。在这种情况下，我国最初的产业工人就在外国资本、官僚资本和民族资本经营的企业中诞生，深受帝国主义、封建主义和资本主义三重压迫和剥削，经济地位和政治地位都处在社会最底层，加上经济落后、劳动条件恶劣、劳动力价格低廉，工人阶级的境况极为悲惨，所以，工人阶级从诞生之日起，就具有非常彻底的革命性和斗争性。

不过，工人的斗争一开始是自发性的，虽然他们也组建起了种类繁多的组织，但这些组织良莠不齐，比如有的是由同乡组织的"帮口"，有的是秘密结社组织，也有劳资混合的行会，或者由资本家、工头和政客把持的"招牌工会"，此外，还有由国民党等政党组建的工会，等等。这些工人组织在本质上大都不是真正代表和维护工人利益的工会组织。因此，最初工人的斗争往往具有很大的局限性，他们的斗争不仅是分散性的，容易表现出妥协性，而且彼此之间相互竞争和冲突。这些局限性意味着，工人阶级必须建立本阶级的革命政党，并在后者的领导下，组建起自己的工会组织。

1921年，中国共产党宣告成立，并且很快建立中国劳动组合书记部作为领导工人运动的工作机构，致力于建立具有阶级性、群众性和民主性的"真正的工人团体"，主张劳动者不分职业、地域，按照产业原则组织工会。至此，工人阶级终于有了自己的革命政党，并在其领导下开始进入有意识、有组织的经济斗争和政治斗争的新阶段，并融入中国反帝反封建的新民主主义革命的洪流之中，这标志着工人阶级实现了从自在阶级向自为阶级的转变。当然，这种斗争必然遭到反动阶级的敌视和镇压，特别是1923年"二七"惨案发生后，中国劳动组合书记部及其领导的工会全部遭到军阀政府取缔，工人运动转入低潮。

1925年，在中国共产党的领导和组织下，中华全国总工会宣布成立。在五卅运动、省港罢工、北伐战争中，中华全国总工会领导下的工会组织迅速发展壮大，其所属基层工会和会员在1925年时分别为166个和54万人，1926年则分别达到699个和124万人，至1927年，会员达到290万人。① 不过，1927年大革命失败后，中国共产党开始探索出一条适合中国国情的革命发展道路，即农村包围城市，武装夺取政权。在这种情况下，工人运动和工会运动的方式也就要作出相应的调整。于是在当时形势下，城市工会工作的主要任务是团结工人阶级的大多数，积蓄力量，以等待决定胜负的时机，也就是毛泽东后来概括的十六字方针——隐蔽精干、长期埋伏、积蓄力量、以待时机。城市的工会运动不再像此前那样采取大规模的政治经济罢工、同盟罢工、武装起义的斗争方式，更多的是利用国民党政府的劳动立法，通过合法的组织、程序和渠道，争取工人阶级的政治经济权益，有理、有利、有节地开展工人斗争。②

另一方面，在中国共产党建立的苏维埃革命根据地以及后来的抗日根据地，再到解放区，工会运动则以一种新的面貌取得了重要发展。由于这些地区是中国共产党领导的工农民主政权，因此，从一开始，苏区工会就被确定为苏维埃政权的柱石，是保护工人利益的堡垒，同时又是工人群众学习共产主义的学校。在这种情况下，工会不是通过罢工和斗争等方式来争取工人利益，更多的是教育工人以新的劳动态度对待新的劳动，组织和动员工人积极参加工农民主政权的经济建设和政权建设，在发展生产的基础上改善工人的生活条件。1948年8月，在解放战争即将取得全国胜利前夕召开的第六次全国劳动大会上，中华全国总工会恢复重建，中国劳动协会宣布以团体会员的资格加入中华全国总工会，至此，中国工会实现了全国统一。此次会议还确定了新民主主义时期工会运动的总方针是："发展生产、繁荣经济、公私兼顾、劳资两利"，要求工会团结全体职工，积极参加新民主主义国家政权、经济、文化建设，在国营、公营、合作社企业中参与管理，在私营企业中发挥监督作用，保护职工的正常利益，使工会真正成为职工自己的组织。③

新中国成立后，工人阶级成为国家的领导阶级，成为国家和企业的主人，责无旁贷地担当起作为新生人民政权支柱的历史使命，成为恢复和发展国民经济的主力军。因此，工会运动的首要任务之一是把全国工人群众组织起来，动员工人

---

① 中华全国总工会：《工会基础理论概论》，中国工人出版社2013年版，第45页。
② 中华全国总工会：《工会基础理论概论》，中国工人出版社2013年版，第50页。
③ 中华全国总工会：《工会基础理论概论》，中国工人出版社2013年版，第52—53页。

积极参与国家政权建设和经济建设。在工会的组织下，工人阶级积极支援抗美援朝，参与镇压反革命、土地改革和"三反""五反"运动；以主人翁的姿态和新生活建设者的身份，积极投入恢复和发展国民经济的伟大斗争中，协助政府接管城市和官僚资本企业，开展清仓查库和献纳器材运动及各种形式的劳动竞赛，建树了不可磨灭的历史功勋。①

在1953年第一个五年计划开始实施后，为了保证工人阶级在大规模经济建设中充分发挥主力军作用，中华全国总工会召开了第七次全国代表大会，确定了"以生产为中心，生产、生活、教育三位一体"的工会工作方针。②1957年底召开的中华全国总工会第八次全国代表大会进一步指出，工人阶级当前的中心任务，就是坚持勤俭建国、勤俭办企业、勤俭办一切事业的方针，为完成和超额完成新的国家计划而奋斗。③1958年至1960年，中华全国总工会在党的领导和号召下，在全国职工中开展了以技术革新和技术革命为中心的增产节约运动，为改变生产发展和企业技术的落后面貌，为完成国民经济第二个五年计划作出了重要贡献。④不过，受当时"大跃进"的影响，特别是在"文化大革命"爆发后，工会工作受到了严重影响，甚至陷入瘫痪状态。

党的十一届三中全会开启了我国改革开放的历史进程，工会工作也得以恢复，在中国工会第九次全国代表大会（1978年）到第十一次全国代表大会（1988年）期间，逐步确立了"一个中心""两个维护""四项职能"的工会工作格局，即以经济建设为中心，在维护全国人民总体利益的同时，更好地代表和维护职工群众的具体利益，发挥好"维护、建设、参与、教育"四项基本职能。

1992年，党的十四大确立了建立社会主义市场经济体制的改革目标，并在十四届三中全会上通过了《中共中央关于建立社会主义市场经济体制若干问题的决定》。于是，在20世纪90年代中后期，一方面是国有企业和集体企业大规模改制，数以千万计的职工下岗，另一方面是非公企业迅速发展，但由于相关法律法规不完善，不少工人的合法权益得不到有效维护，在这种情况下，维护工人

---

① 中华全国总工会：《工会基础理论概论》，中国工人出版社2013年版，第53—54页。
② 中华全国总工会：《工会基础理论概论》，中国工人出版社2013年版，第53页。
③ 中华全国总工会：《工会基础理论概论》，中国工人出版社2013年版，第56页。
④ 中华全国总工会：《工会基础理论概论》，中国工人出版社2013年版，第56—57页。

合法权益的问题变得非常迫切。为此，我国于1994年7月颁布了《劳动法》，并从1995年起正式实施。在这种形势下，中华全国总工会在1994年12月召开了第十二届二次执委会议，提出了新的工会工作总体思路，即抓住贯彻和实施《劳动法》的契机，进一步加大对劳动关系的协调力度，突出工会的维护职责。首先是加大非公企业中工会的组建工作，其次是针对下岗失业职工实施"送温暖工程"和"再就业工程"。此外，工会还积极探索市场化条件下的劳动关系协调制度和机制，比如推行平等协商和集体合同制度并将其作为"牛鼻子"来抓，建立各级劳动关系的三方协商机制，积极参与劳动法律法规的制定或修订工作，通过各种联席会议向各级党政机关表达职工群众的利益诉求，在各类企事业单位中积极推行民主管理制度等。

进入21世纪后，面对经济全球化形势下劳动关系发生的新变化，我国工会也面临着理论和实践创新的迫切要求。在2004年7月召开的全国总工会第十四届四次主席团（扩大）会议上，时任全国总工会主席王兆国强调，要坚持从中国国情出发，探索有中国特色的社会主义工会工作新路子。2005年7月，中华全国总工会第十四届执行委员会主席团第六次会议全体通过了《关于坚持走中国特色社会主义工会发展道路的决议》，对中国特色社会主义工会发展道路进行了较为系统的阐述。2008年10月召开了中国工会第十五次全国代表大会，大会报告具体阐述了坚持走中国特色社会主义工会发展道路、建设中国特色社会主义工会等问题。2009年，在坚定不移地走中国特色社会主义工会发展道路理论与实践研讨会上，王兆国进一步明确了准确把握中国特色社会主义工会发展道路的八个方面的基本内涵，即坚持自觉接受党的领导、坚持中国工会的社会主义性质、坚持发展工人阶级先进性、坚持构建和谐劳动关系、坚持维护职工群众合法权益、坚持完善社会主义劳动法律体系、坚持推动形成国际工运新秩序、坚持以改革创新精神加强自身建设。2012年初，中华全国总工会第十五届执委会第六次全体会议作出《学习宣传实践中国特色社会主义工会发展道路的决议》，在全面阐述工会发展道路基本内涵和精神实质的基础上，明确提出了这条道路的核心是必须坚持党对工会的领导，根本是必须坚持工会的社会主义性质，关键是必须代表和维护职工群众的合法权益。

党的十八大之后，中国特色社会主义进入了新时代，对工会工作提出了新的更高要求。为此，党中央于2015年7月召开了党的群团工作会议，会议的主要任务是分析研究新形势下党的群团工作面临的新情况新问题，贯彻落实《中共中央关于加强和改进党的群团工作的意见》，总结成功经验，解决突出问题，推动改革创新，努力开创党的群团工作新局面。《中共中央关于加强和改进党的群团工作的意见》中明确指出，"群团事业是党的事业的重要组成部分，党的群团工作是党治国理政的一项经常性、基础性工作，是党组织动员广大人民群众为完成党的中心任务而奋斗的重要法宝"。"新形势下，党的群团工作只能加强，不能削弱；只能改进提高，不能停滞不前。"而且，群团组织必须走中国特色社会主义群团发展道路，"这条道路是中国特色社会主义道路的重要组成部分，其基本特征是各群团自觉接受党的领导、团结服务所联系群众、依法依章程开展工作相统一"。根据中央党的群团工作会议精神和《中共中央关于加强和改进党的群团工作的意见》，中华全国总工会进行了新时代工会改革工作，也取得了重要成绩。2018年10月，中国工会召开了第十七次全国代表大会，全总主席王东明在大会报告中首先回顾了过去五年工会工作取得的重要成就，然后系统总结了习近平关于工人阶级和工会工作的重要论述，并在此基础上提出了今后五年工会工作的主要任务，中国工会开启了新的发展篇章。

（二）我国工会的独特性

与外国工会一样，中国工会也是劳动关系矛盾的产物，是代表和维护工人合法权益的社会组织，因此，二者具有一般意义上的共同性，但中国工会还有自身的历史独特性，这种历史独特性最直接、最清晰地体现在中国工会的发展历史上。

虽然在早期阶段，我国的工人组织也呈现出类似于外国工会的多元性特点，但在中国共产党成立后，在其领导下，这种多元性逐渐向统一性发展，而且这种发展与政治斗争密切联系在一起，从北伐战争到抗日战争，再到人民解放战争，中国工会运动就一直在中国共产党的领导下接受着政治斗争的洗礼。新中国成立后，中国工会组织和动员职工群众积极参与社会主义革命和建设的浪潮，为新中国的政权稳定和经济发展作出了重大贡献；改革开放以来，中国工会又组织和动员职工群众积极支持和投身党和国家的改革事业,同时也突出和强调自身的维护职责,通过维护职工群众的合法权益来更好地激发他们的生产积极性和主动性,并逐渐走出了一条中国特色社会主义工会发展道路;进入新时代后,在党的群团工作会议精神和《关于加强和改进党的群团工作的意见》的指导下,中国工会继续团结动员职工群众以主人翁姿态建功新时代,为实现中华民族伟大复兴的中国梦而奋斗。

这种历史独特性使得中国工会在许多方面与外国工会存在显著差异。首先,外国工会大多数与政治保持一定的距离,即便与政党之间存在关联,这种关联也大多较为松散,更像一种政治交换或互惠的关系,但中国工会与政治有着密切的关联,这不仅表现为中国工会坚持自觉接受中国共产党的领导,也表现为积极参与国家政治生活,是国家政权的社会支柱,是党治国理政的构成部分。其次,外国工会大多数具有狭隘的行业性或部门主义取向,只关注少数会员的利益,但中国工会不仅维护广大职工群众的合法权益,而且维护全国人民的总体利益,前者是以后者为前提的,这决定了中国工会的各项工作是围绕中心服务大局的。再次,外国工会大多数通过斗争的方式来维护会员利益,而中国工会强调劳动关系的和谐与协调,以建立新型的和谐劳动关系为目标,即在微观层面,既要维护职工利益,也要促进企业发展,在宏观层面,通过各种源头参与,尤其是参与立法和执法监督的方式,以及借助于党政部门的力量,来积极协调劳动关系。最后,虽然外国工会也可能会为其会员提供一些社会服务,但其多元化的工会体制注定了大多数外国工会不具有足够的资源来满足会员的各种需求,而主要关注会员的雇佣条件的改善,但中国工会则因为体制特点,具有独特的政治优势、组织优势、制度优势、群众优势和资源优势,所以不仅能够履行维护职工合法权益的职责,而且能够为职工群众提供广泛的社会服务,满足其美好生活的需要。

综合而言,中国工会可以概括出如下三个重要特性:

其一是政治性。这首先表现为中国工会始终坚持自觉接受中国共产党的领导这一根本政治原则,承担团结引导职工群众听党话、跟党走的政治责任,巩固和扩大党执政的阶级基础和群众基础;其次表现为工会工作是党的群团工作、群众工作的重要组成部分,是党治国理政的一项经常性、基础性工作,因此工会不只是在经济领域为职工群众争取合法权益,还积极参与国家和社会事务的管理和监督工作,成为党密切联系职工群众的桥梁和纽带以及国家政权的社会支柱。

其二是先进性。这是指中国工会是紧紧围绕党和国家工作大局来开展工作的,在新时代,这一要求体现为牢牢把握为实现中华民族伟大复兴的中国梦而奋斗的时代主题,组织动员广大职工群众走在时代前列,围绕高质量发展,深化劳动和技能竞赛,扎实推进产业工人队伍建设改革,营造劳动光荣的社会风尚和精益求精的敬业风气。中国工会通过这些方面的工作来促进传统产业转型升级和先进制造业加快发展,为建设现代化经济体系、实现高质量发展、建设美丽中国贡献智慧和力量。

其三是群众性。这首先表现为中国工会积极致力于竭诚服务职工和维护职工合法权益的工作。维护职工合法权益是工会的天职,这包括维护职工的劳动就业权利、获得劳动报酬权利、社会保障权利、劳动安全卫生权利、民主权利、精神文化权利和社会权利等,使改革发展成果更多更公平惠及职工群众。竭诚服务职工群众则是工会一切工作的出发点和落脚点,因此,近些年来,中国工会一直致力于健全服务职工体系,拓宽服务职工领域,以顺应职工对美好生活的新期待。群众性还表现为工会工作是以职工群众为中心,让职工群众当主角而不是当配角、当观众,因此,工会工作各项事务,包括自身的内部管理、改革和创新等,都需要职工的积极参与。

总而言之,对于中国工会而言,政治性是其灵魂,先进性是其重要着力点,群众性是其根本特点。中国工会是以坚定的政治性引导职工,以鲜明的先进性组织职工,以广泛的群众性凝聚职工,实现其团结教育、维护权益和服务职工的功能。

【延伸思考题】

1. 结合《中华人民共和国工会法》和《中国工会章程》进行思考:与外国工会相比,中国工会的性质和职能有哪些共性,又有哪些独特性。

2. 参照英国学者理查德·海曼提出的工会理论模式,思考中国工会在实践中是如何处理市场、阶级和社会这三个立足点的。

3. 选择当前一个劳动者权益问题热点，思考中国工会该如何解决这一问题。

【拓展阅读】

1. 工人出版社编：《马克思恩格斯论工会》，工人出版社1980年版。

2. 中华全国总工会：《工会基础理论概论》，中国工人出版社2013年版。

3. 中华全国总工会研究室编写：《新时代 新使命 新作为》（第2版），中国工人出版社2017年版。

4. ［英］韦伯夫妇：《英国工会运动史》，陈建民译，商务印书馆1959年版。

5. ［英］理查德·海曼：《解析欧洲工会运动——在市场、阶级和社会之间》，吴建平译，中国工人出版社2015年版。

第十五章

劳动与未来

本章导读

特斯拉的制造革命

作为全球新能源汽车行业的领先品牌，特斯拉有很多令业界惊叹的故事，其中之一就是它的"超级工厂"。成立于2003年的特斯拉汽车公司（Tesla Motors）拥有全球最先进的自动化工厂，其四大制造系统——冲压生产线、车身中心、烤漆中心和组装中心，有超过150台机器人参与工作，整个工厂几乎都是机器人。Model 3车身生产线的自动化程度已达到95%，涵盖了零部件的传递、装载及焊接等工序。

特斯拉公司成立的初衷是为全球变暖寻求出路，他们以"不用汽油的汽车才是驶向未来的汽车"为目标，用先进的技术创造了一个时代的神话。目前经典车型Model 3无论续航里程还是提速时长、智能导航和信息管理系统等，都令驾驶者感受到领先科技应用的魅力。一盘一屏，不只蕴含了智能技术，还有人文情怀。特斯拉在全球新冠疫情的阴霾下依然逆势飞扬，以时代先锋企业的范式大刀阔斧地前行，用创新与科技引领着汽车行业的革命——从功能到智能。

特斯拉是世界先进制造业的一个缩影，是未来制造企业的先行示范。未来企业的盈利模式要符合消费者更多期待，如环保、便捷、智能、舒适、个性化。显然，人们对商品的期望已经超越了产品功能，是一种生活方式的选择，要达成人与社会、环境的和谐共处。特斯拉是理想主义企业的样板，它改变了制造业模式、全产业链、环保、机器人主导作业、人性化产品……这个案例向我们描绘了未来产品、劳动环境、劳动形式、劳动内容的趋势。

一、全球数字时代的到来

进入21世纪以来，新科技快速发展，信息技术无孔不入。现在，我们的工作和生活都可以放进"云端"，数据成为新工业时代的"石油"，这个世界正在被海量的数字所改写。现金货币不再是财富的主角，而只需携带一部智能手机，就可以让我们畅行无阻，甚至足不出户就可以网控财富，尽享世界。蜂拥而起的新技术、新产品令人目不暇接，很多年前科幻大片里的场景正在一个个变为现实，这也让人类想象的翅膀敢于飞得更高更远，似乎"一切皆有可能"。IT（信息技术）还未落幕，DT（数字技术）时代已经到来。

（一）数字时代的全景速写

1. 数字成为世界的通用代码

当计算机、互联网、大数据、信息化、智能化、3D打印等扑面而来的时候，各种可传递、可利用的数据信息成为最基本的代码。

数字时代是人类发展的新阶段。[1] 它突出的数据化、共享性，为我们创建更公正、平等的世界提供了基础条件，同时，也将全球共同面临的问题毫无隐晦地展露出来，比如，如何确保数字创新和技术支柱的安全可靠；如何为人工智能和基因编辑等创新和新兴技术确定原则，并确保这些技术遵循道德原则和普遍价值观；如何面对"工作"概念的异化、工作的未来和人力资本发展等。

数字经济是以数字化的知识和信息作为关键生产要素，以数字技术为核心驱动力量，以现代信息网络为重要载体，通过数字技术与实体经济深度融合，不断提高经济社会的数字化、网络化、智能化水平，加速重构经济发展与治理模式的新型经济形态。《中国数字经济发展白皮书（2020年）》显示，2019年我国数字经济规模达到35.8万亿元，占GDP比重36.2%，其中北京、上海数字经济的GDP占比已经超过50%。2020年中国移动董事长杨杰总结数字经济新特征为"五纵三横"：五纵，即基础设施数字化、社会治理数字化、生产方式数字化、工作方式

---

[1] 王辉耀：《全球化4.0时代已拉开大幕》，光明网2019年1月27日。

数字化以及生活方式数字化;三横,即线上化、智能化和云化。

经过新冠疫情的考验,经济社会的数字化转型进程已加速。未来,我们的经济和生活都将居于以数字为通用代码的世界里。

2. 全球化4.0

从15世纪的大航海时代初期开始,全球化一直都在推动着整个世界的交融和共同进步。如今,信息化、智能化技术增进了世界的互联互通,全球24小时不间断的金融市场,越来越广泛的投融资、贸易往来、技术合作、文化交流让全球化不断深入,国家间也借助数字和虚拟系统进行联通,世界经济论坛创始人施瓦布将此称为"全球化4.0"时代。这个时代,商品生产会更便捷地随着劳动力价格的区域差异而变迁产地,资本带着劳动在全球漫步,聚集或者分散未来劳动的力量。虽然当前由于全球公共事件让世界的联通障碍重重,但是早已彼此渗透的经济与社会活动终将重新启动,暂时关闭的国门也终将再度开放。疫情过后,改变的只会是世界合作的内容与方式。这个人类命运的共同体,在困境和灾难面前谁都难以独善其身,在利益面前也需要分享共赢。谁也无法控制信息互联对每个角落的渗透,谁也阻止不了人类同在一个地球的命运的紧密相连。经济全球化、世界一体化,无论人们是否愿意,都要在这个越来越紧密联系和相互影响的地球村里共话未来。

3. 智能技术在改写劳动方式

今天,智能技术逐步走进我们的生活和工作,让我们感受各种新奇和便利的同时,也带来深深的压力。无人驾驶、机器人运输、智能制造、服务机器人、人脸识别、声音转译……智能技术在越来越多的领域替代着大量的人类劳动,也改写着我们未来的劳动方式和劳动内容。劳动界、教育界的问题都要在这个大背景下进行思考。

(二)未来劳动界的技术关键词

下面我们先来了解一下近几年的热点技术名词,它们构成了未来劳动世界的关键技术和理念，人们能借此感知人类智慧和创造性劳动的无限魅力。

1. 人工智能（Artificial Intelligence，AI）

AI似乎就是新时代、新技术的代名词，它每天都在为人类社会制造新奇和惊喜。从学理上讲，人工智能是计算机科学的一个分支，是研究开发用于模拟、延伸和扩展人的智能的理论、方法、技术及应用系统的技术科学。从1950年"人工智能之父"图灵提出计算机可以"思考"、有智能（computing machinery and intelligence），计算机迷们就一直在探索计算机如何帮助甚至替代人类进行"工作"和"思考"。20世纪90年代，AI再度盛行，复制并提高模式识别和预测方面的人类智能。此时，"深度学习"（利用多层次方案提升机器学习、统计推断和实现最优化的算法）的规律不断被挖掘和应用，使得人工智能技术得到快速发展，开发出包括机器人、语言识别、图像识别、自然语言处理和专家系统等科技产品，成为人类智慧的"容器"。21世纪，计算理论进一步发展，加之量子技术、网络技术、生物工程与计算机四大资源体系的有力支撑，借助大量的数据资料，计算机进入后深度学习阶段，人工智能技术迅猛发展，重点研究如何使计算机做靠人的智力才能做的工作，智能芯片、智能安防、智能社交、智能交通、智慧教育、智慧医疗、智能家居、智能电子商务、智能制造，人工智能在各个行业全面爆发，大范围地利用自动机模拟人的思维过程也并非不可能。

人工智能是未来科技发展的战略制高点，也是未来国家竞争力的核心。为此，美国有工业互联网计划，德国有工业4.0计划，日本、英国、韩国、以色列等也都在人工智能领域强势推进。在全球范围内，人工智能也成为近年最大的投资热点。德勤科技等企业联合推出的《全球人工智能发展白皮书》显示，全球人工智能投资规模从2013年的不到50亿美元上升到2017年的接近400亿美元，中国的总投融资规模更是在2019年上半年已经达到478亿元，2025年全球人工智能市场将超过6万亿美元，2017—2025年的复合增长率达35%。当前，人工智能已被广泛应用到制造、医疗、交通、家居、安防、网络安全等多个领域，而互联网、大数据、人工智能与实体经济融合也逐步向纵深发展，传统产业改造升级迅速，新兴产业不断出现，"AI+"系列应用生态正在形成，见图15-1。

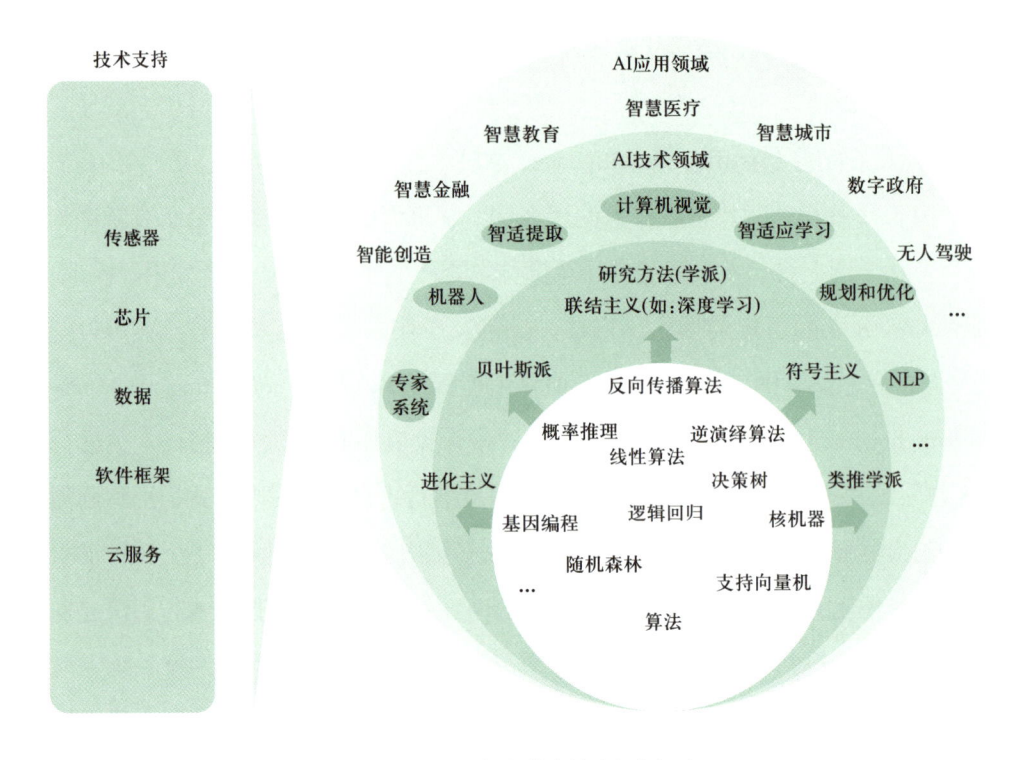

图15-1 人工智能技术基本架构与应用

资料来源：德勤科技：《全球人工智能发展白皮书》，2019年9月。

2. 大数据与云计算

大数据是互联网发展到现阶段的一种现象，对整个经济和社会发展有着巨大的影响力，因此很多人也将这个时代称为DT（big data，数据）时代。大数据被定义为无法在一定时间范围内用常规软件工具进行捕捉、管理和处理的数据集合，是需要新处理模式才能具有更强的决策力、洞察发现力和流程优化能力的海量、高增长率和多样化的信息资产。维克托·迈尔·舍恩伯格及肯尼斯·库克耶在《大数据时代》中将"大数据"定义为不用随机分析法（抽样调查），而采用所有数据进行分析处理的数据。IBM指出大数据的5V特点：volume（大量）、velocity（高速）、variety（多样）、value（低价值密度）、veracity（真实性）。数据是信息时代的基本产物，但瞬间的海量数据只有经过特殊的处理才有价值，正是数据处理技术的发展，为这些庞大数据的收集和使用提供了物质基础。

云计算是与大数据并存的一种网络技术，被专业定义为分布式计算的一类。通俗理解就是许多计算资源组合的一个超级系统，因为其内容和存在形式如同

"云"一样无形又可连片，被习惯地称为"云计算"。它是网络世界用来存储、分析处理各类数据的工具，具有超级计算能力，可以在短短几秒内完成对数以万计数据的处理，可对海量数据随取随用。

大数据、云计算、超级计算机等与数据收集、加工、输出相关的一系列相关技术，正在形成专门的学科——数据科学。它将为新时代社会、经济和各类组织的发展提供理论动力和有效工具。

大数据在5G时代将会进一步发挥其优势，作为人工智能发展的重要支撑，也更深入地影响人们的劳动过程和内容。如当前教育互联网企业已经在试用大数据采集与分析前提下的个性化教学，从"阅卷机器"到教学指导，类智能教学系统通过分析学生的作业数据，帮助教师和学生实现更有针对性的教与学。大数据在企业客户信息收集、营销趋势判断和企业战略设计领域也已经发挥着重要的作用。未来数据管理将成为企业、政府等组织的核心竞争力，谁拥有真实的、高质量的数据并作出有效处理，谁就有了制胜先机。我国政府已经将国家大数据战略纳入"十四五"规划，把大数据作为基础性战略资源，加快推动数据资源共享开放和开发应用，在企业管理和公共治理方面用足大数据，为建成"数字中国"的目标而努力。"数字经济时代"的华章已然开启，数据将成为我们劳动岗位的基本要素，如同空气一样，无处不在。

3. 区块链（Block Chain）

区块链起源于比特币（一种P2P形式的虚拟的加密数字货币），作为比特币的底层技术，是通过去中心化和去信任的方式集体维护一个可靠数据库的技术方案，它是通过自身分布式节点进行网络数据的存储、验证、传递和交流的。它就像一个大型网络记账簿，任何人、任何时间都可以采用相同的技术标准加入自己的信息，形成自己的完整的账本，并延伸区块链。区块链技术被认为是互联网发明以来最具颠覆性的技术创新，它依靠密码学和数学巧妙的分布式算法，在无法建立信任关系的互联网上，无需借助任何第三方就可以使参与者达成共识，以极低的成本解决信任与价值的可靠传递难题。

区块链技术的诞生让虚拟货币（数字货币）在网络上的使用（交易）有了更大的可信性，构建起了新型互联网金融体系，买方和卖方可以直接交易，大大节约了交易费用。而人工智能则帮助区块链电子商务平台实现更深度的自动学习和更科学的分布式算法，优化用户与平台间交互。"人工智能"与"区块链"叠加在一起后的五到十年内，整个世界可能会转移到一个去中心化的基础结构上，二者也将是电子商务公司最基础的功能。

4. 绿色、生态

绿色的概念目前早已超越了农业、食品范畴，而包含了一切生产领域中的环保、节能、健康、高效、可持续等内涵。无论是工业产品还是基础设施，无论是生产过程还是产品结果，无论是原材料还是能源动力，绿色是市场监管的重要指标，也是可以一票否决的硬指标。"绿色"因此也从标准变成了能够实现这个标准的若干技术。

世界共同的家园问题、人类未来的生存环境问题是全世界的共同责任，这决定了我们的劳动模式和劳动工具、劳动材料等都得符合环保的要求，实现绿色生产经营。工业领域的产业导向和运营模式，因此在发生着颠覆性的转变。如汽车产业，很多国家公布了禁售或者禁用内燃机汽车的时间表：德国在2030年前淘汰内燃机汽车，英国、法国将在2040年停止销售常规汽油和柴油小型汽车及货车，荷兰、挪威、印度等国也有2025—2030年禁售传统燃油车的计划，中国同样在制定燃油车退出时间表，由此新能源动力汽车成了必然的选择。绿色在逼停诸多非环保产业，也由此派生出新的产业和就业岗位。

"生态"与绿色互为因果，紧密相连，其原始定义是指一切生物的生存状态，以及它们之间和它与环境之间环环相扣的关系。和谐的生态是人类社会和自然界达成一种可持续、可循环的良好状态。近些年，人们将这种概念用到一些非生物领域，作为目标和原则去遵守，由此衍生出生态链、生态修复、生态文明、组织生态、政治生态等包含社会性要素的概念。生态文明是人类追求的目标，以生态文明、生态理念、生态模式及时协调解决人类社会发展中的生态因子矛盾和社会因子矛盾，促进组织和周边区域的生态环境建设，建立起良好的人文和自然生态系统，是人类社会未来的努力方向，也是组织和个体的未来行动底线。

5. 5G

当前,炙手可热的5G已经步入了商用之路,也是让人憧憬的新技术。从1G到5G,网络信息传输的能力强大到一眨眼一个T的数据资料就可以传输完毕。5G技术的意义绝不限于传输能力是4G的百倍,更重要的是它驱动的移动互联网和万物互联将深刻影响社会经济,特别是物流、供应链领域,将以资源共享、体系共生、生态共荣的供应链智能平台方式出现,实现资源的高效匹配。5G从服务人到服务行业,将加速许多行业的数字化转型,赋能产业升级,催生新兴业态,尤其在应用端会越来越简单,进入的资本门槛也越来越低,会给服务业、商业流通等领域创造出很多新的就业机会。中国信息研究院预测2020—2025年,5G将直接创造300万个就业岗位,带动经济总产出10.6万亿元。

5G商用将通过容量、可靠性、时延、带宽和效率五个方面的价值驱动力,在影响人际沟通之外,极大改善机器与人、机器与机器之间的沟通。5G将对未来的科技板块或者下一轮信息产业的发展影响巨大,最突出的是在智慧交通、智慧城市、云办公等领域催生根本性变革。根据毕马威测算,当前,5G技术在主要垂直行业的全球市场潜在价值预计可达4.3万亿美元。在中国,5G将作为重要的网络工具,进一步支撑人工智能、大数据分析以及云计算领域的发展。

当前,社会各界正在聚焦5G+AIoT,AIoT(人工智能物联网)=AI(人工智能)+IoT(物联网),拥抱超级互联网的时代已经来临。5G是万物互联的基石,AI是万物互联网的助推器,二者作为新时代的生产力,将带来整个社会生产方式的改变和生产力的提升。具备AI属性的5G网络,是自能的网络;5G同样是使能技术,让AI无处不在,帮助人类社会步入智慧地球时代。

新技术、新概念、新知识正从各个领域纷纷涌现,还有很多与我们的生活息息相关的材料科学、生物基因技术、VR技术、光电子信息技术、生物医药技术、空间技术等,在不断地改变着我们的生活、工作的内容及形式,关联着我们的健康与幸福感。这些技术彼此交叉关联、合作渗透,形成了未来人类社会日新月异的生存环境和劳动环境。

(三) 组织新特征

新的时代，虽然人的个性化、自由度越发膨胀，但其社会属性还是会让我们与各种组织有千丝万缕的联系，在一定程度上对组织依赖或依附。了解未来组织的核心特征，跟上时代步伐，也是职场制胜的必要准备。

1. 组织生命体

在量子时代，人们的思维不断深挖事物的本质，找寻企业与时代相适应的规则，于是发现企业等组织也是一个生命体，遵循着从出生时谨慎前行、繁盛时傲然矗立、衰老时郁郁寡欢、死亡时沉寂无奈的整个生命过程的一般规律。达尔文的进化论，生命体的自然法则"物竞天择，适者生存"同样适用于组织生命体。各领风骚数十年已然是了不起的组织了，百年长青的组织必然有特殊的基因支撑。在当前及未来变化莫测的环境中，考验组织生命力的是以学习能力为根基的应变能力。所以，变革是保持生命活力的唯一法则。无论过去多么辉煌，未来都充满了变动和新的竞争机会，一旦孤芳自赏地沉静下来，都将错失良机且难以翻盘，就如诺基亚，并没有做错什么，但输得惨痛。

作为生命体的组织，保持与环境实时交换能量和信息，保持组织生命细胞（员工个体和班组）的活跃，才是最优的设计和管理。陈春花在《激活个体：互联时代的组织管理新范式》中阐释了当代个体价值的崛起和市场的快速变化，需要组织为个体提供价值实现平台和导引，需要一种以共享价值为基础的新管理范式，要把"我"转变成"我们"。

2. 跨界互联

马云很精辟地描绘了当今红海中的企业生态："这是一个摧毁你，却与你无关的时代；这是一个跨界打劫你，你却无力反击的时代；这是一个你醒来太慢，干脆就不用醒来的时代；这是一个不是对手比你强，而是你根本连对手是谁都不知道的时代。"新技术的发展和新产品的快速更迭给企业带来不可名状的威胁和危机四伏的压力，因为随时会有你不知道的竞争对手横空出世，打得你措手不及。这就是任何组织都无法阻挡的跨界竞争。跨界互联是一种资源整合的新运营模式，也是赢者通吃的市场战略，还是未来组织不得不防的潜在威胁。

未来十年被称为"跨界打劫的时代"，竞争对手在行业之外，就如中国移动的对手是腾讯的微信，尼康是被高像素的智能手机打败；华为已经做好了无人驾驶汽车的生产准备；百度早就布局好了人工智能全体系，与互联网平台对接；海尔跨界进入医疗健康领域、构建健康产业的链群生态……各种组织的边界正在打开，更便利、更关联、更全面的商业模式借助5G、AI等新势力，以前所未有的速度在各个领域进行着颠覆性的变革。行业的门槛在技术巨擘的面前没有任何阻碍，资本在追逐着新技术，界限被随时打破。用跨界交叉、联手市场、共享技术来寻求自保或者共赢，成了未来组织不得不面临的选择。而组织的交叉融合给劳动界带来大量的岗位和技能新组合，新的职业也因此而诞生。

无论生态组织，还是意想不到的跨界，显现的是组织之间的边界逐渐消弭，组织间的合作越发紧密，社会呈现非群体化趋势。企业为了维持自身与环境的平衡，强化合作意识、共融意识，以团体智慧赢得共同发展，全球一体化进程会更加深入和快速。

二、劳动世界的新"劳动者"——智能机器人

案例15-1

"5G+智能银行"粉墨登场

2019年7月10日，由中国移动与中国建设银行共同研发的"5G+智能银行"在京开业，首批落户清华园、中粮广场和长安兴融中心三个网点。智能银行里找不到一个保安和引导员，取而代之的是一台人脸识别机，通过内置的摄像头完成人脸注册以及实名认证；大堂里更找不到一个柜员，取而代之的是懂你所要的智慧柜员机；"大堂经理"则是一位会微笑说话，还会嘘寒问暖的仿真机器人——小龙女。在智慧银行，你无需带卡，只需在人脸识别后，对着它说话，就可快捷办理转账业务；如果遇到程序繁琐的业务，还有远程工作人员通过视频帮你办理。总之，技术和机器在替代人进行服务！

5G银行没有人，但有趣。智能银行设计中融合了VR/AR、物联网、智能家居、机器人、生物识别、全息投影、人工智能等新科技，将金融、社交、生活等场景相连接，能够提供300余种常见快捷金融服务，实现好用、好看、好玩的金融服务。银行网点成了体验空间、对话空间和娱乐空间的"共享社区"。

案例点评

银行的大变革，仅仅是今天社会变化的一个缩影。人工智能、信息技术、互联网、物联网、大数据等深刻地影响着我们的现在与未来，技术迭代、工艺更新、运营变革，都不可逆转地袭来。机器人、智能化、黑灯工厂正在从实验室和制造业工厂走向大众视野。从机器人快递、机器人服务员、机器人电工、自动焊接机器人，到机器人记者、机器人钢琴手、机器人会计、机器人医师、机器人围棋赛手，甚至是智能保姆，太多人类的体力和脑力劳动正在被高度模拟人类智慧和技能的机器人所代替，下岗潮也汹涌而来。人机共存时代正徐徐拉开大幕，无处不在的机器人会是工具还是主宰者？

（一）机器人的发展历程

古今中外，人类对于机器人一直有着各种理想和尝试，如从春秋时期鲁班的会飞的人造"木鸟"到三国时代诸葛亮的"木牛流马"，再到近现代瑞士钟表名匠德罗斯父子的写字偶人、绘图偶人。1939年瑞典发明家August Huber发明的电波机器人（可以接收无线电波传送的指令，拥有"行走"的能力）。1956年，世界第一家机器人公司在美国成立，1959年该公司创始人德沃尔和英格柏格发明了世界上第一台工业机器人，这台"万能自动"的机器人，开启了机器人大规模服务劳动领域的实用进程。

1. 传统机器人替代普通劳动

最早使用机器人的行业和岗位大多属于高危行业，如焊接、喷漆、探测等，机器人代替人从事着繁重、精确、重复或危险的工作，在金属加工、汽车、电子、医药等领域发挥了重要作用。德国政府在20世纪70年代中后期开始推行

"改善劳动条件计划"政策，强制规定部分有危险、有毒、有害的工作岗位必须以机器人来代替人，以行政手段将机器人的应用真正推向市场。1990年我国第一台喷漆机器人诞生。随着自动化技术和计算机技术的发展，90年代以来，各种家用、工业用机器人如雨后春笋般地遍布各个行业和领域，替代人们完成不想干、有危险的劳动任务。

2. "机器替人"走入智能时代

2001年，美国麻省理工学院研发出了世界上第一个有模拟情感的机器人，之后，德国库卡公司（KUKA）开发出第一台娱乐机器人Robocoaster。2008年世界上第一例机器人切除脑瘤手术成功，同年我国首台家用网络智能机器人——塔米（Tami）在北京亮相。2014年英国的研究表明，超级电脑的智能可以和13岁男孩接近。而智能机器人Sophia（索菲亚）自2015年"出生"以来，惊艳了世界，还获得了沙特公民身份。至此，智能时代的机器人越来越接近人的大脑和行动，不断走进人们的生活和工作，给世界带来新奇体验，也带来伦理和法律困扰。

2013年以来，世界发达国家如美国、日本、韩国、德国等都疯狂投资智能机器人研发制造，全面布局人工智能，以抢占未来先机。德国预测，现有3 000万个工作岗位中，要有1 800万个可以被智能机器或软件取代；最基层的操作工种中有86%的工作岗位可以被机器人替代；仓储、邮政以及快递业（150万）、零售业（120万）以及保洁行业（120万）的数以万计的岗位都将被智能机器替代。韩国2017年每万名劳动者工业机器人持有数为710台，处于世界第一位。我国的人工智能国家战略计划是到2030年实现理论、技术与应用达到世界领先水平。

（二）机器人家族

国际上的机器人学者从应用环境出发将机器人分为两类：制造环境下的工业机器人和非制造环境下的服务与仿人型机器人。每类机器人也都有着越来越庞大的家族成员，每个成员有着不一样的功能，肩负不一样工作任务。下面具体介绍几个重量级且应用较广泛的机器人类别。

工业机器人。其特点是计算机及机器人可控制运行静态或动态逻辑，以标准化、可预计的方式对静态输入值进行应对。工业机器人承担着较为繁重、精确、重复或危险的工作，是提高工作效率和工作质量的重要保证。

物流机器人。严格来讲，这是工业机器人的一类，目前应用较多，从事智能分拣、智慧配送等服务。亚马逊公司过去7年有超过20万个机器人被分配在各重要岗位，提高了物流效率和安全性。

智能农业机器人。我国福建已经研制出这类机器人，它们可以在智能蔬果大棚里实现全天候生产巡检，流畅地沿着栽培槽自动巡检、定点采集、自动转弯、自动返航、自动充电等。

教育、医疗、护工等服务机器人。因为需求量大，市场前景好，这类机器人的发展也很迅猛。尤其在老龄化不断加剧的当下，护理人员缺口扩大，相当一部分科技创业公司将目光瞄准了机器人护工市场。

触感机器人。2019年美国麻省理工学院研制出的有传感器的"人工智能手套"突破了这类机器人的技术难题，"手套"可以学习识别单个物体、估算重量和应用触觉反馈。这一成果为未来设计假体、机械工具和人机交互系统提供了重要的技术支持，为万物物联提供了可能的帮助。

（三）机器人的未来

人类在利用机器人协助和替代劳动的路上，正急速推进。当前4.0时代的机器人，很多已经具有持续学习、协同学习、场景自适应的能力，提供自主服务已实验成功。2019年国际人工智能与机器人创新生态大会上，机器人公民Sophia就顺畅地和主持人对话。《黑客帝国》设想的人机神经交互模拟系统在一些国家的实验室里都有积极的成果，从纳米机器人芯片植入大脑，到人戴着头部神经感应帽来遥控机器人行动，完成机器手臂的转动，最前沿的无创口人机交互技术将创造全新世界（图15-2）。据权威人士预测，到2045年，机器人有可能迎来6.0时代，届时机器人将具备人的部分情感，部分能力也将超过人类。它也许就是我们每个人最亲密的伙伴或者影子，它比电影《超能陆战队》中的机器人"大白"还体贴能干，对我们无比包容和耐心，给我们"无所不能"的帮助。人类将迎来真正的人机共存时代。

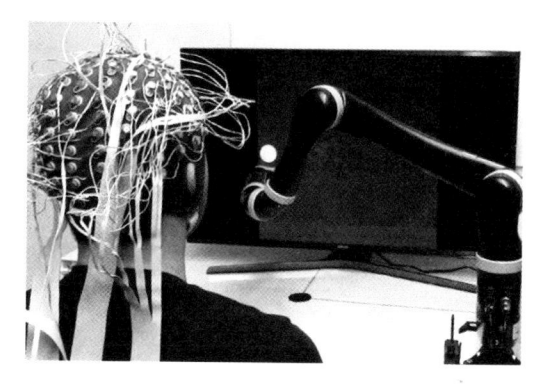

图 15-2 第一台无创脑控机器人系统（BCI）技术

资料来源：《脑机接口新突破：首款无创脑控机器人手臂诞生》，搜狐网 2019年6月27日。

（四）新"劳动者"可能引发的伦理与社会问题

人工智能的迅猛发展，尤其是特殊的新"劳动者"——各类智能机器人的大量涌现，令很多普通劳动者产生新的顾虑，也引起人们对劳动领域若干伦理与社会问题的研究和解决方案的设计。

1. 新"劳动者"闯入带来劳动界的多种顾虑与思考

首先，新"劳动者"大范围地持续、深入替代传统劳动，对被替代的现有劳动者是否就是在剥夺他们的劳动权利，挤压其生存的空间？无疑，被排挤的原岗位劳动者，不得不面临劳动和技能转换，这种转型对于部分人群来讲是痛苦和无奈的，有些人很有可能会因此陷入生存困境。这种忧虑是现实的，尤其对于只有简单技能的农民工劳动群体而言，最容易被智能机器人替代，最难提升、转换个人技能，最常被人忽视其真实的就业境况。麻省理工学院教授迈克斯·泰格马克认为从表面上看，人工智能让人类失去的仅仅是工作，但从本质上看，这是人工智能对人类作为唯一劳动者以及人类劳动权的挑战。麻省理工学院另一位教授布莱恩·约弗森也认为，人工智能可能会加剧三种不平等：受过良好教育的人比受教育程度低的人更有新职业优势，后者会彻底失去工作；智能机器拥有者占资本大头，越来越压倒劳动力，劳动者将失去更多的话语权；数字经济难以让更多普

第十五章 劳动与未来

通人受益，致使贫富差距拉大。由此，人们在思考：推广使用新"劳动者"的利益冲动，是否应受到制度的约束，以此维护普通劳动者劳动的权利？这并非是与知识和技术进步对抗，而是均衡人类劳动者利益与市场利益的设想：用政策和制度来拉住市场利益驱动下狂奔的马车，给普通劳动者以缓冲和调整的时机。

其次，人们忧虑新"劳动者"的无限发展是否会令人类劳动者处于被动附属地位，发生"主奴悖论"。智能机器人的作业在许多领域确实超越了人的劳动能力，无论精度、速度、耐力还是抗风险能力都是人类难以匹敌的。拥有超强学习能力和自我修复能力的超级机器人是否会发展到不受控制，或者直接迫使人类服务于它的指令，使自然人的自由意志受到侵害的境地，甚至会畸变为一种毁灭人类自己的异化力量？事实上，科幻大片中的影像并非只是想象，在未来技术的支撑下，机器人左右人类的威胁是存在的，重要的是这一天也许就在眼前。这是人类社会面临的共同问题。

最后，新"劳动者""公民"身份与伦理边界问题。机器人"公民"已然诞生，虽然这只是个例，但民间对机器人保姆、机器人服务员等的潜在需求很大。伴随高超的智能和皮肤塑形技术的发展，真假"人"类的辨识难度会越来越大，由此以假乱真等问题也会搅乱正常的社会秩序。人类学家也忧虑，如果很多人依赖机器人的日常劳动或者情感陪伴，人的心理和生理是否会遭遇新的问题，乃至影响人类社会的健康存续和发展。

诸如此类问题，都是"活劳动者"与"机器人劳动者"（核心是背后的利益集团）的权、利之争，其本质是活劳动与物质资本、股东利益之争，涉及的是企业社会责任与技术伦理问题。技术无论何时都应是服务人类社会的，如果是反人类、造成社会新的不公的技术，其研究与使用必然要受到约束和限制。

2. 人工智能发展的伦理问题解决方案

人工智能的发展令世界惊叹，人工智能在改善人的生存境遇、真正实现体面劳动、促进人的全面自由发展及实现正义社会等方面都有着重大的历史意义，但另一方面也引发了很多人的忧虑甚至恐慌：机器人自我深度学习产生的独立意识具有不确定性，这样的机器人可能会侵犯人类的尊严，技术要在怎样的伦理界限内发展？普通劳动者大面积地失去原工作岗位，他们该如何转型新产业、新岗位，才能生存下去，才不至于降低生活水准？对此，各国做法不一。

我国人工智能治理专业委员会于2019年6月发布《新一代人工智能治理原则——发展负责任的人工智能》，提出人工智能的基础研发到应用，都应该是负责任的、全面的，应以增进人类共同福祉为目标，应该符合人类的价值观和伦理道德，避免误用，禁止滥用、恶用。人工智能正在对政府管理经济模式、社会结构、国家安全甚至国际关系产生深刻的影响，人工智能作为一项使能技术，应与自然、社会和谐发展，原则倡议人工智能企业积极促进绿色发展，符合环境友好、资源节约的要求，同时在发展中缩小地域差距，提升弱势群体的适应性，努力消除数字鸿沟。

机器人在我国产业升级的过程中缓解了普通劳动力供给不足的问题，也大大提高了劳动生产率和制作的精准度。但对于中国这个人口大国来讲，保就业才能保民生，"六保、六稳"是我党的初衷，技术工人转型迫在眉睫。为此，政府正在投巨资用于培训新技能工人，也在积极调整职业教育体系，以新学徒制度和新工科设置，培育智能时代的劳动者。另一方面，劳动者的主动适应、积极调整也是很必要的。总之，在智能化面前，人类必须坚持价值理性，不能为了换取利益而放弃意义，也要以制度和法令，让技术在界限内服务人类。

三、人类劳动在智能化时代呈现新特征

未来社会，很多传统的人类劳动会逐渐被替代或者改变内容，这是不可回避的历史进程。和人类历史上任何一次技术革命带来的劳动改变一样，未来也必然要经历变革的阵痛，但最终人类一定能够适应新的环境和技术条件，让劳动本身重新找到合适的定位和社会价值。

（一）劳动是人类的需要

劳动对人以及人类社会的意义，马克思早有论述：劳动是人的第一需要，劳动创造了人本身，是人类生存和发展的基础，是推动历史前进的动力。劳动创造

了财富，创造了世界，创造了文明；劳动促进人的成长与发展，是人类美好生活的源泉。

人是从劳动中诞生的，也是在劳动中发展的。没有劳动，人类也将无以存在。因此，人类无论处于什么时代都是需要劳动的，只是在不同时期，会以不同形式展开劳动。

在未来社会，即便人类的智慧创造出很多自动化机器人或高智能化机器人，作为人的劳动依然是不可或缺的，只是这时候的劳动与以往的传统劳动会有较大不同：一是劳动配合技术的发展，需要更多的现代新知识和信息化技能；二是劳动的创造性特征更加显著；三是劳动的人文情怀越发浓厚；四是劳动技能的复合、交叉是一种趋势。当然，劳动的形式和内容的变化，不会影响人的劳动本质就是体力和智力的共同付出，只是未来劳动环境对人的整体素质要求更高了。

（二）人在未来劳动中的作用不可替代

在现实世界中，虽然有的机器人确实远远超越了人类能力，但机器人并非十全十美，与人类还是有相当的距离。在机器人配比率最高的韩国，他们的研究人员发现，机器人配比率相当高的工厂或医院里，还是离不开经验丰富的人的劳动辅助。另外，机器人毕竟是受控制的机器，其功能的实现需要编程人员和机器操控人员持续改进、不断修复程序中的漏洞和错误，这需要有非同寻常的探索能力和创新能力，而这些只有灵活的，有更强学习能力和思考能力的人才具有。也有学者持不同观点，Arntz等提出，现有替代效应被夸大了，以区分任务为基础的研究结果代表的只是替代的可能性，而不是真实情况[1]；Autor等指出，大多数自动化系统缺乏灵活性，仍无法适应部分非常规任务的需要[2]。曹静、周亚林也认为工作被自动化的风险并不意味着实际的工作损失[3]。

---

[1] Arntz M., Gregory T., Zierahn U., "The Risk of Automation for Jobs in OECD Countries", *OECD Social Employment & Migration Working Paper*, 2016, no.189.
[2] Autor, D. H., "Why Are There Still So Many Jobs? The History and Future of Workplace Automation", *Journal of Economic Perspectives*, 2015, no.29.
[3] 曹静、周亚林：《人工智能对经济的影响研究进展》，《经济学动态》2018年第1期。

一直关注劳动力变化的杨伟国提出，人工智能取代劳动有两个前提：一是人工智能在很大程度上超越人类的智能；二是人工智能可以实现自我再生产。显然，这两个前提目前看来还很遥远，是人工智能发展的难题。因此，即便在人工智能非常普遍的时代，人类同样需要劳动。再者，人工智能的效果和效率也要靠人类劳动来操控和把握。人机协同、智慧劳动根本还是要依靠人，人的灵活应变性以及无法估量的潜在智慧，都是机器所无法比拟的。人类社会的发展无论何时都离不开人的劳动，劳动者的主导地位是不容置疑的，否则，将是人类社会的消亡时刻。

即便是"充满了"智慧的智能机器人，事实上也是在解放劳动力，作为人类体力和脑力的延伸与异化，在替代人类完成各种高、难、险、脏、重的劳动。所以，人类与自己的助手不是对立的双方，而是互补长短的伙伴。而且人作为地球上最能动、最智慧的生物，其主宰地位是不会被改变的。

（三）人的劳动形式的分化

1. 岗位极化

新的技术环境下，Cortes 等将人群就业划分为三大类：常规性工作、非常规性工作和非劳动力人群，其中常规性和非常规性工作又进一步各分为操作性和智力性两类[①]。岗位极化是指在基于技能、任务划分的劳动分工中，中等技能需求的岗位减少或被替代，高技能需求和低技能需求岗位数量增加，岗位分布呈现中部压缩、两极增长的状态。岗位极化出现的直接原因是自动化对常规性、程序性任务的替代。岗位极化也显现出自动化、计算机化对劳动中操作性及部分智力性工作的替代效应，向技能的两端流动。其中，高技能更强调技术的全面掌握和熟练应用，低技能也不是简单的重复工作，而是变通基础上的技术应用。

2. 人机合作

未来劳动界，几乎所有的领域都表现为机器（含计算机与软件）与人工并

---

① G. M. Cortes, N. Jaimovich, H. E. Siu, "Disappearing Routine Jobs: Who, How, and Why?", *Journal of Monetary Economics*, 2017, no. 91.

行。在制造业领域，工业机器人反倒是主要"劳动者"，而少量的"活劳动者"只作为设计者、控制者、维修人员参与其中。在服务产业领域，人工智能则成为劳动者最得力的助手，承担各类或精细或复杂的体力与智力劳动。人类在人工智能领域的发展既打造了自己的帮手，又不得不面对这个帮手挤占了原有就业岗位的窘境。在智能替代或浸润的过程中，虽然会有失业的痛苦和改变的不适，但人工智能和人类并不是对立关系，而是必然的人机融合关系。人工智能擅长重复、计算，速度高、模仿能力强，但难以拥有人的个性化、趣味性、真实感，更难以拥有人的智慧大脑带来的随机应变的能力。变通是人类与机器最大的能力差，以变通去适应，以学习来改变，这一直是人类与自然和技术共同进步的明智选择。《孙子兵法》说"不可胜在己，可胜在敌"，我们放弃与人工智能的竞争，做好自己擅长的事，在特定专业领域实现与机器的优势互补，更充分地发挥人类劳动本身的主导价值，人类劳动就会在适应中发展。

3. 劳动的专业性和技能性越发强悍

台湾生涯研究专家吴芝仪坦言如此技术革命大潮中未来的不可测："10年后的工作有八成还没有被发明出来。"这并非是笑话。国内劳动经济专家冯喜良认为未来劳动界的劳动分工将更加精细，劳动者主要是靠自身的专业谋取更自由的劳动环境。未来，在充满技术和知识的作业环境中，每一个专业领域都必然深奥而复杂，要想适应未来劳动需求，需要有社会认可的专业长项（技能），即通晓该领域的前沿与系统知识体系以及掌握必备的专业技能。

（四）人类劳动在智能化新时代更具有创造性、复合性和交叉性

智能时代，任何事物都被知识、智慧、信息化等所包围，但凡可学习的都是可复制的，唯一难以复制的就是人类大脑。正是人脑的存在，让人类劳动具有无限的创造性、多变性、灵活性。我们可以把之前的经验和知识进行交叉、融合，创造出意想不到的新产品、新谋略，这就是开创性，是人类独有的无法替代的巨大的能力。虽然计算机技术一直在试图破译"超级大脑"的思维逻辑和创造性，但是人脑本身才开发了不到4%，并且人脑作为有机生命体，一直是在不断进步

和变化的，机器始终是被人控制的。未来世界本身的变异、交融，使得未来的劳动跨界组合将更为频繁和多样，各类人才之间的合作，便如同计算机联网般成为智慧与技能的共享共赢。

（五）劳动者的智力支出越来越多

正如前文技术介绍时提及的，机器人的高度发展，会承担绝大多数的急难险重等各种重体力、高难度操作，尤其是重复性的劳动和特别精准的作业。人类劳动则朝着"体力支出越来越少，智力支出越来越多"的方向发展，以创造性、创意产业为主，以服务人类更惬意的生活为主，以不断开发研制更高端、智能的劳动工具为主。2018年，我国参与数字经济活动的人数高达7.5亿，参与提供服务者约7 500万人，其中通过互联网平台就业人员达690万人。2020年，为应对新冠疫情的影响，智能化、网络化劳动形式的增长更是突飞猛进。借助技术给人类社会带来的福祉，非生产性劳动、非物质生产劳动、非重复性劳动比例会逐步增加，未来智力活动更普及、更丰富，以智力劳动为核心的人类劳动正在走来。

（六）人类劳动呈现更多的乐生性

劳动作为谋生手段还将持续很长的时间，但这不妨碍劳动中日益浓厚的"乐生性"特点，即劳动带给劳动者一种愉快幸福的感觉，不再都是痛苦的，感到很消耗、很无奈的劳动。这种乐生性源于劳动选择的自由度在增加，人们可以真正按照自己的兴趣、爱好和特长去选择职业；也源于令人痛苦的劳作岗位都已经由机器人和计算机来完成了。乐生性在"90后"一代尤其是"00后"一代，已然呈现越来越普遍的状态。这也对很多产业的劳动模式转变提出了现实要求。

总之，未来劳动界对现有的系统重新洗牌，这是必然的过程。由此，那些固守过去的组织和个人非常容易被淘汰，而敢于突破、勇于变化的，才可能站稳脚跟。未来劳动内容越来越丰富，形式越来越富于变化；劳动者的流动性越来越强，自主自由劳动会越发普遍；劳动主体的作用不是淹没在机器体系中，而是越来越突出，主宰劳动方式、劳动内容以及劳动工具的是具有高知高能的人才。

四、未来劳动世界的职业变动预测

案例15-2

从全球500强企业榜单的变化看未来职场趋势

2019年7月22日,《财富》杂志正式发布2019年全球500强企业榜单,其中的变化引人关注。数量上中国企业上榜129家,首次超过美国的121家、日本的52家,排名第三。这一衡量世界大公司实力的最著名、最权威的榜单反映着国家的实力和整个行业的兴衰。中国企业的排位有77家比去年有所上升,全球排名上升最快的10家公司中有8家来自中国。制造业里的小米、格力首次上榜,小米成为第一家成立仅九年就打入世界500强的企业,华为快速前进到第61位,联想排名第212位,足以见证中国制造业的实力。而阿里巴巴从2017年的第462位跃升为第182位,腾讯也从2017的第478位升到第237位,且利润率名列前茅,中国互联网三巨头都以庞大的身形在国际市场占有不可忽视的地位。中国房地产业的大咖们,如万科、恒大、碧桂园、保利,则是该行业的全球实力派企业。

沃尔玛已经连续五年位居世界最大公司榜首,但其利润率仅为1.97%,与阿里巴巴23.6%的利润率相比差距巨大。这也是全行业的尴尬,在电子商业的冲击下,新零售必然要转变经营模式。离开网络平台,商业帝国也将停止转动。

案例点评

人工智能、数字经济、经济全球化的冲击,让未来的劳动界充满了变革的始动力。从目前各个国家的研究结果看,与当前相比,农业生产部门受到的影响较小,制造业劳动者受人工智能替代效应的影响,大量转移到服务业领域,在美国,尤其是转向医疗保健和社会援助服务领域的较多。对于职业岗位的影响,不仅涉及数量和任务性质的变化,即替代和创造效应,还会造成岗位极化并加速岗位上的人机合作[1]。

---

[1] 杨伟国、邱子童、吴清军:《人工智能应用的就业效应研究综述》,《中国人口科学》2018年第5期。

（一）那些即将被智能机器替代的职业

世界银行发布的《2016年世界发展报告：数字红利》认为，发展中国家三分之二的工作岗位容易被自动化所取代，麦肯锡全球研究院也在《未来的工作——自动化、就业和生产力》报告中预测，当前的工作中有超过一半会在2055年左右自动化。很多研究人士或研究机构还作出了未来职业替代率排名，其中BBC基于剑桥大学研究者Michael Osborne和Carl Frey的数据体系分析的365种职业的未来"被淘汰概率"排名最为流行。其中35种典型职业的"被淘汰概率"排名如表15-1所显示，虽然这是以英国为背景的预测，但我们从中也不难发现基本的规律，那就是容易被替代的岗位多是工作重复性强、技术技能较容易掌握、常规性突出的一般岗位，而变动性强、重复性小、更需要创新能力和灵活应变能力的岗位不容易被人工智能替代。另外，更需要感情投入的岗位，也是替代性较小的。

对此，麻省理工学院教授迈克斯·泰格马克在《生命3.0：人工智能时代人类的进化与重生》中概括指出，需要与人互动并使用情商的、工作涉及创造性及更聪明的解决方案的，或者在不可预测的环境下工作的职业，相比而言会越发安全，如教师、护士、医生、科学家、企业家、程序员、工程师、律师、社会工作者、神职人员、艺术家、美发师和按摩师等。电话销售员、收银员、货车司机、烘焙师和厨师，还有卡车、公交车、出租车司机等，这些职业就可能被智能机器人所取代。律师助理、信用分析师、信贷员、会计师和税务师这些原本需要一定脑力劳动的工作，虽然不会完全被人工智能取代，但大多数工作任务将被自动化，因此所需的人会越来越少。所以，他得出结论：那些高度重复、结构化以及可预测的工作，看起来过不了多久就会被机器自动化。

表15-1 职业未来被替代率排名

排位	被替代率低的岗位	排位	被替代率高的岗位
1	酒店与住宿经理或业主：0.4%	1	电话推销员：99.0%
2	教师：0.4%	2	打字员或相关键盘工作者：98.5%
3	心理医生：0.7%	3	会计：97.6%
4	公关：1.4%	4	保险业务员：97.0%
5	建筑师：1.8%	5	政府职员、银行职员：96.8%
6	牙医、理疗师：2.1%	6	接线员：96.5%
7	律师、法官：3.5%	7	前台：95.6%
8	艺术家：3.8%，	8	人事：89.7%
9	音乐家：4.5%	9	客服：91.0%
10	科学家：6.2%	10	保安：89.3%
11	健身教练：7.5%	11	房地产经纪人：86%
12	保姆：8.0%	12	工人，以及瓦匠、园丁、清洁工、司机、木匠、水管工等第一、第二产业一线工作人员：60%～80%
13	记者：8.4%	13	厨师：73.4%
14	程序员：8.5%	14	IT工程师：58.3%
15	警察：22.4%	15	图书管理员：51.9%
16	理发师：32.7%	16	摄影师：50.3%
17	写手、翻译：32.7%	17	演员、艺人：37.4%
18	化妆师：36.9%		

（二）基础的衣食住行等服务行业是最大的就业领域

虽然世界变幻莫测，技术更迭一代又一代，但是人类作为生命体赖以存在的需要还是不能缺少，支撑我们日常生活的衣食住行等传统产业有着足够的刚需。这些也是未来吸纳就业岗位最多的行业。这其中，机器人等器械是帮手，却无法全面替代人。吉列刀片已有上百年历史，依然活跃在经济领域，因为这种"胡子工程"是不可回避的刚性需求；再比如油盐酱醋行业，也是万变不离其宗，人类的餐桌上这些调味品无可替代，企业发展与竞争的着力点在于市场细分更明确。沃尔玛连续五年高居世界500强第一，也说明了传统生活必需品（服务）行业的市场号召力。

传统领域的岗位能力要求在未来也会与以往不同，机器人同样会大面积地替代重复性作业，剩余的岗位工作内容会发生大变化，但岗位职责中一定会有"通过创新创造带来良好的客户体验"的新要求。创新有颠覆式创新和维持性创新，前者是全面否定或者替代之前的产品和技术，后者是对原有产品和技术进行不断的改进和完善。这个世界需要轰轰烈烈的改变时代的技术，更需要那种细微之处的高技术，它是不断满足人们追求完美和幸福生活需要的支撑。传统的消费品行业市场广阔，企业的生存空间来自能否持续地满足消费者需要，其中必然有精细劳动、创新劳动可适用的岗位。

（三）新产业的崛起成为新的就业需求市场

新产业、新业态伴随生产技术的进步和新消费需求的到来，有着广阔的市场前景，因此也必然成为新的就业领域。尤其是人工智能的兴起、机器人的应用将创造更多高端就业机会。2019年以来，国家已经公布了三批共38个新职业，涉及区块链工程技术人员、新兴产业和现代服务业、高新技术领域从业人员（见表15-2），只是这些新增的就业岗位专业性极强，需要大量的知识和技能储备。

世界总会在关掉一扇门的同时，打开一扇窗，关键是我们身处其中能否找准窗的方向。从上表可清晰看到，新岗位、新职业都是与新经济技术形式紧密相关的，而且有着巨大的市场需求，如未来5年，物联网安装调试员人才需求量近500万人，无人机驾驶员人才需求量近100万人，都存在巨大的人才缺口。具体来讲以下分类行业会带来新的就业机会。

表15-2　国家公布的38个新职业

第一批	第二批	第三批
1.人工智能工程技术人员	1.智能制造工程技术人员	1.区块链工程技术人员
2.物联网工程技术人员	2.工业互联网工程技术人员	2.城市管理网格员
3.大数据工程技术人员	3.虚拟现实工程技术人员	3.互联网营销师
4.云计算工程技术人员	4.连锁经营管理师	4.信息安全测试员
5.数字化管理师	5.供应链管理师	5.区块链应用操作员
6.建筑信息模型技术员	6.网约配送员	6.在线学习服务师
7.电子竞技运营师	7.人工智能训练师	7.社群健康助理员
8.电子竞技员	8.电气电子产品环保检测员	8.老年人能力评估师
9.无人机驾驶员	9.全媒体运营师	9.增材制造设备操作员
10.农业经理人	10.健康照护师	
11.物联网安装调试员	11.呼吸治疗师	
12.工业机器人系统操作员	12.出生缺陷防控咨询师	
13.工业机器人系统运维员	13.康复辅助技术咨询师	
	14.无人机装调检修工	
	15.铁路综合维修工	
	16.装配式建筑施工员	

资料来源：《机会来了，国家已公布38个新职业》，搜狐网2020年7月7日。

1. 高端制造领域——机器人、医药、精密仪器等制造业

机器人制造业已成投资热点，该领域将成为高端制造业中的求职热门。世界500强之一的地产民企碧桂园，2019年上榜就与其投资布局机器人和现代农业紧密相关，它清晰地认识到高科技是企业未来竞争力的源泉。以智能制造为技术支持的各类高端制造业是产业发展的必然趋势。

2. 高知识服务领域——数据管理产业

数字经济时代，离不开对数据的收集和使用，这直接带来了社会对专业数字技术人才需求量的增长。具体来讲，软件开发和数据管理将是需求量很大的岗位，物联网工程技术人员、智能机操作人员的市场需求也会非常大。数据管理（收集、传输、存储）与分析需要专业知识和技能，因此这些岗位也必然需要知识型和技能型合一的人才与之匹配。

3. 基于互联网的平台经济的大容量就业

信息化和互联网技术使得平台经济成为新宠，也成为创造了若干新就业岗位的重要领域。研究表明：以数字经济为基础的新就业形态，不仅可以创造更多的工作岗位，同时也增加了弱势群体的就业机会。[①] 随着5G的发展，平台经济链接物联网，将催生更多的低门槛就业。中国人民大学劳动人事学院发表的《阿里巴巴零售电商平台就业吸纳与带动能力研究》显示，2017年阿里巴巴零售电商平台为全社会创造就业岗位3 681万个，其中交易型就业机会1 405万个，带动型就业机会2 276万个。首都经济贸易大学劳动经济学院课题组发表的《中国新就业形态就业质量研究报告》显示，2017年6月至2018年6月，共有3 066万人（含专车、快车、顺风车、代驾、豪华车司机和车主）在滴滴平台获得收入。应对新冠疫情的爆发为依托互联网的产业注入了强大市场需求，也为传统产业的网络化、信息化添加了助燃剂。从"网红一哥"李佳琦的专业直播年收入上亿元，到董明珠等企业家们的自救直播一场20亿元销售额，2020年火得一塌糊涂的直播带货，开辟了网络世界新营销模式与新就业岗位。

（四）创意产业和服务产业创造着新的就业机会

追求幸福生活是人的本能。未来社会，当人们解决了温饱问题，自然会追求更高品质的生活，除了物质的满足，也包含精神层面的富足。因此，文创、旅游、教育培训、文化、服务等产业也有极大的发展空间，自然会出现新的就业机会。2019年7月，智联招聘与美团点评、21世纪经济研究院联合发布了《2019年生活服务业新职业人群报告》，对密室剧本设计师、宠物训练师、收纳师、无人

---

① 张成刚：《就业发展的未来趋势：新就业形态的概念及影响分析》，《中国人力资源开发》2016年第19期。

机驾驶员、外卖骑手、酒店收益管理师、外卖运营规划师、健身教练、造型师、育婴师等我国生活服务业新职业人群进行画像，对其职业内涵、从业方式（有的是与以前相比）进行了分析，这些新兴职业或者工作内容与之前有较大差异的职业，更贴近人性服务，更强调个性化差异，它们虽然是小众，但也创造了不少的就业机会。2020年我国大学生就业统计指标中已经将打电竞、开网店、自媒体等纳入就业范围，鼓励年轻人自创就业、灵活就业。未来，灵活就业的占比将越来越高，这是人类走向真正自由的开始。

2018年麦肯锡研究院也报出一组职业预测数字：在印度和中国，到2030年，岗位需要增幅最大的是教育工作者和医护人员；另外，创意类、培训产业专业人员和技术工程师、律师、科学家等专业人士都有超过50%以上的需求增幅。尤其是未来，全球老龄化问题日益严重，中国也正步入老龄化社会，老年服务产业、老年制品产业方兴未艾，加之人们对健康的更多更高的追求，服务老年人的产业以及大健康产业都将有很大的就业需求。

（五）闲暇时间充裕带动就业结构调整

由于机器人和现代技术的广泛应用，社会生产力大大提高，人们的闲暇时间也将越来越多。自主时间用于兴趣劳动或者学习，都将非常普遍。这种意义上的劳动，不再是为生存或生活所迫，而是一种自觉的需要。闲暇多了，也会伴随闲暇消费，如此，服务于这个领域的产业、行业也会繁荣起来，创造更多新的就业岗位。毫无疑问，第三产业（服务行业）在未来会更迅猛地发展，整体就业占比也会越来越高。

（六）零工经济模式渐成重要的从业模式

零工经济（Gig Economy）早已有之，互联网时代才成为热议话题。这种经济模式显现为独立自主的零工能够全权控制整个工作过程，包括工作种类、工作时间、工作地点、工作方式等，以一种"自我雇佣"的形式进入劳动力市场，如创客、自由撰稿人、艺术家、教育从业者等特殊人士。相比传统的全职工作和固定时间、固定地点的用工模式，劳动者自主的用工模式借助互联网的便利条件会更容易流行起来。据阿里研究院预测，至2036年，中国将会有大约4亿人参与零工经济；麦肯锡2016年相关研究报告显示，在欧洲的青年居民中，每两人就有一人参与零工经济。新零工经济在新技术支持下，是更加灵活自由地工作，也主要是以兴趣、特长为主的从业模式，这会满足相当一部分有专长的人的就业需要，因此也会扩大实际就业规模。

零工经济下，劳动力身份由"被雇佣"转为"自我雇佣"，对工作过程和结果有全方位的自主权和控制权，基于任务单位，劳动者以完成任务为标准来收取报酬，容易有更高的劳动质量、效率和满意度。从目前来看，零工经济可分为按需工作（work on-demand）和众包工作（crowd work）两大类，借助互联网平台或者中介公司来完成需求与供给的对接。在实践中，具体呈现模式包括电商类零工经济、空间共享类零工经济、交通出行类零工经济、技能共享类零工经济等。

五、未来劳动者应对未来劳动的素质要求

很多研究都表明，虽然未来劳动界机器人应用会很广泛，但是并非不需要人——普通劳动者，而是需要不同于现在的劳动者。在机械化生产时代，劳动者是机器生产系统中的一个部件，呈现去技能化特征，这是劳动过程的基础由技能向科学转变的重要体现。但人工智能时代对劳动者的要求是再技能化，拥有更多的创造能力、应变能力、解决问题的能力等。韩国劳动研究院在关注机器人替代下的劳动者价值与发挥的研究中发现：人的灵活应变是机器人无法比拟的，人的情感与特殊技能在机器人时代也不能缺少，机器人的缺陷是要人来弥补的。当然，未来的劳动岗位，无论是原有的岗位还是新增的就业岗位，专业性会更强，对从业者有全新的素质、能力要求。

（一）新素质要求

1. 拥有数字时代通用技术和常识

信息收集与管理技术、数据分析与应用技术、人工智能知识、互联网知识，都是未来劳动者的知识和技能标配。为了与时代对接，教育部重新定义了大学专业体系的新工科和新文科，加入了大量时代技术元素。在很多大学的育人方案中，都已经将智能化知识、信息使用技术、数据处理能力等作为通用技术和常识纳入规划，以此来培养适合新时代技术要求的人才。以项目形式开展的协作劳动也将是一种常态，因此组织技术、决策技术、沟通技术等管理技术成为通用技术。区块链、大数据、金融知识、法律知识、区域国别文化、各种行业规章制度等基本常识也是未来劳动者的必备知识。

2. 养成并保持自主学习的能力

学习的能力不是指掌握知识和技能，而是指认知世界、理解世界的能力，具体包括观察能力、专注能力、记忆能力、推理能力、想象能力、创造能力等。在今天信息爆炸、科技日新月异的时代，信息和技能永远在持续更新的道路上，因此，任何的学历、文凭和知识体系都不足以支撑整个职业生涯。自主学习成为这个时代最有用和最需要的生存能力，持续的终身学习将是一种常态。

3. 具有创新意识和能力

技术的突飞猛进与快速更迭，让无处不在的新奇包围着现代人。也正是这种变革与创新，维持着个体与组织的生命力和存在能量。因此，创新与创造力是未来劳动者的关键素质，需要我们保持好奇心、想象力，不轻易否定任何新奇的想法和大胆的尝试，应鼓励自己也包容他人去创造性地工作。我国的教育体制也正转向这种能力的开发与培养。在大变局时代，从国家层面讲，只有勇于探究，不断钻研，拥有自主知识产权，才能实现中国梦。

4. 有良好的沟通与协作能力

伴随技术的发展，社会的劳动分工会越来越细，专业性会越来越强，而我们面临的整体作业却越来越复杂，彼此的协作共商必要而重要。即使是创意产业，也很依赖集体的头脑风暴，需要其他外部资源的协助。因此，良好的沟通能力、与人协作的技巧和积极的心态，是新劳动者必备的。

5. 解决问题的能力

未来劳动中的程序性劳动多被机器取代，重体力工作会大大减少，甚至消失，以脑力创造和知识为基础的岗位能力要求会更为普遍。因此具备较强实际解决问题能力的劳动者，会更受组织的欢迎。

6. 较高的综合素养

一个人的综合素养决定了其职业能力与社会价值，这种包含情商、智商、逆商、财商、意志品质、价值观念的综合素养，左右着人的行为和行为结果。台湾学者吴芝仪提出未来劳动者的核心素养包括科学精神、人文底蕴、实践创新、责任担当、健康生活等方面（见图15-3），这与我国当前德智体美劳全面发展的育人目标可谓不谋而合。具体来讲，综合素养中的以下要素更为基础。

（1）自我约束与管理的能力。世界越来越自由和自主，强大的自律才能促成一个人的成功。时间管理、情绪管理、人际关系管理甚至个人形象管理，都是未来决定一个人是否拥有更多选择权利或发展机会的重要素养。

（2）长远的目标和战略的思维。未来新世界，无论个人还是组织，都必须面对快如闪电的变化。变革的思想总是与发展紧密相连，变数中有风险也有机会，正如Facebook创始人扎克伯格所说：一个变化如此快的世界里，你最大的风险就是不冒风险。"眼界决定宽度，观念决定高度，脚步决定速度，思想决定未来"，有

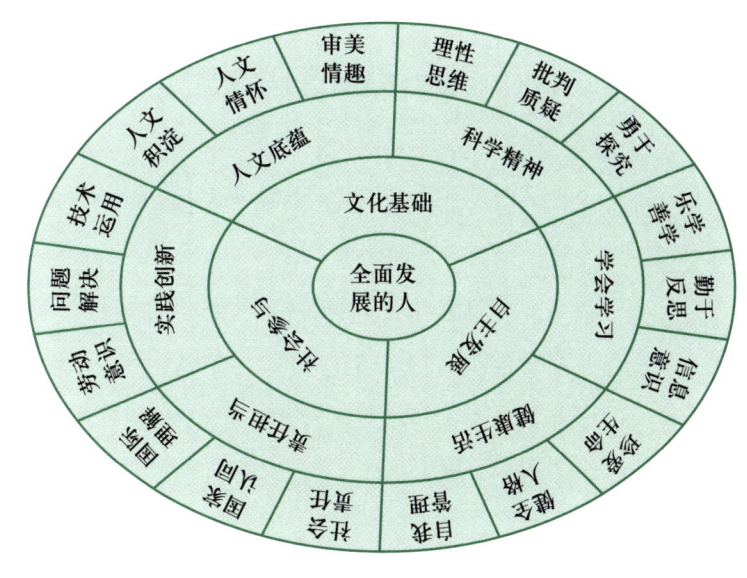

图15-3 未来劳动者的核心素养

战略思维的人,站得高、看得远,不为眼前利益所困,知道借力,懂得舍弃,既能冒险挑战争取机会,也能卧薪尝胆厚积薄发。从容的职业和人生来自之前充足的准备。

(3) 独立思考的能力。有自己的判断和决策,有自己的选择标准,而不是人云亦云,盲从于权威或者群体。会独立思考、敢于批判质疑的群体构成的社会才有创造力,才有异彩纷呈的风景。

(4) 理性的心态与法制的观念。有人以出乎意料的新奇博眼球,或者以夸张的手段成为网红,但是,科技时代的信仰是理性和实力,没有足够的根基和实力,常常是昙花一现,很快会淹没在信息的海洋里。当代大学生是知识群体,应保持理性,冷静地看待自己与周围环境,客观地评价是与非,保持底线和界限,知道什么事情绝对不可以做、什么事情值得努力争取。在法律的框架里追梦,才不会让自己成为网络时代的"笑话"。

(5) 责任与担当的觉悟。青年于国家社会的责任是天然的,中国自古就有很多青年壮志的故事鼓励一代又一代的年轻人奋发图强,以家国天下为己任,用青春和热血报效国家、服务社会。当代青年的责任与中国富强梦紧密联系,当代青年的担当与党的大政方针指引的方向紧密关联。敢于担当、勇于负责,这是青年应有的符号,2020年的新冠疫情面前,众多逆向而行的青年楷模、默默坚守的青年志愿者已经作出了证明。

这个时代很美好也很残酷,一个人若不能创造价值,就没有存在的价值。新素质支持着劳动者可以被社会所需,也因此可以创造社会认可的价值。

(二) 大学生获得新素质的路径

中国劳动关系学院教授刘向兵对当代大学生的劳动教育提出了五个目标:劳动价值观、劳动情感态度、劳动品德、劳动习惯、劳动知识与技能。[①]这些目标是成就未来劳动者新素质的重要内容。具体来讲,大学生获得新素质的路径主要有以下几种:

---

① 张力玮、郭瑞、郭伟:《新时代劳动教育的发展趋势——访中国劳动关系学院校长刘向兵》,《世界教育信息》2019年第9期。

1. 读书与行路

对于大学生而言，读书可以获得前人的经验以及战胜困难的精神力量、创新创造的方法技巧，这是学习进步的捷径。还可以走出去观察世界、思考世界、品味世界。读书要博览，行路需慎重，要以胜任未来劳动的能力、道德目标为中心，从阅读中获得正确劳动价值观、劳动知识，从行路中培养劳动者的情怀和品德。

2. 实践与思考

走出网络虚拟世界，感受真实生活与社会，体验实践不可少。而动手能力的获得，只能依靠操练。亲力亲为地实际体验或者努力，是另一种更为深刻的学习方式，也是掌握劳动技能的必经之路。劳动实践才能培养出劳动习惯和深入骨髓的劳动情感。

学会独立思考，勤于思考，学会质疑，培养创新、批判性思维，用大脑"看"世界。"学而不思则罔"，今日的知识世界复杂多变，很多已有的结论随着时代的变迁和技术的发展，面临着更新或废弃，静心思考才是发现问题、解决问题的基本要求，是创新的前提。在互联网信息泛滥的时代，5分钟即刷屏的信息强迫症群体似乎也日益扩大，我们被各种碎片化的信息干扰，常常难以进入深度思考状态。如此一来，避免自身陷入信息海洋里，也是需要解决的问题。系统而深入的思考，最好的助手是动笔书写，形成文字材料。

这里的思考还包括对个人职业定位的思考，这非常关键。要尽早了解自己的兴趣所在、长项所在，确定目标和方向，并为自己的职业理想早做准备。在未来更加多元化的劳动世界，劳动的形式和内容都会发生极大的变化，职业的选择要有足够的前瞻性和变通性，也切忌为了眼前的利益而放弃自己的兴趣与特长。选择是有成本的，要三思而行。当然，在你还无法确定自己的职业时，打造好自身的综合素质，将来的择业也只是时间问题。

3. 以匠人之心做事

工匠精神是一种细致而微的精神，是一种认真负责、持续精进的精神，是一种价值观的体现，是劳动者应有的职业道德。只有发自内心的认同，才会在行动中处处体现工匠精神。乔布斯的完美主义带来的是难以超越的苹果技术；日本的完美主义让这个小小的岛国成为世界经济强国，其制造业产品成为世界的宠儿；德国精益求精的匠人精神让德国产品成为通行世界的品质名片。现代社会和未来世界，人们越来越有条件享受精致美好的生活，对细节完美的要求也会越来越高，高品质成为产品让渡价值的基本模式。因此，未来的劳动者也要踏实做事，丢弃"差不多就行"的自我放逐，不以糊弄的心态蒙混过关，要跟自己较真儿，不断完善自我，像匠人般持续精进。工匠精神本质上是对职业的敬畏和对工作使命感的坚守，它与功利主义无缘。做事先做人，做人先修心。工匠精神给了我们这样的职业标准和行动方向：敬业、精业、精心、精品。

4. 以开放之心赋能

未来的世界万物万事互联互通，这给个体更大自由的同时，也增强了彼此的依赖与共生，每个人在服务他人的时候也得到别人的服务。因此精致的利己主义会令人寸步难行，也会让人失去很好的就业机会和成长机会。封闭从来都是和落后相连，迎接未来就要打开心胸，开放自己，放眼世界，瞄向未来，以获得实际的能力、能量为重心，多与外界交流，汲取各家之长，融汇各学科精要，加强学习和锻炼。自古都是"艺不压身"，在复合、交叉、兼容的劳动界，多一项技能，就多一点竞争力乃至多一条就业路径。

5. 以豁达之心修品

对国家和社会的责任，是青年最不能忽略的品行，以责任之心真诚对待人与事，正确选择过程和结果，才能成为国之栋梁。数据信息无处不在的未来，诚信的记录可随时随地发生，因此大学生应本分做人，把诚信放在首位，用诚实劳动来获得回报，这也是必要的品德修行。未来合作、协作环境中，悦己达人才是为人处世之道。

为了提高未来劳动者的整体素质，国家人社部和教育部特别制定了一系列人才培育计划，无论是高职高专院校还是普通高校抑或重点高校，都积极地引领教育资源向培养人的综合素养、实用劳动能力和现代科学知识方面倾斜，也包括良好的职业道德和价值观念的培育。决定一个国家或者组织兴衰的在于人、人才，

未来你要做怎样的人？

未来劳动世界，更是人才决定胜负的世界。大学生——未来的劳动者和国家的建设者，你是否在观念意识上做好迎接新挑战的准备了？你是否已经开始为拥有相应的知识和能力而努力了？

【延伸思考题】

1. 未来世界，你想拥有哪些劳动技能？为此，你计划如何获得这些劳动技能？

2. 互联网时代信息铺天盖地，如何减轻信息强迫症，让自己能够进入深度思考状态？

3. 人工智能等若干新技术，给劳动界带来了怎样的机遇和挑战？

【拓展阅读】

1. 陈春花：《激活个体：互联时代的组织管理新范式》，机械工业出版社2015年版。

2. 林汶奎编著：《跨界时代：从颠覆到融合》，人民邮电出版社2016年版。

3. 张成刚：《就业发展的未来趋势，新就业形态的概念及影响分析》，《中国人力资源开发》2016年第19期。

4. 王靖飞：《跨界红利：互联网时代企业经营新思路》，化学工业出版社2017年版。

5. 杨伟国、邱子童、吴清军：《人工智能应用的就业效应研究综述》，《中国人口科学》2018年第5期。

6. 杨伟国、张成刚、辛茜莉：《数字经济范式与工作关系变革》，《中国劳动关系学院学报》2018年第5期。

7. 孙文凯、郭杰、赵忠、汤璨：《我国就业结构变动与技术升级研究》，《经济理论与经济管理》2018年第6期。

8. 尹蕾、王让新:《人工智能发展的喜与忧》,《人民论坛》2018年第35期。

9. 郑祁、杨伟国:《零工经济前沿研究述评》,《中国人力资源开发》2019年第5期。

10. 邱子童、吴清军、杨伟国:《人工智能背景下劳动者技能需求的转型:从去技能化到再技能化》,《电子政务》2019年第6期。

11. ［荷］阿里·德赫斯:《生命型组织:不确定时代的组织进化之道》,北京师范大学教育学部学习与绩效技术研究中心译,电子工业出版社2016年版。

12. ［美］迈克斯·泰格马克:《生命3.0:人工智能时代人类的进化与重生》,汪婕舒译,浙江教育出版社2018年版。

后 记

2018年9月10日，全国教育大会召开，劳动教育被写入新时代党的教育方针。2020年可谓新时代劳动教育元年，3月20日，中共中央、国务院发布《关于全面加强新时代大中小学劳动教育的意见》（以下简称《意见》）；7月15日，教育部发布《大中小学劳动教育指导纲要（试行）》（以下简称《纲要》）；人社部、全国总工会、共青团中央等部委，各省（自治区、直辖市）陆续发布配套文件，劳动教育政策体系逐步建立。与此同时，社会各界广泛关注劳动教育，学界进行了大量的专门研究，不少地区举办了各类研讨会，各级各类学校在各方面进行了大量探索创新，劳动教育呈现蓬勃发展的形势。

中国劳动关系学院党委书记刘向兵带领的研究团队全程参与了《意见》和《纲要》的研制工作。为适应劳动教育发展新形势、贯彻落实《意见》精神，中国劳动关系学院设置劳动教育中心，专门负责劳动教育理论研究和宣传、劳动实践指导和保障、劳动教育体系建设和完善、加强专业和课程建设、做好劳动实践探索和创新等工作。这本高等学校劳动教育课程教材《劳动通论》就是劳动教育中心的重要成果之一，教材立足中国劳动关系学院劳动学科比较齐全的学术共生优势，普及劳动科学、加强中国特色社会主义和谐劳动关系教育。教材第一版在推广使用中取得了良好的反响。

为贯彻最新政策精神，进一步满足读者和实际教学需要，我们吸取劳动教育专家同仁的建议，于2020年10月正式启动教材修订。主编刘向兵书记在第一版基础上，对教材架构进行了优化，调整了作者队伍，在新框架下进行相关内容调整；2021年1月初，高等教育出版社和中国劳动关系学院联合召开了教材修订统稿会，责任编辑和全体作者对教材的思政体系与修订体例进行了沟通，把构建教材思政体系的系统性、提升教材内容的生动性和实现教材的数字化融合，打造劳动教育精品教材作为此次教材修订的重要目标，并进一步加快了教材修订工作；2021年2月，教材系统增设了二维码，链接丰富的教材拓展内容，立体扩充了教材容量，延伸教材广度和深度；2021年4月，教材完成了配套课件制作，提升了教师在授课过程中的便利度。本次修订工作于2021年4月正式结束，经过全新改版，教材被进一步提升为集思想性、前瞻性和开放性于一体的劳动教育创新教材。

《劳动通论》（第二版）是中国劳动关系学院教师集体智慧的结晶，具体分工如下：第一章，刘向兵、张红涛；第二章，曲霞；第三章，赵健杰；第四章，李磊；第五章，岳玲；第六章，张琳；第七章，李娜；第八章，曹荣；第九章，刘曦；第十章，汪鑫；第十一章，赵鑫全；第十二章，蔡泽昊；第十三章，安红昌；第十四章，吴建平；第十五章，李淑玲。李珂、曲霞、李素卿、丁红莉、邵芳莹、唐天培承担了全书书稿的统校与协调服务工作。

本书修订过程中，得到了高等教育出版社王卫权副社长的大力支持与亲切指导。高等教育出版社文科事业部中文分社社长梅咏、高级编辑胡蔓妮更是以高度负责的敬业精神和精益求精的专业态度全程指导了本书的修订，为本书的全新亮相作出了巨大贡献，谨此表示衷心感谢！

由于修订时间仓促，不足之处难免，恳请学界同仁批判指正，提出宝贵建议。

是为后记。

郑重声明

高等教育出版社依法对本书享有专有出版权。任何未经许可的复制、销售行为均违反《中华人民共和国著作权法》，其行为人将承担相应的民事责任和行政责任；构成犯罪的，将被依法追究刑事责任。为了维护市场秩序，保护读者的合法权益，避免读者误用盗版书造成不良后果，我社将配合行政执法部门和司法机关对违法犯罪的单位和个人进行严厉打击。社会各界人士如发现上述侵权行为，希望及时举报，我社将奖励举报有功人员。

反盗版举报电话　　（010）58581999　58582371
反盗版举报邮箱　　dd@hep.com.cn
通信地址　　北京市西城区德外大街4号
　　　　　　高等教育出版社法律事务部
邮政编码　　100120